BETH YW BYWYD?

atebion i'r cwestiynau mawr

NICKY GUMBEL

*addaswyd
gan
Lyn Lewis Dafis*

Cyflwyniad ymarferol i'r Ffydd Gristnogol

ⓗ Cyhoeddiadau'r Gair 1998

Testun gwreiddiol: Nicky Gumbel
Addasiad Cymraeg : Lyn Lewis Dafis
Golygwyd gan: Elisabeth James
Golygydd Cyffredinol: Aled Davies.

ISBN 1 85994 116 8
Argraffwyd yng Nghymru.

Cedwir pob hawl. Ni chaniateir copïo unrhyw ran o'r deunydd hwn mewn unrhyw ffordd oni cheir caniatâd y cyhoeddwyr.

Cyhoeddwyd gan:
Cyhoeddiadau'r Gair, Cyngor Ysgolion Sul Cymru,
Ysgol Addysg, PCB, Safle'r Fenai,
Bangor, Gwynedd, LL57 2PX.

CYNNWYS

	Rhagymadrodd	3
1.	Cristnogaeth: diflas, anwir ac amherthnasol?	5
2.	Pwy yw Iesu?	14
3.	Pam bu farw Iesu?	27
4.	Sut allaf fi fod yn sicr am fy ffydd?	36
5.	Pam a sut y dylwn i ddarllen y Beibl?	44
6.	Pam a sut y gweddïaf?	56
7.	Pwy yw'r Ysbryd Glân?	67
8.	Beth mae'r Ysbryd yn ei wneud?	76
9.	Sut allaf fi gael fy llenwi â'r Ysbryd Glân?	87
10.	Sut allaf fi wrthsefyll drwg?	97
11.	Sut mae Duw yn ein harwain?	107
12.	Pam a sut y dylem ddweud wrth eraill?	119
13.	Ydy Duw yn iacháu heddiw?	130
14.	Beth am yr eglwys?	142
15.	Sut allaf wneud y gorau o weddill fy mywyd?	152

RHAGYMADRODD

Y mae diddordeb newydd yn y ffydd Gristnogol, ac yn fwy arbennig ym mherson Iesu. Bron i ddwy fil o flynyddoedd ar ôl ei eni y mae ganddo yn agos i ddau biliwn o ddilynwyr. Bydd diddordeb gwastadol gan Gristnogion yn sylfaenydd eu ffydd ac Arglwydd eu bywydau. Ond yn awr, y mae cynnydd yn niddordeb y rhai nad ydynt yn mynychu'r eglwys ynddo ef. Y mae llawer yn holi cwestiynau am Iesu. Ai dim ond dyn oedd e, neu a yw e'n Fab Duw? Os yw e'n Fab Duw, beth mae hynny'n ei olygu i'n bywydau beunyddiol ni?

Y mae'r llyfr hwn yn ceisio ateb rhai o'r cwestiynau allweddol sy'n ganolog i'r ffydd Gristnogol. Fe'i seiliwyd ar 'Alffa', cwrs sy'n cael ei redeg yn Eglwys Holy Trinity, Brompton (Llundain) ar gyfer rhai nad ydynt yn mynychu eglwys, sydd am ddysgu mwy am y ffydd Gristnogol, ac ar gyfer y rhai sydd newydd ddod i ffydd yn Iesu Grist. Bu'r cwrs yn rhedeg ers sawl blwyddyn bellach, ac y mae'n tyfu'n gyson. Y mae cannoedd o ddynion a merched o bob oed, wedi dilyn y cwrs, ac wedi canfod Duw fel Tad, Iesu Grist fel eu Gwaredwr a'u Harglwydd a'r Ysbryd Glân fel yr un sy'n dod i fyw ynddynt.

Hoffwn ddiolch i bawb sydd wedi darllen a chynnig sylwadau adeiladol ar y llawysgrifau, ac i Cressida Inglis-Jones a deipiodd y llawysgrif wreiddiol a'r cyfan bron o'r adolygiadau yn gyflym, yn effeithiol a chydag amynedd.

Nicky Gumbel

1
Cristnogaeth:
diflas, anwir ac amherthnasol?

Am flynyddoedd bûm yn gwrthwynebu Cristnogaeth ar dri chownt. Yn y lle cyntaf, credwn ei bod yn beth diflas. Tra yn yr ysgol byddwn yn mynd i'r eglwys ac yn ei gael yn brofiad diflas iawn iawn. Deallwn yn berffaith deimladau Robert Louis Stevenson pan gofnododd ddigwyddiad anarferol yn ei ddyddiadur, 'Yr wyf wedi bod yn yr Eglwys heddiw, ac nid wyf yn isel fy ysbryd.' Rhywbeth tebyg oedd ymateb y digrifwr Americanaidd, Oliver Wendell Holmes, 'Efallai y byddwn wedi mynd i'r weinidogaeth oni bai fod rhai o'r gweinidogion yr oeddwn yn eu hadnabod yn edrych ac yn ymddwyn cymaint fel trefnwyr angladdau.' Fy argraff i o'r ffydd Gristnogol oedd ei bod yn beth diflas a difywyd.

Yn ail, yr oedd hi'n ymddangos i mi fod Cristnogaeth yn anwir. Yr oedd gennyf wrthwynebiadau deallusol i'r ffydd Gristnogol, ac yn gwbl ymhongar, galwn fy hun yn *logical determinist*. Pan oeddwn yn bedair ar ddeg fe ysgrifennais draethawd mewn gwers Addysg Grefyddol lle ceisiais danseilio Cristnogaeth yn llwyr a phrofi nad oedd Duw yn bod. Yn annisgwyl rhestrwyd ef ar gyfer gwobr! Yr oedd gennyf ddadleuon parod yn erbyn y ffydd Gristnogol ac yr oeddwn yn reit hoff o ddadlau gyda Christnogion, gan gredu fy mod wedi ennill rhyw frwydr go fawr.

Yn drydydd, credwn fod Cristnogaeth yn amherthnasol. Ni fedrwn yn fy myw weld sut y gallai rhywbeth a ddigwyddodd 2,000 o flynyddoedd yn ôl a 2,000 o filltiroedd i ffwrdd ym Mhalestina fod yn berthnasol o gwbl i fy mywyd i ym Mhrydain yr ugeinfed ganrif. Yr oeddwn yn canu'r emyn 'Jerusalem' yn aml, ac ynddo ceir y cwestiwn 'And did those feet in ancient time walk upon England's mountains green?' Yr oeddem i gyd yn gwybod taw 'Naddo' oedd yr ateb. Yr oedd yn ymddangos yn gwbl amherthnasol i fy mywyd.

Sylweddolaf, wrth edrych yn ôl, i mi fod yn rhannol ar fai gan nad oeddwn wedi gwrando mewn gwirionedd ac nad oeddwn yn gwybod fawr ddim am y ffydd Gristnogol. Y mae llawer o bobl heddiw, yn ein cymdeithas seciwlar, nad ydynt yn gwybod llawer am Iesu Grist, nac am beth a wnaeth, na dim am Gristnogaeth. Rhestrodd un gweinidog sy'n gweithio mewn ysbyty rhai o'r atebion y mae'n eu derbyn wrth ofyn 'A fyddech chi'n hoffi derbyn y Cymun Bendigaid?' Dyma rai o'r atebion:

'Dim diolch, Eglwyswr wyf i.'
'Dim diolch, gofynnais i am greision ŷd.'
'Dim diolch, nid wyf wedi fy enwaedu.'[1]

Y mae Cristnogaeth yn bell o fod yn ddiflas, nid yw'n anwir ac nid yw'n amherthnasol chwaith. I'r gwrthwyneb, mae'n gyffrous, yn wir ac yn berthnasol. Dywedodd Iesu, 'Myfi yw'r ffordd a'r gwirionedd a'r bywyd' (Ioan 14.6). Os yw hynny'n wir, ac rwy'n credu ei fod e, yna ni allai dim byd fod yn bwysicach mewn bywyd na'n hymateb ni i Iesu.

Cyfeiriad i fyd sydd ar goll

Crëwyd dynion a menywod i fyw mewn perthynas â Duw. Heb y berthynas honno fe erys newyn, gwacter, a theimlad fod rhywbeth ar goll. Y mae hyn i'w weld yn y gymdeithas o'n cwmpas.

Ysgrifennodd Bernard Levin erthygl gyda'r teitl 'Cwestiwn Mawr Bywyd a Dim Amser i Ddod o Hyd i'w Ystyr'. Yn yr erthygl, er gwaethaf ei lwyddiant mawr fel colofnydd am dros ugain mlynedd, yr oedd yn ofni efallai ei fod 'wedi gwastraffu realiti wrth geisio breuddwyd'. Ysgrifennodd,

> I fod yn gwbl onest, a oes gennyf yr amser i ddarganfod pam yr wyf i wedi cael fy ngeni cyn imi farw? ... Nid wyf wedi llwyddo i ateb y cwestiwn eto, a waeth sawl blwyddyn sydd gennyf o'm blaen y mae'n siŵr o fod yn llai nag sydd o'm hôl. Y mae perygl amlwg o'i gadael yn rhy hwyr ... Pam bod yn rhaid imi wybod pam y cefais fy ngeni? Oherwydd, wrth gwrs, yr wyf yn ei chael hi'n amhosib i gredu taw damwain oedd y cwbl; ac os nad oedd yn ddamwain, yna y mae'n rhaid bod ystyr i'r peth.[2]

Nid yw'n Gristion ac fe ysgrifennodd yn ddiweddar, 'Am y pedwerydd milfed tro ar ddeg, nid wyf yn Gristion.' Eto i gyd y mae fel petai ond yn rhy ymwybodol o'r atebion annigonol i ystyr bywyd. Ysgrifennodd rhai blynyddoedd yn gynt,

Y mae'n gwlad yn llawn o bobl sydd â phob cysur materol, ynghyd â bendithion nad ydynt yn faterol megis teulu hapus, ac eto sy'n arwain bywydau o iselder tawel, ac weithiau swnllyd, gan ddeall dim ond fod yna dwll o'u mewn a waeth faint o fwyd a diod y maent yn ei arllwys i mewn iddo, a sawl modur a theledu y wesgir i mewn iddo, a sawl plentyn hapus a chyfaill ffyddlon sydd ar ei gyrion ... y mae'n dal i fod yn boenus.[3]

Y mae rhai pobl yn treulio llawer o'u bywydau yn chwilio am rywbeth fydd yn rhoi ystyr a phwrpas i'w bywyd. Ysgrifennodd Leo Tolstoi, awdur *War and Peace* ac *Anna Karenin*, lyfr yn 1879 gyda'r teitl Cyffes. Yn y llyfr y mae'n dweud hanes ei gais ef am ystyr a phwrpas bywyd. Yr oedd wedi gwrthod Cristnogaeth pan yn blentyn. Wedi gadael y brifysgol ceisiodd gymaint o bleser mewn bywyd ag y gallai. Bwriodd ei hun i fywyd cymdeithasol Moskva a St Petersburg, gan yfed yn drwm, gamblo ac byw bywyd gwyllt. Ond nid oedd hynny yn rhoi ystyr i'w fywyd.

Yna fe ddechreuodd chwennych arian. Yr oedd wedi etifeddu ystad ac wedi gwneud llawer o arian o'i lyfrau. Ond nid oedd hynny chwaith yn rhoi ystyr i'w fywyd. Ceisiodd lwyddiant, enwogrwydd a phwysigrwydd. Enillodd y rhain hefyd. Ysgrifennodd nofelau sy'n cael eu cydnabod fel rhai o'r nofelau mwyaf yn llenyddiaeth y byd. Ond yr oedd yn cael ei adael yn holi'r cwestiwn, 'Wel, digon teg ... ond beth yw'r ots?' ac nid oedd ganddo ateb i hynny.

Yna fe ddaeth yn uchelgeisiol dros ei deulu - i roi iddynt y bywyd gorau posibl. Priododd yn 1862 ac roedd ganddo wraig garedig, gariadus ac un deg tri o blant (dywedodd iddynt hwy dynnu ei sylw oddi wrth geisio ateb i beth oedd ystyr bywyd!). Yr oedd wedi llwyddo i wireddu pob uchelgais, ac edrychai fel petai hapusrwydd o'i gwmpas ym mhob man. Ac eto i gyd, yr oedd un cwestiwn yn ei boeni cymaint fel y daeth yn agos at hunanladdiad: 'Oes yna unrhyw ystyr i fy mywyd na fydd yn cael ei ddinistrio gan y farwolaeth anorfod sy'n fy nisgwyl?'

Chwiliodd am ateb ym mhob maes o wyddoniaeth ac athroniaeth. Yr unig ateb a gafodd i'r cwestiwn 'Pam yr wyf i'n fyw?' oedd 'in the infinity of space and the infinity of time infinitely small particles mutate with infinte complexity.'

Wrth iddo edrych o'i gwmpas ar ei gyfoeswyr gwelodd nad oedd pobl yn wynebu prif gwestiynau bywyd ('O ble 'rwy'n dod?', 'I ble 'rwy'n mynd?', 'Pwy wyf fi?', 'Beth yw ystyr bywyd?'). Yn y diwedd fe welodd fod gwerin Rwsia wedi dod o hyd i'r atebion i'r cwestiynau yma trwy eu ffydd Gristnogol ac fe ddaeth i sylweddoli taw dim ond yn Iesu Grist y mae dod o hyd i'r ateb.

Gan mlynedd yn ddiweddarach, does dim wedi newid. Un o ganeuon

BETH YW BYWYD?

olaf y canwr roc Freddie Mercury o'r grŵp Queen, a fu farw ar ddiwedd 1991, ar y record *The Miracle* yw, 'Does anybody know what we are living for?' Er gwaetha'r ffaith ei fod wedi ennill ffortiwn mawr ac wedi denu miloedd o ddilynwyr, fe gyfaddefodd mewn cyfweliad ychydig cyn ei farw, ei fod yn hollol unig. Dywedodd, 'You can have everything in the world and still be the loneliest man, and that is the most bitter type of loneliness. Success had brought me world idolisation and millions of pounds, but it's prevented me from having the one thing we all need—a loving, ongoing relationship.'

Yr oedd yn iawn i sôn am 'berthynas barhaol' fel un peth sydd ei hangen ar bob un ohonom. Eto ni all yr un berthynas ddynol ein bodloni'n llwyr, ac ni all fod yn gwbl barhaol. Bydd rhywbeth ar goll yn wastadol. A hynny, oherwydd ein bod wedi'n creu i fyw mewn perthynas â Duw. Dywedodd Iesu, 'Myfi yw'r ffordd.' Ef yw'r unig un all ein dwyn i berthynas â Duw sydd yn parhau i dragwyddoldeb.

Pan yn blentyn yr oedd gan ein teulu ni hen deledu du-a-gwyn. Doedd y llun byth yn dda iawn: yr oedd bob amser yn aneglur neu roedd llinellau ar draws y llun. Ond roeddem ni'n hapus gyda'r peth gan nad oeddem wedi gwybod am ddim gwell. Un dydd, fe glywsom fod angen erial allanol ar gyfer y teledu! Yn sydyn fe welsom luniau clir. Trawsnewidiwyd ein mwynhad yn llwyr. Y mae bywyd heb berthynas gyda Duw trwy Iesu Grist yn debyg i'r teledu heb erial. Y mae rhai pobl yn ymddangos yn ddigon hapus, oherwydd nad ydynt yn sylweddoli fod rhywbeth gwell ar gael. Unwaith inni brofi perthynas â Duw mae pwrpas ac ystyr bywyd yn dod yn glir. Yr ydym yn gweld pethau nad ydym wedi eu gweld erioed o'r blaen, ac fe fyddai'n ffôl iawn i ni ddymuno dychwelyd i'r hen ffordd o fyw. Yr ydym yn deall pam y cawsom ein creu.

Realiti mewn byd sydd mewn penbleth

Weithiau mae pobl yn dweud, 'Does dim ots beth yr ydych yn ei gredu cyhyd a'ch bod chi'n ddidwyll.' Ond y mae'n bosibl bod yn ddidwyll ac yn anghywir. Roedd Adolf Hitler yn ddidwyll ac yn anghywir. Dinistriodd ei gred ef fywydau miliynau ar filiynau o bobl. Yr oedd y *Yorkshire Ripper* yn credu ei fod yn gwneud ewyllys Duw wrth ladd. Yr oedd yntau yn gwbl ddidwyll ond yn anghywir. Roedd ei gred wedi effeithio ar ei ymddygiad. Esiamplau eithafol yw'r rhain, ond y maent yn tynnu'n sylw at y ffaith fod yr hyn yr ydym yn ei gredu o'r pwys mwyaf, oherwydd y mae'r hyn a gredwn yn penderfynu sut yr ydym yn byw.

Ymateb eraill i Gristnogaeth yw, 'Mae'n grêt i ti, rwy'n siŵr, ond nid yw'n beth i mi.' Nid yw hyn yn safbwynt rhesymol o gwbl. Os yw Cristnogaeth yn wir, y mae o'r pwys mwyaf i bob yr un ohonom. Os nad yw'n wir, y mae Cristnogion wedi'u camarwain ac nid yw'n 'grêt i ni'.— Y mae'n drist iawn a gorau i gyd po gynted y cawn ein cywiro. Fel y dywedodd yr awdur a'r ysgolhaig C. S. Lewis, 'Y mae Cristnogaeth yn ddatganiad sydd, os yw'n anghywir, yn gwbl ddibwys, ac, os yw'n wir, o'r pwys mwyaf. Yr un peth na all fod yw lled-bwysig.'[1]

Ydy Cristnogaeth yn wir? Oes yna unrhyw dystiolaeth? Dywedodd Iesu, 'Myfi yw'r ... gwirionedd.' Oes yna unrhyw dystiolaeth i gefnogi'r fath honiad? Dyna rai o'r cwestiynau y byddwn yn edrych arnynt yn nes ymlaen yn y llyfr. Y peth pwysicaf mewn Cristnogaeth yw atgyfodiad Iesu Grist ac mae digon o dystiolaeth i hynny. Cafodd yr Athro Thomas Arnold, a oedd yn brifathro Ysgol Rugby, ei apwyntio i gadair hanes modern Prifysgol Rhydychen. Roedd yn gyfarwydd â phwysigrwydd tystiolaeth i sefydlu ffeithiau hanesyddol, ac fe ddywedodd:

Yr wyf, ers blynyddoedd, wedi dod yn gyfarwydd ag astudio hanes oesoedd eraill, o orfod ystyried a gwerthuso tystiolaeth y rhai sydd wedi ysgrifennu amdanynt, ac nid wyf yn gwybod am un ffaith yn hanes y ddynoliaeth sydd â thystiolaeth well neu lawnach, i'r meddwl sy'n agored, na'r arwydd mawr hwnnw y mae Duw wedi ei roi i ni fod Crist wedi marw ac wedi codi drachefn oddi wrth y meirw.

Fel y gwelwn yn ddiweddarach yn y llyfr, y mae llawer iawn o dystiolaeth i ddweud fod Cristnogaeth yn wir, eto, pan ddywedodd Iesu, 'Myfi yw'r ... gwirionedd,' yr oedd yn golygu llawer mwy na dim ond gwirionedd meddyliol. Y mae'r gair gwreiddiol am 'gwirionedd' yn golygu gwneud neu brofi'r gwirionedd. Y mae'n golygu mwy na dim ond derbyn â'r meddwl wirionedd Cristnogaeth, mae'n cynnwys adnabyddiaeth o Iesu Grist, *y gwirionedd ei hun.*

Beth petawn i, cyn cyfarfod â'm gwraig, Pippa, wedi darllen llyfr amdani. Yna, wedi imi ddarllen y llyfr yn meddwl, 'Y mae hon yn swnio'n wraig ryfeddol. Dyma'r un yr wyf am ei phriodi.' Byddai yna wahaniaeth mawr rhwng fy syniad bryd hynny—wedi fy argyhoeddi'n feddyliol ei bod yn berson rhyfeddol—a'm cred yn awr ar ôl profiad blynyddoedd o briodas lle rwy'n medru dweud, 'Rwyf yn gwybod ei bod yn berson rhyfeddol.' Pan fo Cristion yn dweud, wrth sôn am ei ffydd, 'Rwyf yn gwybod taw Iesu yw'r gwirionedd,' nid gwirionedd yn y meddwl yn unig yw ond y mae wedi profi Iesu fel gwirionedd. Wrth inni ddod i berthynas â'r un sy'n wirionedd, mae ein holl ddealltwriaeth yn newid, ac yr ydym yn dechrau deall y gwirionedd yn y byd o'n cwmpas.

Bywyd mewn byd tywyll

Dywedodd Iesu, 'Myfi yw'r ... gwirionedd.' Yn Iesu yr ydym yn dod o hyd i fywyd lle cynt y bu euogrwydd, caethiwed, ofn a marwolaeth. Mae'n wir ein bod i gyd wedi'n creu ar ddelw Duw ac, felly, fod yna rhywbeth aruchel am bob person dynol. Ond, yr ydym hefyd i gyd wedi syrthio—cawsom ein geni â thuedd tuag at ddrwg. Ym mhob person dynol y mae delw Duw wedi'i niweidio, ac mewn rhai achosion, oherwydd pechod, mae bron â bod wedi diflannu'n llwyr. Mae da a drwg, cryfder a gwendid yn cyd-fyw ym mhob person. Dywedodd yr awdur Rwsiaidd Aleksander Solzhenitsyn, 'Nid yw'r ffin sy'n gwahanu'r da oddi wrth y drwg yn rhedeg rhwng gwladwriaethau, na thrwy ddosbarthiadau, na rhwng pleidiau gwleidyddol... ond trwy ganol y galon ddynol a thrwy bob calon ddynol.'

Yr oeddwn yn arfer bod yn berson 'neis'—nid oeddwn yn lladrata o fanciau nac yn euog o unrhyw drosedd ddifrifol arall. Dim ond pan ddechreuais i edrych ar fy mywyd ochr yn ochr â bywyd Iesu Grist y sylweddolais gymaint oedd o'i le ynddo. Y mae llawer o bobl eraill wedi cael yr un profiad. Ysgrifennodd C S Lewis: 'Am y tro cyntaf fe edrychais ar fy mywyd fy hun o ddifrif ac yno fe ddeuthum ar draws bethau a'm harswydodd; sŵ o chwantau, gwallgofdy o uchelgais, magwrfa o ofnau, a harem o gasinebau hoff. Fy enw i oedd Lleng.'[5]

Y mae angen maddeuant arnom i gyd a dim ond yng Nghrist y deuir o hyd iddo. Wrth drafod ar raglen deledu gyda Christion, fe wnaeth yr *hiwmanydd*, Margharita Laski, gyffes ryfeddol, 'Yr hyn yr wyf yn ei edmygu fwyaf amdanoch chi Gristnogion yw eich maddeuant.' Yna fe ychwanegodd, yn reit druenus, 'Does gen i neb i faddau i mi.'

Yr hyn a wnaeth Iesu pan gafodd ei groeshoelio trosom oedd talu'r pris am yr holl bethau hynny yr ydym ni wedi eu gwneud yn anghywir. Edrychwn ar hyn yn fwy manwl ym mhennod 3. Gwelwn ei fod wedi marw i gymryd i ffwrdd ein heuogrwydd, i'n rhyddhau o gaethiwed ofn, ac yn y pendraw, marwolaeth. Bu farw yn ein lle ni.

Ar 31 Gorffennaf 1991 fe ddathlwyd digwyddiad rhyfeddol iawn. Ar ddydd olaf Gorffennaf 1941 yn Auschwitz fe ganodd y seiren i gyhoeddi fod carcharor wedi dianc. Mewn dial, byddai'n rhaid i ddeg o'i gyd-garcharorion farw—marwolaeth araf o newyn wrth gael eu claddu mewn byncer concrit wedi'i adeiladu yn arbennig ar gyfer y gwaith.

Felly drwy'r dydd, yng ngwres tanbaid yr haul, mewn newyn ac ofn, yr oedd y dynion yn sefyll wrth i bennaeth y carchar a'i gynorthwy-ydd o'r Gestapo gerdded o un i'r llall yn dewis y deg ar fympwy. Wrth i'r pennaeth bwyntio tuag un dyn, Francis Gajowniczek, fe waeddodd hwnnw mewn anobaith, 'Fy ngwraig a'm plant druain.' Y foment honno dyma ddyn didaro â'i lygaid yn ddwfn yn ei ben yn gwisgo sbectol â ffrâm weiar yn dod ymlaen ac yn diosg ei gapan. 'Beth mae'r mochyn yna o Bwyliad eisiau?' cyfarthodd y pennaeth.

'Offeiriad Pabyddol ydw i; yr wyf am farw yn lle'r dyn yna. Yr wyf i'n hen, mae ganddo ef wraig a phlant... nid oes gennyf i neb,' dywedodd y Tad Maximilian Kolbe.

'Derbyniwyd,' dywedodd y pennaeth yn swta, a symud ymlaen.

Y noson honno fe aeth naw dyn ac un offeiriad i mewn i'r byncer newynu. Fel arfer fe fyddent yn tynnu ei gilydd yn ddarnau fel canibaliaid. Ond nid y tro yma. Tra roedd nerth ynddynt, yn gorwedd yn noeth ar y llawr, yr oedd y dynion yn gweddïo ac yn canu emynau. Wedi pythefnos yr oedd tri o'r dynion a'r Tad Maximilian yn dal yn fyw. Roedd angen y byncer ar gyfer pobl eraill, felly ar 14 Awst, fe gafwyd gwared ohonynt. Am 12.50pm, wedi pythefnos yn y byncer newynu ac yn dal i fod yn ymwybodol, rhoddwyd chwistrelliad o ffenol i'r offeiriad Pwylaidd a bu farw yn bedwar deg saith mlwydd oed.

Ar 10 Hydref 1982 ar Sgwâr Sant Pedr yn Rhufain gwelwyd marwolaeth y Tad Maximilian yn ei gyd-destun cywir. Ymysg y dorf o 100,000 yr oedd Francis Gajowniczek, ei wraig, a'u plant, a phlant eu plant—oherwydd yr oedd llawer wedi cael eu hachub gan yr un dyn hwnnw. Wrth ddisgrifio marwolaeth y Tad Maximilian fe ddywedodd y Pab, 'Dyma fuddugoliaeth wedi'i hennill dros bob sustem o ddirmyg a chasineb mewn dyn—buddugoliaeth a enillwyd gan ein Harglwydd Iesu Grist.'[6]

Yn wir, yr oedd marwolaeth Iesu yn fwy rhyfeddol byth, oherwydd nid dros un dyn y bu farw, ond dros bob un person yn y byd. Petawn i neu chi yr unig berson yn y byd, byddai Iesu Grist wedi marw yn ein lle i gymryd i ffwrdd ein heuogrwydd. Pan gymerir i ffwrdd ein heuogrwydd yna y mae gennym fywyd newydd.

Nid marw yn ein lle yn unig wnaeth Iesu, cyfododd drachefn drosom ni. Wrth wneud hyn fe orchfygodd angau. Y mae'r rhan fwyaf o bobl resymol yn cydnabod fod marwolaeth yn anorfod, er bod rhai pobl heddiw yn ceisio pob mathau o ffyrdd rhyfedd i'w osgoi. Dyma beth adroddwyd yn *The Church of England Newspaper*:

Yn 1960 bu farw James McGill, miliwnydd o California. Gadawodd orchmynion manwl am sut yr oedd ei gorff i'w gadw a'i rewi yn y gobaith y byddai gwyddonwyr rhyw ddydd yn darganfod modd i'w wella o'r salwch a'i lladdodd. Y mae cannoedd o bobl yn ne Califfornia yn gobeithio y cânt fyw eto trwy'r broses hon sydd yn rhewi ac yn cadw cyrff dynol. Y datblygiad diweddaraf ym myd technoleg cryonic yw *neuro-suspension* sydd ond yn cadw'r pen dynol. Un rheswm dros hyn yw ei fod yn llawer rhatach na chadw corff cyfan. Y mae'n fy atgoffa i o Woody Allen yn *Sleeper* lle'r oedd ei drwyn wedi ei gadw.[7]

Y mae ymdrechion o'r fath i osgoi marwolaeth anorfod yn chwerthinllyd, ac i ddweud y gwir yn gwbl ddiangen. Daeth Iesu i ddod â 'bywyd tragwyddol' i ni. Bywyd tragwyddol yw ansawdd o fywyd sy'n deillio o fyw mewn perthynas â Duw a Iesu Grist (Ioan 17.3). Ni addawodd Iesu fywyd hawdd, ond fe addawodd fywyd yn ei holl gyflawnder (Ioan 10.10). Y mae'r bywyd newydd hwn yn dechrau nawr ac yn parhau i dragwyddoldeb. Mae ein hamser ar y ddaear yn gymharol fyr, ond y mae tragwyddoldeb yn ddiderfyn. Trwy Iesu, yr un a ddywedodd, 'Myfi yw'r ... bywyd' fe allwn nid yn unig fwynhau bywyd yn ei gyflawnder yma ar y ddaear, ond fe allwn fod yn sicr na ddaw diwedd arno byth.

Nid yw Cristnogaeth yn ddiflas; y mae'n cynnig i ni fywyd yn ei holl gyflawnder. Nid yw yn anwir; dyma *y* gwirionedd. Nid yw yn amherthnasol; y mae'n trawsnewid ein holl fywyd. Disgrifiodd yr athronydd a'r diwinydd Paul

Tillich gyflwr dynolryw fel un oedd yn cynnwys tri ofn: ofn diffyg ystyr, ofn marwolaeth, ac ofn euogrwydd. Mae Iesu yn wynebu bob un o'r ofnau yma yn uniongyrchol. Y mae ef yn angenrheidiol i bob yr un ohonom oherwydd ef yw'r 'ffordd a'r gwirionedd a'r bywyd.'

2
Pwy yw Iesu?

Yr oedd cenhades a oedd yn gweithio ymhlith plant yn y Dwyrain Canol yn gyrru ei jîp ryw ddydd pan ddaeth y petrol i ben. Nid oedd ganddi ddim yn y car i gario petrol ond potyn un o'r plant. Felly dyma gerdded rhyw filltir i lawr y ffordd i'r orsaf betrol agosaf a llenwi'r potyn â phetrol. Wrth iddi arllwys y petrol i mewn i'r tanc, fe aeth Cadillac mawr heibio yn cario dau *sheikh* olew cyfoethog. Yr oeddynt yn methu'n deg â chredu eu llygaid wrth ei gweld yn arllwys cynnwys y potyn mewn i'r jîp. Agorodd un ohonynt ffenestr y car a gweiddi, "Esgusodwch fi! Mae fy nghyfaill a minnau, er nad ydym yn rhannu'r un grefydd â chi, yn edmygu eich ffydd yn fawr iawn!"

Y mae rhai pobl yn gweld dod yn Gristion fel rhyw fenter ddall o ffydd. Y math o ffydd y byddai ei angen er mwyn ceisio rhedeg car ar gynnwys arferol potyn. Y mae angen mentro mewn ffydd. Ond, nid mentro yn ddall a wneir, ond mentro mewn ffydd yn seiliedig ar dystiolaeth hanesyddol gadarn. Yn y bennod hon yr wyf am edrych ar beth o'r dystiolaeth hanesyddol honno.

Rwyf ar ddeall bod un gwyddoniadur Rwsieg a luniwyd yn amser y comiwnyddion wedi disgrifio Iesu fel "ffigwr mytholegol nad oedd erioed yn bodoli." Ni allai'r un hanesydd sydd o ddifrif honni hynny heddiw. Y mae llawer iawn o dystiolaeth i fodolaeth Iesu. Ceir hyn nid yn unig yn yr Efengylau ac mewn ysgrifeniadau eraill Cristnogol, ond hefyd o ffynonellau nad ydynt yn Gristnogol. Er enghraifft, y mae'r haneswyr Rhufeinig Tacitius (yn uniongyrchol) a Suetonius (yn anuniongyrchol) yn ysgrifennu amdano. Y mae'r hanesydd Iddewig Josephus, a anwyd yn OC 37, yn disgrifio Iesu a'i ddilynwyr fel hyn:

Yn awr yr oedd ar yr amser yma ddyn doeth, Iesu, os yw hi'n gyfreithlon ei alw'n ddyn, oherwydd yr oedd yn wneuthurwr gweithiau rhyfeddol— yn athro y rhai oedd yn derbyn y gwirionedd gyda phleser. Tynnodd ato lawer o'r Iddewon a llawer o rai nad oeddent yn Iddewon. Ef oedd Crist; a phan gondemniwyd ef i'w groeshoelio gan Pilat, ar awgrym rhai o'r prif bobl o'n plith ni, ni wnaeth y rhai oedd yn ei garu ei adael, oherwydd fe ymddangosodd yn fyw iddynt eto ar y trydydd dydd, fel yr oedd y proffwydi dwyfol wedi rhagddweud y pethau yma a myrddiwn o bethau rhyfeddol eraill amdano; ac nid yw'r llwyth o Gristnogion a enwyd felly ar ei ôl, wedi diflannu hyd heddiw.[8]

Felly y mae tystiolaeth o'r tu allan i'r Testament Newydd i fodolaeth Iesu. Yn ogystal â hynny, y mae'r dystiolaeth yn y Testament Newydd ei hun yn gryf iawn. Weithiau y mae pobl yn dweud, 'Cafodd y Testament Newydd ei ysgrifennu amser maith yn ôl. Sut yr ydym ni'n medru gwybod nad yw'r hyn a ysgrifennwyd bryd hynny wedi cael ei newid dros y blynyddoedd?'

Yr ateb i hynny yw ein bod yn gwybod, yn fanwl iawn trwy waith beirniadaeth destunol, beth ysgrifennodd awduron y Testament Newydd. Yn y bôn, po fwyaf o gopïau sydd gennym, llai o amheuaeth sydd ynglŷn â'r gwreiddiol. Yn ei lyfr *Are the New Testament documents reliable?* y mae'r diweddar F F Bruce (cyn Athro Rylands mewn beirniadaeth ac esboniadaeth feiblaidd ym Mhrifysgol Manceinion) yn dangos pa mor gyfoethog yr ydym mewn copïau llawysgrif o'r Testament Newydd o'i gymharu â gweithiau hanesyddol eraill.

Y mae'r tabl isod yn crynhoi y ffeithiau ac yn dangos cymaint o dystiolaeth sydd i'r Testament Newydd.

GWAITH	PRYD GAFODD EI YSGRIFENNU	COPI CYNHARAF	CYFNOD	NIFER Y COPÏAU
Herodotus	CC 488-428	OC 900	1300 blynedd	8
Thucydides	tua CC 460-400	tua OC 900	1300 blynedd	8
Tacitus	OC 100	1100	1000 blynedd	20
Iwl Cesar "Rhyfel Gâl"	CC58-50	OC 900	950 blynedd	9-10
Lifi "Hanes Rhufain"	CC 59 - OC 17	OC 900	900 blynedd	20
Y Testament Newydd	OC 40-100	OC 130 (copïau cyflawn OC 350)	300 blynedd	5000+ Groeg 10000 Lladin 9300 eraill

Y mae F. F. Bruce yn nodi fod gennym rhyw naw neu ddeg o gopïau o *Rhyfel Gâl* a'r hynaf o'r rheiny wedi'i ysgrifennu 900 o flynyddoedd ar ôl oes Il Cesar ei hun. Nid oes gennym ond rhyw 20 copi o *Hanes Rhufain* Lifi, ac mae'r cynharaf o'r rheiny yn dyddio o tua oc900. O bedwar llyfr ar ddeg hanes Tacitus nid oes ond ugain copi wedi goroesi; o chwe llyfr ar ddeg ei *Annales*, y mae deg rhan o'i ddau waith mawr hanesyddol yn dibynnu'n llwyr ar ddwy lawysgrif, un o'r nawfed ganrif ac un o'r unfed ganrif ar ddeg. Y mae hanes Thucydides yn wybyddus o wyth llawysgrif yn dyddio o tua oc900. Y mae'r un peth yn wir am hanes Herodotus. Eto nid oes un ysgolhaig clasurol yn amau dilysrwydd y gweithiau yma, er gwaethaf y cyfnod hir rhwng y cyfansoddi a'r copïau sydd wedi goroesi, a'r nifer gymharol fechan o lawysgrifau sydd gennym.

Wrth droi at y Testament Newydd y mae gennym gyfoeth o ddeunydd. Cyfansoddwyd y Testament Newydd, fwy na thebyg, rhwng oc40 ac oc100. Y mae gennym lawysgrifau o'r Testament Newydd yn gyfan yn dyddio o tua oc350 (cyfnod o ryw 300 mlynedd), papyri yn cynnwys y rhan fwyaf o ysgrifeniadau'r Testament Newydd a hyd yn oed darn o Efengyl Ioan yn dyddio o oc130. Y mae dros 5,000 o lawysgrifau Groeg, dros 10,000 o lawysgrifau Lladin a 9,300 o lawysgrifau eraill, yn ogystal â dros 36,000 o ddyfyniadau yn ysgrifeniadau tadau'r eglwys. Fel y dywedodd un o'r beirniad testunol mwyaf, F.J.A. Hort, 'Yn amrywiaeth a chyflawnder y dystiolaeth y mae'n seiliedig arno, y mae testun y Testament Newydd yn sefyll yn gwbl ar wahân heb fod tebyg iddo ymysg holl ysgrifeniadau'r hen fyd.[9]

Y mae F. F. Bruce yn crynhoi y dystiolaeth trwy ddyfynu Syr Frederic Kenyon, un o'r ysgolheigion blaenaf yn y maes:

> Y mae'r cyfnod rhwng y cyfansoddi gwreiddiol a'r dystiolaeth gynharaf sydd wedi goroesi cyn fyrred fel nad yw bron â bod o unrhyw arwyddocâd, ac y mae'r sail olaf ar gyfer unrhyw amheuaeth, fod yr Ysgrythurau sydd wedi dod lawr i ni i bob pwrpas yr hyn a ysgrifennwyd, wedi'i gymryd ymaith. Rhaid ystyried *dilysrwydd* ac *integriti cyffredinol* llyfrau'r Testament Newydd fel rhywbeth sydd wedi ei sefydlu yn derfynol.[10]

Yr ydym yn gwybod o dystiolaeth y tu allan i'r Testament Newydd ac o'r Testament Newydd ei hun fod Iesu wedi bodoli.[11] Ond pwy yw e? Clywais Martin Scorsese yn dweud ar y teledu ei fod wedi gwneud y ffilm *The Last Temptation of Christ* er mwyn dangos fod Iesu yn berson dynol go iawn. Eto i gyd, nid dyna'r hyn sy'n cael ei gwestiynu ar hyn o bryd. Ychydig iawn o bobl heddiw fyddai'n amau nad oedd Iesu yn berson dynol go iawn. Yr oedd ganddo gorff dynol; yr oedd weithiau yn flinedig (Ioan 4.6) neu angen bwyd (Mathew 4.2). Yr oedd ganddo emosiynau dynol; yr oedd yn ddig (Marc 11.15-17), yr oedd yn caru (Marc 10.21) ac yr oedd yn drist (Ioan 11.35). Cafodd brofiadau dynol; fe'i temtiwyd (Marc 1.13), fe ddysgodd (Luc 2.51), fe weithiodd (Marc 6.3) ac fe fu'n ufudd i'w rieni (Luc 2.51).

Yr hyn y mae llawer iawn o bobl yn ei ddweud heddiw yw taw *dim ond* person dynol oedd Iesu—er yn athro crefyddol mawr. Y mae'r comedïwr poblogaidd Billy Connolly yn siarad dros lawer pan ddywed, 'Ni allaf gredu mewn Cristnogaeth, ond rwy'n meddwl fod Iesu yn ddyn rhyfeddol.'

Pa dystiolaeth sydd yna i awgrymu fod Iesu'n fwy na dim ond dyn rhyfeddol neu athro crefyddol mawr? Yr ateb fe welwn yw fod llawer iawn o dystiolaeth. Y mae'r dystiolaeth yn ategu'r hyn y mae Cristnogaeth yn ei ddweud, mai Iesu oedd ac yw Mab unigryw Duw, ef yw Duw y Mab, ail Berson y Drindod.

Beth ddywedodd amdano'i hun?

Y mae rhai'n dweud, 'Ni wnaeth Iesu erioed ddweud taw ef yw Duw.' Mae'n wir nad oedd Iesu yn mynd o gwmpas yn dweud, 'Duw wyf fi.' Eto i gyd, pan fo rhywun yn edrych ar beth oedd yn ei ddysgu ac yn ei ddweud, nid oes amheuaeth ei fod yn ymwybodol o fod yn ddyn a welai ei hun fel Duw.

Yr oedd ei ddysgeidiaeth yn troi o'i gylch ei hun
Un o'r pethau sy'n rhyfeddol am Iesu yw fod llawer o'i ddysgeidiaeth yn troi o'i gylch ei hun. I bob pwrpas yr oedd yn dweud wrth bobl, 'Os yr ydych am gael perthynas gyda Duw yna mae'n rhaid i chi ddod ataf fi' (gweler Ioan 14.6). Trwy berthynas ag ef yr ydym yn dod i gysylltiad â Duw.

Y mae yna newyn o fewn y galon ddynol. Mae holl seicolegwyr yr ugeinfed ganrif wedi cydnabod hyn. Dywedodd Freud, 'Y mae pobl yn newynu.' Dywedodd Jung, 'Y mae pobl yn newynu am ddiogelwch.' Dywedodd Adler, 'Y mae pobl yn newynu am arwyddocâd.' Dywedodd Iesu, 'Myfi yw bara'r bywyd' (Ioan 6.35). Mewn geiriau eraill, 'Os yr ydych am ddiwallu eich newyn, dewch ataf fi.'

Y mae llawer o bobl yn cerdded mewn tywyllwch, iselder, dadrithiad ac anobaith. Y maent yn chwilio am gyfeiriad. Dywedodd Iesu, 'Myfi yw goleuni'r byd. Ni fydd neb sy'n fy nghanlyn i byth yn rhodio yn y tywyllwch, ond bydd ganddo oleuni'r bywyd' (Ioan 8.12). Dywedodd rhywun wrthyf wedi dod yn Gristion, 'Yr oedd fel petai goleuni wedi'i gynnau ac fe allwn weld pethau yn iawn am y tro cyntaf erioed.'

Y mae llawer yn ofni marwolaeth. Dywedodd gwraig wrthyf ei bod hi weithiau yn methu cysgu ac weithiau'n dihuno ganol nos yn chwysu mewn ofn, oherwydd nad oedd yn gwybod beth oedd yn mynd i ddigwydd pan fyddai'n marw. Dywedodd Iesu, 'Myfi yw'r atgyfodiad a'r bywyd. Pwy bynnag sy'n credu ynof fi, er iddo farw, fe fydd byw; a phob un sy'n byw ac yn credu ynof fi, ni bydd marw byth' (Ioan 11.25-26).

Y mae cynifer o bobl yn cario pwysau gofidiau, ofnau ac euogrwydd ar eu hysgwyddau. Dywedodd Iesu, 'Dewch ataf fi, bawb sy'n flinedig ac yn llwythog, ac fe roddaf fi orffwystra i chwi' (Mathew 11.28). Nid ydynt yn siŵr sut i fyw eu bywydau neu bwy i'w dilyn. Rwy'n cofio, cyn i mi ddod yn Gristion, sut y byddai hwn neu'r llall yn ennill fy edmygedd a minnau yn dymuno bod yn debyg iddynt, yna byddai eraill yn dal fy sylw a byddwn yn eu dilyn hwy. Dywedodd Iesu, 'Dewch ar *fy ôl i*' (Marc 1.17).

Dywedodd taw ei dderbyn ef oedd derbyn Duw (Mathew 10.40; Marc 9.37) ac mae ei weld ef yw gweld Duw (Ioan 14.9).

Yr oedd plentyn yn tynnu llun a holodd ei fam beth yr oedd yn ei wneud. Atebodd y plentyn, 'Yr wyf yn tynnu llun o Dduw.' Dywedodd ei fam, 'Paid â bod yn ddwl. Nid wyt yn medru tynnu llun o Dduw. Nid oes neb yn gwybod sut mae Duw yn edrych.' Atebodd y plentyn, 'Wel, fe fyddan nhw ar ôl i fi orffen!' Yr hyn yr oedd Iesu yn ei ddweud mewn gwirionedd oedd, 'Os yr ydych am wybod sut un yw Duw, edrychwch arnaf fi.'

Yr hyn a ddywedai amdano'i hun yn anuniongyrchol
Dywedodd Iesu nifer o bethau nad oeddynt yn uniongyrchol yn dweud mai Duw oedd ef, ond eto i gyd y maent yn dangos ei fod yn gweld ei hun yn yr un safle â Duw, fel y gwelwn o'r esiamplau sy'n dilyn.

Y mae honiad Iesu ei fod yn medru maddau pechod yn gyfarwydd. Er enghraifft, ar un achlysur fe ddywedodd wrth ddyn oedd wedi ei barlysu, 'Fy mab, maddeuwyd dy bechodau' (Marc 2.5). Ymateb yr arweinwyr crefyddol oedd, 'Pam mae hwn yn siarad fel hyn? Y mae'n cablu. Pwy ond Duw yn unig a all faddau pechodau?' Aeth Iesu yn ei flaen i ddangos fod ganddo'r awdurdod i faddau pechodau wrth iacháu'r dyn wedi ei barlysu. Y mae'r honiad yma o fedru maddau pechodau yn honiad rhyfeddol.

Y mae C S Lewis yn gwneud y pwynt yn dda pan ddywed yn ei lyfr *Mere Christianity*:

> Y mae un rhan o'i honiad yn dueddol o gael ei anghofio gennym oherwydd ein bod wedi ei glywed mor aml fel nad ydym yn gweld beth yn gywir y mae'n ei olygu. Yr honiad sydd gennyf mewn golwg yw yr honiad i faddau pechodau: unrhyw bechodau. Yn awr, os nad Duw yw'r un sy'n llefaru, y mae hyn yn beth mor anhygoel fel ei fod yn chwerthinllyd. Gallwn ddeall sut y gall rhywun faddau pechodau yn ei erbyn ef ei hun. Yr ydych yn sefyll ar fysedd fy nhroed ac yr wyf yn maddau i chi; yr ydych yn dwyn fy arian ac yr wyf yn maddau i chi. Ond beth a wnawn â rhywun nad oes neb wedi sefyll ar fysedd ei droed na dwyn ei arian sy'n cyhoeddi ei fod yn maddau i chi am sefyll ar fysedd traed eraill ac am ddwyn arian eraill? Twpdra llwyr fyddai'r disgrifiad caredicaf

o'r fath ymddygiad. Eto dyna a wnaeth Iesu. Yr oedd yn dweud wrth bobl fod eu pechodau wedi'u maddau, heb oedi i ymgynghori â'r bobl oedd yn sicr wedi dioddef oherwydd eu pechodau. Yr oedd yn ymddwyn fel taw ef oedd yr un pwysig yn hyn i gyd, yr un oedd yn cael ei bechu yn ei erbyn. Nid yw hyn yn gwneud synnwyr os nad Ef yw'r Duw y mae ei ddeddfau yn cael eu torri a'i gariad yn cael ei glwyfo gyda phob pechod. Yng ngenau unrhyw un arall nad Duw mohono, ni all y geiriau yma ond awgrymu twpdra a thraha na welwyd ei debyg gan neb arall mewn hanes.[12]

Honiad arall rhyfeddol a wnaeth Iesu oedd y byddai un dydd yn barnu'r byd (Mathew 25.31-46). Dywedodd y byddai'n dychwelyd ac 'yn eistedd ar orsedd ei ogoniant' (ad.31). Byddai'r holl genhedloedd yn ymgasglu o'i gwmpas. Ef fyddai'n eu barnu. Byddai rhai'n derbyn etifeddiaeth a baratowyd ar eu cyfer er seiliad y byd, ond fe fyddai eraill yn cael eu cosbi wrth gael eu gwahanu oddi wrtho am byth.

Dywedodd Iesu y byddai'n penderfynu beth fyddai'n digwydd i bob un ohonom ar ddiwedd amser. Nid yn unig y byddai ef yno i fod yn Farnwr, ef fyddai sail y barnu. Mae'r hyn sy'n digwydd ar Ddydd y Farn yn dibynnu ar ein hymateb i Iesu yn y bywyd hwn (Mathew 25.40,45). Beth petai'r ficer yn eich eglwys leol yn esgyn i'r pulpud a dweud, 'Ar Ddydd y Farn fe fyddwch yn gorfod ymddangos o'm blaen i ac fe fyddaf i yn penderfynu ar eich tynged dragwyddol. Bydd yr hyn fydd yn digwydd i chi yn dibynnu ar sut yr ydych yn fy nhrin i a'm dilynwyr.' I rywun nad oedd ond yn berson dynol fe fyddai'r fath honiad yn chwerthinllyd. Yma eto fe gawn honiad anuniongyrchol ei fod yn uniaethu ei hun â Duw Hollalluog.

Yr hyn a ddywedai amdano'i hun yn uniongyrchol
Pan ofynnwyd iddo, 'Ai ti yw'r Meseia, Mab y Bendigedig?' Atebodd Iesu, 'Myfi yw, ac fe welwch Fab y Duw yn eistedd ar ddeheulaw'r Gallu ac yn dyfod ar gyda chymylau'r nef.' Rhwygodd yr archoffeiriad ei ddillad a dweud, 'Pa raid i ni wrth dystion bellach? Clywsoch ei gabledd; sut y barnwch chwi?' (Marc 14.61-64). Yn ôl yr adroddiad yma mae'n ymddangos i Iesu gael ei gondemnio i farwolaeth am yr honiad a wnaeth amdano'i hun. Yr oedd honni rhywbeth oedd bron â bod yn dweud eich bod yn Dduw yn gabledd yng ngolwg yr Iddewon, ac felly yn haeddu'r gosb eithaf.

Ar un achlysur, pan yr oedd yr Iddewon am labyddio Iesu, gofynnodd iddynt, 'Pam yr ydych am fy llabyddio?' Atebodd yr Iddewon eu bod yn ei labyddio 'oherwydd dy fod ti, a thithau'n ddyn *yn dy wneud dy hun yn Dduw*' (Ioan 10.33, fy mhwyslais i). Yr oedd ei elynion yn amlwg yn credu taw dyna'n union yr oedd yn ei ddatgan.

Pan benliniodd Thomas, un o'i ddisgyblion, o flaen Iesu a dweud, 'Fy Arglwydd a'm Duw' (Ioan 20.28), ni throdd Iesu a dweud, 'Nage, nage, paid â dweud hynny; nid Duw ydwyf fi.' Yn hytrach fe ddywedodd, 'Ai am i ti fy ngweld yr wyt ti wedi credu? Gwyn eu byd y rhai a gredodd heb iddynt weld' (Ioan 20.29). Fe geryddodd Thomas am fod mor araf i weld.

Os yw rhywun yn gwneud honiadau fel hyn amdano'i hun y mae'n rhaid iddynt gael eu profi. Y mae pob math o bobl yn gwneud pob math o honiad. Nid yw'r ffaith fod rhywun yn honni rhywbeth amdanynt eu hunain yn golygu eu bod yn gywir. Y mae llawer o bobl, rhai mewn ysbytai, sydd wedi cael eu camarwain yn llwyr. Maent yn credu taw hwy yw Napoleon neu'r Pab, ond nid hynny yw'r gwir.

Felly sut allwn ni brofi honiadau pobl? Honnai Iesu ei fod ef yn Fab unigryw Duw; yn Dduw yn y cnawd. Y mae tri phosibiliad. Os oedd yr honiadau yn anwir, un ai yr oedd yn gwybod eu bod yn anwir—ac felly yn dwyllwr, ac yn un drwg iawn. Neu nid oedd yn gwybod—ac felly wedi camgymryd; yn wir, yr oedd yn wallgof. Y trydydd posibiliad yw fod ei honiadau yn wir.

Rhoes C. S. Lewis y peth fel hyn,

> Nid athro moesol mawr fyddai'r gŵr a oedd ond yn ddyn ac eto'n dweud y pethau a ddywedai Iesu, yn hytrach byddai'n wallgofddyn - ar yr un lefel â'r un sy'n dweud ei fod yn ŵy wedi'i botsio - neu'n gythraul o uffern ei hun. Rhaid ichwi benderfynu. Un ai yr oedd y gŵr hwn yn Fab Duw, neu'n wallgof, neu'n waeth ... Ond peidied neb, da chwi, â sôn am ryw nonsens nawddoglyd am athro moesol mawr. Nid yw wedi gadael hynny'n ddewis inni o gwbl. Nid oedd yn fwriad ganddo wneud hynny chwaith.[13]

Beth yw'r dystiolaeth i ategu'r hyn a ddywedodd?

Er mwyn asesu pa un o'r posibiliadau yma sy'n iawn y mae angen inni edrych ar y dystiolaeth sydd gennym am ei fywyd.

Ei ddysgeidiaeth

Cydnabyddir yn gyffredinol fod dysgeidiaeth Iesu gyda'r mwyaf a roddwyd erioed. Y mae rhai nad ydynt yn Gristnogion yn dweud, 'Yr wyf yn caru'r Bregeth ar y Mynydd; ac yn byw wrthi.' (Petaent yn ei darllen fe fyddent yn sylweddoli ei bod yn haws dweud na gwneud hyn, ond y maent yn cydnabod fod y Bregeth ar y Mynydd yn ddysgeidiaeth fawr.)

Dywedodd Bernard Ramm, athro diwinyddiaeth o America, y canlynol am eiriau Iesu:

Cânt eu darllen yn fwy, eu dyfynnu'n fwy, eu caru'n fwy, eu credu'n fwy a'u cyfieithu'n fwy oherwydd dyma'r geiriau mwyaf a lefarwyd erioed... Eu mawredd yw'r ysbrydolrwydd pur ac eglur wrth ddelio yn glir, yn ddiffiniol, ac yn awdurdodol gyda'r problemau mwyaf sy'n corddi ym meddwl y ddynoliaeth... Nid oes geiriau neb arall â'r apêl sydd gan eiriau Iesu oherwydd ni all neb arall ateb y cwestiynau sylfaenol yma fel y gwnaeth Iesu eu hateb. Y maent y math o eiriau a'r math o atebion y byddem yn disgwyl i Dduw eu rhoi.[14]

Ei ddysgeidiaeth yw sylfaen ein diwylliant yn y Gorllewin. Y mae llawer o'r cyfreithiau yn y wladwriaeth wedi'u seilio ar ddysgeidiaeth Iesu. Yr ydym yn gwneud cynydd cyson ym mhob maes o wyddoniaeth a thechnoleg. Rydym yn teithio'n gynt ac yn gwybod mwy, ac eto mewn 2,000 o flynyddoedd nid oes neb wedi gwella ar ddysgeidiaeth foesol Iesu. Allai'r ddysgeidiaeth honno fod wedi cael ei rhoi gan dwyllwr neu wallgofddyn?

Ei weithredoedd
Dywedodd Iesu fod y gwyrthiau yr oedd yn eu cyflawni ynddynt eu hunain yn brawf fod 'y Tad ynof fi, a minnau yn y Tad' (Ioan 10.38).

Mae'n rhaid mai Iesu oedd y person mwyaf rhyfeddol i fod yn ei gwmni. Y mae pobl weithiau'n dweud fod Cristnogaeth yn ddiflas. Wel, doedd hi ddim yn ddiflas i fod gyda Iesu.

Pan aeth i barti fe droes ddŵr yn win (Ioan 2.1-11). Fe aeth â phicnic un a'i droi yn wledd i filoedd (Marc 6.30-44). Yr oedd yn rheoli'r elfennau ac fe allai siarad â'r gwynt ac â'r tonnau ac felly dawelu storm (Marc 4.35-41). Yr oedd yn iacháu mewn modd rhyfeddol iawn: yn agor llygaid y deillion, gwneud i'r byddar a'r mud glywed a siarad, a gwneud i'r rhai wedi'u parlysu gerdded eto. Pan ymwelodd ag ysbyty yr oedd dyn a fu'n anabl ers tri deg wyth o flynyddoedd yn medru codi ei wely a cherdded (Ioan 5.1-9). Yr oedd yn rhyddhau pobl o'r nerthoedd drwg oedd yn caethiwo eu bywydau. Ar adegau fe ddaeth â'r rhai oedd wedi marw yn ôl yn fyw (Ioan 11.38-44).

Eto, nid ei wyrthiau yn unig a wnai ei waith mor drawiadol. Yr oedd ei gariad, yn enwedig dros y rhai nad oedd neb arall yn eu caru (ee., y gwahanglwyfus a'r puteiniaid), fel petai yn rhan o bob peth yr oedd yn ei wneud. A choron y cwbl oedd ei gariad a welwyd ar y groes (ac fe welwn yn y bennod nesaf mai dyna'r prif reswm dros iddo ddod i'n daear). Wedi iddynt ei boenydio a'i hoelio i'r groes, fe ddywedodd, 'O Dad, maddau iddynt, oherwydd ni wyddant beth y maent yn ei wneud' (Luc 23.34). Nid dyma ymddygiad dyn drwg neu wallgof, does bosib?

BETH YW BYWYD?

Ei gymeriad
Y mae cymeriad Iesu wedi effeithio ar filiynau nad ydynt yn galw eu hunain yn Gristnogion o gwbl. Er enghraifft, dywedodd Bernard Levin am Iesu:

> Onid yw natur Crist, yng ngeiriau y Testament Newydd, yn ddigon i gyffwrdd calon neb sydd â chalon i'w chyffwrdd?... y mae'n dal i daflu ei olwg dros ein byd, y mae ei neges yn dal i fod yn glir, ei drugaredd yn dragwyddol, ei gysur yn dal yn effeithiol, ei eiriau yn dal i fod yn llawn gogoniant, doethineb a chariad.[15]

Daw un o fy hoff ddisgrifiadau i o gymeriad Iesu oddi wrth y cyn-Arglwydd Ganghellor, yr Arglwydd Hailsham. Yn ei hunangofiant, *The Door Wherein I Went*, dywed:

> Y peth cyntaf sy'n rhaid inni ei ddysgu amdano yw y byddem wedi'n hudo gan ei gwmni. Yr oedd Iesu yn ddyn oedd yn tynnu pobl ato... Croeshoeliwyd gr ifanc, bywiog, llawn o fywyd ac o lawenydd, rhywun a oedd mor ddeniadol fel bod pobl yn ei ddilyn am yr hwyl yn unig... Y mae angen i'r ugeinfed ganrif ailafael yn y weledigaeth hon o'r dyn hapus gogoneddus yma yr oedd ei bresenoldeb yn llanw ei gyfeillion â hyfrydwch. Nid Galilead di-liw oedd hwn, ond yn wir rhyw fath o Bibwr Brith a fyddai'n denu plant ar ei ôl yn gwichian gyda hwyl a sbri wrth iddo eu cymryd i'w freichiau.[16]

Dyma ichi ddyn oedd yn esiampl unigryw o ddiffyg hunanoldeb ond byth o hunan-dosturi; o ostyngeiddrwydd ond nid gwendid; o lawenydd ond nid ar draul neb arall; o garedigrwydd ond nid o faldod. Yr oedd yn ddyn yr oedd ei elynion hyd yn oed yn methu dod o hyd i unrhyw fai ynddo a'i gyfeillion yn ei adnabod yn ddigon da i wybod ei fod heb bechod. Nid yw'n bosibl i ddyn â'r fath gymeriad fod yn ddrwg neu heb fod yn ei iawn bwyll.

Ei gyflawniad o broffwydoliaeth yr Hen Destament
Dywedodd Wilbur Smith, awdur Americanaidd ar faterion diwinyddol:

> Yr oedd gan yr hen fyd lawer o wahanol ffyrdd o weld i'r dyfodol, a alwyd yn *divination*, ond yn holl lenyddiaeth Roeg a Lladin, er eu bod yn defnyddio geiriau fel proffwyd a phroffwydo, nid oes unrhyw broffwydoliaeth benodol am unrhyw ddigwyddiad mawr hanesyddol i ddod yn y dyfodol, nag unrhyw broffwydoliaeth am ddyfodiad Gwaredwr at y ddynolryw... Ni all Mohamedaniaeth gyfeirio at unrhyw broffwydoliaethau am ddyfodiad Moahammed a roddywd ganrifoedd cyn ei ddyfodiaid. Ni all unrhyw aelod o unrhyw gwlt yn y wlad hon bwyntio

yn gywir at unrhyw destun hynafol yn proffwydo eu dyfodiad yn benodol.[17]

Eto i gyd, yn achos Iesu, fe gyflawnodd dros 300 o broffwydoliaethau (a lefarwyd gan nifer o wahanol bobl dros gyfnod o 500 mlynedd), gan gynnwys dau ddeg naw o broffwydoliaethau mawr a gyflawnwyd ar un diwrnod—y diwrnod y bu farw. Er i rai o'r proffwydoliaethau yma gael eu cyflawni ar un lefel yn ystod oes y proffwyd ei hun, fe'i cyflawnwyd yn derfynol yn Iesu Grist.

Nawr rwy'n gwybod y gallai rhai awgrymu fod Iesu yn dwyllwr medrus a aeth allan o'i ffordd i gyflawni'r proffwydoliaethau yma er mwyn dangos taw ef oedd y Meseia a ragfynegwyd yn yr Hen Destament.

Wrth gwrs y broblem gyda'r awgrym yma yw, yn gyntaf, y byddai eu nifer yn gwneud hynny yn anodd iawn. Yn ail, a siarad yn ddynol, nid oedd ganddo unrhyw reolaeth dros lawer o'r digwyddiadau. Er enghraifft, fe ragfynegwyd union ddull ei farw yn yr Hen Destament (Eseia 53), lle ei gladdu, man ei eni (Micha 5.2). Petai Iesu yn dwyllwr fyddai am gyflawni'r holl broffwydoliaethau yma, fe fyddai wedi bod ychydig yn hwyr erbyn yr amser yr oedd wedi darganfod y man lle'r oedd i fod i gael ei eni!

Ei atgyfodiad
Atgyfodiad corfforol Iesu Grist oddi wrth y meirw yw conglfaen Cristnogaeth. Ond beth yw'r dystiolaeth fod hyn wedi digwydd mewn gwirionedd? Yr wyf am grynhoi'r dystiolaeth o dan bedwar pen.

1. Nid oedd yn y bedd, yr oedd hwnnw'n wag. Y mae llawer damcaniaeth wedi eu rhoi gerbron er mwyn esbonio'r ffaith nad oedd corff Iesu yn y bedd ar y Dydd Pasg cyntaf hwnnw, ond nid yw'r un ohonynt yn argyhoeddi dyn.

Yn gyntaf, awgrymwyd nad oedd Iesu wedi marw ar y groes. Yr oedd pennawd yn y papur newydd *Today*: 'Jesus did not die on the cross'. Yr oedd Dr Trevor Lloyd Davies yn dweud fod Iesu yn dal i fod yn fyw pan gymerwyd ef i lawr o'r groes a'i fod yn ddiweddarach wedi dod ato'i hun.

Yr oedd Iesu wedi cael ei fflangellu gan filwyr Rhufain, rhywbeth oedd wedi bod yn ddigon i ladd nifer fawr. Yr oedd wedi'i hoelio i groes am chwe awr. Allai dyn yn ei gyflwr ef fod wedi gwthio carreg yn pwyso rhyw dunnell a hanner? Y mae'n amlwg fod y milwyr yn credu ei fod wedi marw neu ni fyddent wedi cymryd ei gorff i lawr o'r groes. Petaent yn gadael i garcharor ddianc, yna byddent hwy eu hunain yn wynebu marwolaeth.

Yn ogystal, pan wnaeth y milwyr weld fod Iesu wedi marw yn barod, 'fe drywanodd un o'r milwyr ei ystlys ef â phicell, ac ar unwaith dyma waed a dŵr yn llifo allan' (Ioan 19.34). Y mae hyn yn ymddangos fel y ceulad a'r serwm yn ymwahanu sydd, fel yr ydym yn gwybod heddiw, yn dystiolaeth feddygol gref fod Iesu wedi marw. Nid dyna pam yr ysgrifennodd Ioan hynny; ni fyddai'n gwybod am y fath beth, sydd yn ei wneud yn dystiolaeth gryfach byth fod Iesu yn wir wedi marw.

Yn ail, dadleuwyd bod y disgyblion wedi dwyn y corff. Y mae rhai wedi awgrymu fod y disgyblion wedi dwyn y corff ac yna wedi dechrau'r si fod Iesu wedi codi oddi wrth y meirw. Gan anghofio fod y bedd yn cael ei wylio, y mae'r ddamcaniaeth hon yn seicolegol annhebygol. Yr oedd y disgyblion yn isel eu hysbryd ac wedi'u dadrithio gan farwolaeth Iesu. Byddai angen rhywbeth cwbl allan o'r cyffredin i drawsnewid yr Apostol Pedr i'r dyn a bregethodd ar y Pentecost pan ddaeth 3,000 o bobl i ffydd.

Yn ychwanegol, pan ystyriwn gymaint y bu'n rhaid iddynt ddioddef am eu cred (fflangellu, poenydio, a rhai hyd yn oed yn wynebu marwolaeth), y mae'n anghredadwy y byddent yn fodlon wynebu hynny i gyd am rywbeth yr oeddent yn gwybod ei fod yn anwir. Y mae gennyf gyfaill a oedd yn wyddonydd ym Mhrifysgol Caer-grawnt a ddaeth yn Gristion oherwydd, wrth iddo edrych ar y dystiolaeth, daeth yn argyhoeddedig na fyddai'r disgyblion wedi bod yn barod i farw dros rywbeth yr oeddynt yn gwybod ei fod yn gelwydd.

Yn drydydd, y mae rhai yn dweud fod yr awdurdodau wedi dwyn y corff. Dyma'r ddamcaniaeth fwyaf annhebygol ohonynt i gyd. Petai'r awdurdodau wedi cymryd y corff, pam na wnaethant ei arddangos er mwyn tawelu'r sïon fod Iesu wedi codi oddi wrth y meirw?

Efallai taw'r dystiolaeth fwyaf diddorol yn dangos nad oedd corff Iesu yn y bedd yw disgrifiad Ioan o'r lliieiniau-cladddu. Mewn ffordd nid yw'n iawn inni ddweud 'y bedd gwag'. Pan aeth Pedr ac Ioan at y bedd fe welsant y llieiniau-cladddu, a oeddent yn ôl yr apolegwr Cristnogol Josh McDowell, fel crysalis gwag cocŵn lindys' - pan fo'r iâr-fach-yr-haf wedi hedfan yn rhydd.[18] Yr oedd yn edrych fe petai Iesu wedi mynd trwy'r llieiniau-cladddu. Nid yw'n rhyfedd fod Ioan wedi gweld a chredu (Ioan 20.8).

2. *Ei bresenoldeb gyda'r disgyblion*. Ai gweld pethau oedd y disgyblion? Fel arfer pobl nerfus iawn gyda dychymyg byw sy'n gweld pethau i'r graddau hyn, neu bobl sy'n sâl neu ar gyffuriau. Nid yw'r disgyblion yn ffitio i unrhyw un o'r grŵpiau hyn. Nid yw pysgotwyr a'u traed ar y ddaear, casglwyr trethi na sgeptics fel Thomas yn debygol o weld pethau. Byddai'r rhai sydd yn gweld pethau yn annhebygol o stopio gwneud hynny ar unwaith. Ymddangosodd Iesu i'w ddisgyblion ar un achlysur ar ddeg dros gyfnod o chwe wythnos. Y mae nifer yr ymddangosiadau a'r ffaith iddynt ddod i ben yn sydyn yn gwneud yr honiad fod y disgyblion yn gweld pethau yn annhebygol iawn.

Yn ychwanegol fe welodd dros 550 o bobl yr Iesu atgyfodedig. Y mae'n bosibl i un person weld pethau. Efallai ei bod yn bosibl i ddau neu dri ddychmygu eu bod yn gweld yr un peth. Ond, onid yw'n annhebygol iawn y byddai 550 o bobl i gyd ar yr un pryd yn dychmygu gweld yr un peth?

Yn olaf, rhywbeth goddrychol iawn yw gweld pethau. Nid oes unrhyw realiti gwrthrychol - y mae'n debyg i weld ysbryd. Gellid cyffwrdd â Iesu, bwytaodd ddarn o bysgodyn (Luc 24.42-43) ac ar un achlysur fe baratôdd frecwast i'w ddisgyblion (Ioan 21.1-14). Dywed Pedr, 'rhai a fu'n cydfwyta ac yn cydyfed ag ef wedi iddo atgyfodi oddi wrth y meirw' (Actau 10.41). Bu'n siarad gyda hwy am hir, gan ddysgu iddynt lawer o bethau am deyrnas Dduw (Actau 1.3).

3. *Yr effaith uniongyrchol.* Fel y byddai dyn yn disgwyl, cafodd atgyfodiad Iesu effaith ddramatig ar y byd. Cafodd yr eglwys ei geni a thyfodd yn gyflym iawn. Fel y dywedodd Michael Green, awdur nifer o lyfrau poblogaidd ac ysgolheigaidd:

> Gan ddechrau fel dyrnaid o bysgotwyr di-addysg a chasglwyr trethi, ysgubodd yr Eglwys ar draws y byd yn ystod y tri chan mlynedd nesaf. Mae'n stori ryfeddol o chwyldro tawel nad oes ei thebyg yn hanes y byd. Fe ddigwyddodd am fod Cristnogion yn medru dweud wrth y rhai oedd am wybod beth oedd yn digwydd: 'Nid dim ond marw yn dy le a wnaeth Iesu. Mae'n fyw! Gelli gyfarfod ag ef a dod o hyd i'r realiti yr ydym yn siarad amdano drosot dy hun!' Fe ddaethant o hyd i'r realiti hwnnw, ymuno â'r eglwys, a dyma'r eglwys, a anwyd allan o fedd y Pasg, yn estyn i bob man.[19]

4. *Profiadau Cristnogion.* Y mae miliynau ar filiynau o bobl ar hyd yr oesoedd wedi cael profiad o'r Iesu Grist atgyfodedig. Y maent yn cynnwys rhai o bob lliw, hil, llwyth, cyfandir a chenedl. Maent yn dod o bob cefndir economaidd, cymdeithasol ac addysgol. Eto i gyd y maent yn un yn eu profiad cyffredin o'r Crist atgyfodedig. Wrth i Wilson Carlisle, pennaeth Byddin yr Eglwys, bregethu yn yr awyr agored yr oedd yn cyhoeddi, 'Mae Iesu Grist yn fyw heddiw.' Gwaeddodd un o'r rhai oedd yn 'gwrando' arno, 'Sut wyt ti'n gwybod?' Atebodd Wilson Carlisle ar unwaith, 'Am fy mod i wedi bod yn siarad gydag ef am hanner awr y bore 'ma!'

Y mae miliynau o bobl dros y byd i gyd heddiw yn profi perthynas gyda'r Iesu atgyfodedig. Dros y deunaw mlynedd diwethaf yr wyf i wedi profi drosof fy hun fod Iesu yn fyw heddiw. Yr wyf wedi profi ei gariad, ei nerth a realiti perthynas sy'n fy argyhoeddi i ei fod yn fyw mewn gwirionedd.

Y mae'r dystiolaeth fod Iesu wedi codi oddi wrth y meirw yn helaeth. Dywedodd yr Arglwydd Darling, cyn Brif Ustus Lloegr, 'O blaid y gwirionedd y mae tystiolaeth mor sicr, yn bositif ac yn negyddol, yn ffeithiol ac o'r amgylchiadau, fel na fyddai'r un rheithgor deallus yn methu dod i'r dyfarniad fod hanes yr atgyfodiad yn wir.'[20]

Gwelsom, yn gynt yn y bennod, wrth edrych ar yr hyn yr oedd Iesu yn ei ddweud amdano'i hun ein bod yn wynebu tri dewis - un ai yr oedd ac y mae yn

Fab i Dduw, neu yn wallgof, neu'n rhywbeth gwaeth. Wrth edrych ar y dystiolaeth nid yw'n gwneud synnwyr i ddweud ei fod yn wallgof nac yn ddrwg. Y mae holl bwysau ei ddysgeidiaeth, ei weithredoedd, ei gymeriad, ei gyflawniad o broffwydoliaethau'r Hen Destament a'i fuddugoliaeth dros angau yn gwneud yr awgrymiadau hynny yn rhai dwl, afresymol ac anghredadwy. Ar y llaw arall, y maent yn ategu cred Iesu. Nid oes amheuaeth ei fod ef yn ymwybodol o fod yn ddyn a welai ei hun fel Duw.

Y mae C. S. Lewis yn crynhoi'r peth fel hyn:

> Yr ydym yn wynebu dewis difrifol iawn. Un ai yr ydym yn derbyn yr hyn a ddywed y gr hwn amdano'i hun, neu'n hytrach fe ddywedwn ei fod yn wallgof neu'n rhywbeth gwaeth. Yn awr, y mae'n amlwg i mi nad oedd yn wallgof nac yn gythraul chwaith; ac felly, er mor rhyfedd neu ofnadwy neu annhebygol yr ymddengys, y mae'n rhaid i mi dderbyn y farn ei fod yn Dduw. Y mae Duw ei hun wedi dod i diriogaeth y gelyn, i'r byd yma ar lun dyn.[21]

3
Pam bu farw Iesu?

Y mae llawer o bobl heddiw yn gwisgo croes o gwmpas eu gyddfau, yn eu clust neu ar freichled. Yr ydym wedi hen arfer â'i gweld fel nad yw'n achosi unrhyw syndod na sioc i ni o gwbl. Efallai y byddem yn synnu i weld rhywun â chrocbren neu gadair drydan ar freichled; ond cyfrwng dienyddiad oedd y groes fel y pethau eraill. I ddweud y gwir, dyma un o'r dulliau mwyaf creulon ar ddienyddio a welodd y ddynolryw. Fe'i diddymwyd yn OC 315 am fod hyd yn oed y Rhufeiniaid yn credu ei fod yn rhy greulon.

Eto i gyd o'r cychwyn cyntaf mae'r groes wedi'i gweld fel sumbol Cristnogaeth. Y mae darnau mawr o'r pedair efengyl yn adrodd hanes marwolaeth Iesu. Y mae llawer o weddill y Testament Newydd yn ymwneud ag esbonio arwyddocâd ei farwolaeth ar y groes. Y mae gwasanaeth canolog yr eglwys, y Cymun, yn canolbwyntio ar gorff Iesu wedi'i ddryllio a'i waed wedi'i dywallt. Pan aeth yr Apostol Paul i Gorinth fe ddywedodd hyn, 'Dewisais beidio â gwybod dim yn eich plith ond Iesu Grist, ac yntau wedi'i groeshoelio' (1 Corinthiaid 2.2). Y mae'r rhan fwyaf o bobl sydd wedi dylanwadu neu newid y byd, yn cael eu cofio am effaith eu bywydau; y mae Iesu, sydd wedi newid hanes y byd yn fwy na neb, yn cael ei gofio nid yn gymaint am ei fywyd ond am ei farwolaeth.

Pam bod y fath ganolbwyntio ar farwolaeth Iesu? Beth yw'r gwahaniaeth rhwng ei farwolaeth ef a marwolaeth Socrates, neu un o'r merthyron? Pam bu farw? Beth gyflawnwyd ganddo? Beth olyga'r Testament Newydd wrth ddweud ei fod wedi marw 'dros ein pechodau'? Dyna rai o'r cwestiynau yr wyf am geisio eu hateb yn y bennod hon.

Beth yw angen mwyaf dynoliaeth?

Weithiau bydd pobl yn dweud, 'Nid oes angen Cristnogaeth arnaf i.' Maent yn dweud rhywbeth fel hyn hefyd, 'Yr wyf fi'n ddigon hapus fy myd, mae fy mywyd i'n llawn a rwy'n gwneud fy ngorau i fod yn glên wrth bobl eraill a byw bywyd da.' Er mwyn deall pam bu farw Iesu y mae'n rhaid i ni fynd yn ôl ac edrych ar y broblem fwyaf sy'n wynebu pawb.

Os yr ydym yn onest, rhaid inni gyfaddef ein bod yn gwneud pethau y gwyddom eu bod yn anghywir. Ysgrifennodd Paul, 'Y mae pawb wedi pechu, ac yn amddifad o ogoniant Duw' (Rhufeiniaid 3.23). Mewn geiriau eraill, o'n cymharu â safonau Duw yr ydym wedi syrthio'n fyr, a hynny o lawer iawn. Os ein cymharu ein hunain â rhai sy'n cyflawni lladrad arfog o fanc neu gyda'r rhai sy'n camdrin plant yn faleisus neu hyd yn oed gyda'n cymdogion a wnawn ni, efallai ein bod yn meddwl ein bod yn bobl gweddol dda. Ond wrth gymharu ein hunain â Iesu Grist, gwelwn pa mor brin yr ydym yn syrthio. Fel y dywedodd Somerset Maugham, 'Petawn i'n ysgrifennu popeth yr wyf wedi ei feddwl erioed a phopeth yr wyf wedi'i wneud erioed, yna byddai dynion yn fy ngalw yn fwystfil o drythyllwch.'

Gwreiddyn pechod yw torri perthynas â Duw (Genesis 3) a'i ganlyniad yw ein bod wedi'n torri i ffwrdd oddi wrtho. Fel y Mab Afradlon (Luc 15) yr ydym yn ein cael ein hunain yn bell o dŷ ein Tad a'n bywydau mewn stâd ofnadwy. Weithiau fe glywir pobl yn dweud, 'Os yr ydyn ni gyd yn yr un cwch, a oes ots mewn gwirionedd?' Yr ateb yw bod ots oherwydd canlyniadau pechod yn ein bywydau, a gellir crynhoi'r effeithiau o dan bedwar pennawd.

Y mae pechod yn llygru
Dywedodd Iesu, 'Yr hyn sy'n dod allan o ddyn, dyna sy'n halogi dyn. Oherwydd o'r tu mewn, o galon dynion, y daw allan gynllunio drygionus, puteinio, lladrata, llofruddio, godinebu, trachwantu, anfadwaith, twyll, anlladrwydd, cenfigen, cabledd, balchder, ynfydrwydd; o'r tu mewn y mae'r holl ddrygau yn dod ac yn halogi dyn.' (Marc 7.20-23) Y mae'r pethau hyn yn llygru ein bywydau.

Efallai eich bod yn dweud, 'Nid wyf i'n gwneud y rhan fwyaf o'r pethau hynny.' Ond y mae un ohonynt yn ddigon i wneud llanast o'n bywydau. Efallai y dymunem ni i'r Deg Gorchymyn fod fel papur arholiad yn gofyn am i ni geisio ar unrhyw dri. Y mae'r Testament Newydd yn dweud os yr ydyn ni'n torri *unrhyw* ran o'r Gyfraith yna yr ydym yn euog o'i thorri *i gyd* (Iago 2.10). Nid yw'n bosibl i ni gael trwydded yrru sy'n 'gymharol lân.' Mae hi naill ai yn lân neu ddim yn lân. Felly y mae gyda'n bywydau ni. Y mae un trosedd yn eu llygru.

Y mae pechod yn rheoli
Y mae'r hyn yr ydym yn ei wneud â rhyw allu i'n caethiwo'n bellach. Dywedodd Iesu 'Y mae pob un sy'n cyflawni pechod yn gaethwas i bechod' (Ioan 8.34). Y mae'n haws gweld hyn mewn rhai pethau nag eraill. Er enghraifft, y mae'n wybyddus fod rhywun sy'n cymryd rhyw gyffur caled fel heroin, yn fuan iawn yn dod yn gaeth iddo.

Y mae'n bosibl hefyd mynd yn gaeth i dymer ddrwg, eiddigedd, balchder, hunanoldeb, celwydd neu anfoesoldeb rhywiol. Gallwn fynd yn gaeth i ffordd arbennig o feddwl neu ymddygiad, na allwn, trwy ein nerth ein hunain, ei dorri. Dyma'r caethwasanaeth yr oedd Iesu yn sôn amdano ac sydd â nerth dinistriol yn ein bywyd.

Ysgrifennodd yr Esgob J C Ryle, cyn esgob Lerpwl:

> Y mae gan bob pechod dyrfaoedd o gaethion anhapus wedi'u dal mewn cadwynau... Y mae'r caethion druain... yn ymfalchïo weithiau eu bod

yn gwbl rhydd... Nid oes y fath gaethiwed â hyn. Pechod yn wir yw'r creulonaf o bob meistr. Diflastod a siomedigaeth ar y ffordd, anobaith ac uffern yn y diwedd—dyna'r unig gyflogau y mae pechod yn ei dalu i'w weision.[22]

Y mae pechod yn dwyn cosb
Y mae yna rhywbeth o fewn i'r natur ddynol sy'n mynnu cyfiawnder. Pan welwn blant yn cael eu camdrin, hen bobl yn dioddef ymosodiadau yn eu cartrefi, babanod yn cael eu lladd a phob math o bethau felly, yr ydym yn dymuno gweld y rhai sy'n gwneud y pethau hyn yn cael eu dal a'u cosbi. Yn aml iawn y mae'n rhesymau am hyn yn gymysg: gall gynnwys elfen o ddial. Ond y mae'r fath beth yn bod â dicter cyfiawn. Yr ydym yn iawn i gredu y dylai pechodau gael eu cosbi; y dylai pobl sydd yn gwneud y fath bethau fod yn atebol am hynny.

Ond nid yn unig pechodau pobl *eraill* sy'n haeddu cosb. Yr ydym ni hefyd yn ei haeddu. Un diwrnod byddwn yn dod gerbron Duw mewn barn. Dywed St Paul wrthym, 'y mae pechod yn talu cyflog, sef marwolaeth' (Rhufeiniaid 6.23).

Y mae pechod yn arwain at wahanu
Nid marwolaeth gorfforol yn unig y mae Paul yn sôn amdani yma. Y mae hefyd yn farwolaeth ysbrydol sy'n deillio o gael ein gwahanu oddi wrth Dduw yn dragwyddol. Y mae'r gwahanu yn dechrau nawr. Cyhoeddodd y proffwyd Eseia, 'Nid aeth llaw'r ARGLWYDD yn rhy wan i achub, na'i glust yn rhy drwm i glywed; ond eich camwedd chwi a ysgarodd rhyngoch a'ch Duw, a'ch anwiredd chwi a barodd iddo guddio'i wyneb rhag gwrando arnoch' (Eseia 59.1-2). Y pethau anghywir a wnawn ni sy'n achosi'r gwahanu yma.

Yr hyn y mae Duw wedi'i wneud

Y mae angen i ni i gyd ddelio â phroblem pechod yn ein bywydau. Po fwyaf y sylweddolwn ein hangen y mwyaf i gyd fydd ein gwerthfawrogiad o'r hyn y mae Duw wedi'i wneud. Ysgrifennodd yr Arglwydd Ganghellor, yr Arglwydd Mackay o Clasfern, 'Thema ganolog ein ffydd yw hunan aberth ein Harglwydd Iesu Grist ar y groes dros ein pechodau... Po ddyfnaf y sylweddolwn ein hangen bydd ein cariad tuag at yr Arglwydd Iesu hefyd yn dyfnhau ac, felly, bydd ein hawydd i'w wasanaethu yn fwy hefyd.'[23] Newyddion da Cristnogaeth yw fod Duw yn ein caru ac nad yw wedi ein gadael ar ein pennau'n hunain yn y llanast yr ŷm wedi'i wneud o'n bywydau. Fe ddaeth i'r byd, ym mherson ei Fab Iesu i farw yn ein lle (2 Corinthiaid 5.21; Galatiaid 3.13). Dyma beth y mae John Stott, cyn-reithor Eglwys All Souls, Langham Place (Llundain), yn ei ddisgrifio fel 'Duw yn rhoi ei hun dros eraill ac yn eu lle hwy.' Yng ngeiriau'r Apostol Pedr, '*Ef* ei hun a ddygodd

BETH YW BYWYD?

ein pechodau yn *ei* gorff ar y croesbren... trwy *ei* archoll *ef* y cawsoch iachâd' (1 Pedr 2.24, fy mhwyslais i).

Beth yw ystyr rhoi eich hun dros ac yn lle eraill? Yn ei lyfr *Miracle on the River Kwai* mae Ernest Gordon yn adrodd hanes grŵp o garcharorion rhyfel yn gweithio ar Reilffordd Burma yn ystod yr Ail Ryfel Byd. Ar ddiwedd bob dydd byddai'r holl offer yn cael eu casglu oddi wrth y gweithwyr. Ar un achlysur gwaeddodd un o'r swyddogion Japaneaidd fod un rhaw ar goll a'i fod am wybod pwy oedd wedi'i chymryd. Dechreuodd weiddi a sgrechian a chan fynd yn wyllt yn ei gynddaredd gorchmynodd i bwy bynnag oedd yn euog i gymryd cam ymlaen. Ni symudodd neb. 'Bydd pawb yn marw! Bydd pawb yn marw!' gwaeddodd gan anelu ei reiffl at y carcharorion. Yr eiliad honno dyma un dyn yn cymryd cam ymlaen a dyma'r swyddog yn ei guro i farwolaeth gyda'r reiffl ac yntau'n sefyll yn stond. Pan ddychwelwyd i'r carchar gwnaethpwyd cyfrif arall o'r offer a gweld nad oedd dim byd o gwbl ar goll. Yr oedd yr un dyn hwnnw a safodd ymlaen wedi rhoi ei hun dros ac yn lle eraill er mwyn eu harbed.

Yn yr un modd yr oedd Iesu wedi dod i fod yr un fyddai'n rhoi ei hun trosom ni ac yn ein lle ni. Dioddefodd ei groeshoelio yn ein lle ni. Yn ôl Cicero croeshoelio oedd 'y poenydio mwyaf creulon a hyll.' Tynnwyd dillad Iesu a'i glymu er mwyn ei fflangellu. Fe'i fflangellwyd gan ddefnyddio chwip gyda darnau o asgwrn a phlwm awchus wedi'u gwau i mewn i'r gynffon. Disgrifiwyd fflangellu'r Rhufeiniaid gan Eusebius, yr hanesydd eglwysig o'r drydedd ganrif: 'yr oedd y gwythienau yn cael ei dinoethi a'r ... cyhyrau, gefynnau a pherfeddion y truan yn cael eu dinoethi i'r llygad.' Yna aethpwyd ag ef i'r Preatorium lle'r rhoddwyd coron o ddrain ar ei ben. Cafodd ei watwar gan fataliwn o 600 o ddynion a'i daro o gwmpas ei wyneb a'i ben. Yna fe'i gorfodwyd i gario croesfar trwm ar ei ysgwyddau gwaedlyd hyd nes iddo syrthio, ac yna fe orfodwyd Simon o Cyrene i'w gario yn ei le.

Wedi cyrraedd lle'r croeshoelio, tynnwyd ei ddillad oddi amdano. Fe'i gosodwyd i orwedd ar y groes, ac fe darawyd hoelion chwe modfedd trwy ei fraich, ychydig uwchben y garddynau. Yna fe drowyd ei benliniau i'r ochr fel y gellid hoelio'r migyrnau rhwng y tibia a llinyn yr âr. Yna y codwyd ef i fyny ar y groes a osodwyd mewn twll yn y ddaear. Yno fe'i gadawyd i grogi mewn gwres tanbaid a syched anioddefol, a'r dorf yn ei wawdio a'i watwar. Yr oedd yn crogi yno mewn poen dirdynnol am chwe awr tra llifai'r bywyd allan o'i gorff yn araf araf.

Eto i gyd nid poen corfforol y croeshoelio oedd y rhan waethaf o'i ddioddefaint nac hyd yn oed y boen emosiynol o gael ei wrthod gan y byd a'i adael yn unig gan ei gyfeillion ei hun, ond yn hytrach y boen ysbrydol o gael ei dorri i ffwrdd oddi wrth ei Dad er ein mwyn—wrth iddo ddwyn ein pechodau ni.

Yr hyn a gyflawnwyd gan y Groes

Fel diamwnt prydferth gyda phob wynebyn yn disgleirio y mae nifer o wahanol agweddau i'r hyn a gyflawnwyd gan y groes. Ar y groes dirymwyd pŵerau y drwg (Colosiaid 2.15). Gorchfygwyd nerthoedd angau a'r diafol. Ar y groes fe ddangosodd Duw faint ei gariad tuag atom. Dangosodd nad Duw pell yw sydd wedi'i ynysu oddi wrth dioddefaint. Ef yw'r 'Duw croeshoeliedig' (fel y dywed teitl llyfr gan y diwinydd o'r Almaen, Jürgen Moltmann). Y mae wedi dod i mewn i'n byd ac yn gwybod ac yn deall beth yw dioddefaint. Ar y groes mae Iesu'n rhoi inni esiampl o gariad hunan-aberthol (1 Pedr 2.21). Y mae pob un o'r agweddau yma yn haeddu pennod i'w hunain ond yr wyf yn mynd i ganolbwyntio ar bedwar darlun y mae'r Testament Newydd yn eu defnyddio i ddisgrifio beth wnaeth Iesu drosom ni ar y groes. Mae pob un o'r darluniau yn rhai sy'n dod o fywyd bob dydd y cyfnod.

Y mae'r llun cyntaf yn dod o'r *llys barn*. Dywedodd Paul mai trwy farwolaeth Crist yr ydym yn cael ein cyfiawnhau (Rhufeiniaid 5.1). Term cyfreithiol yw cyfiawnhau. Petaech yn mynd i lys barn a chael eich rhyddfarnu, yna byddech wedi'ch cyfiawnhau.

Aeth dau berson drwy'r ysgol a'r brifysgol gyda'i gilydd a dod yn gyfeillion agos iawn. Ond gydag amser aeth y ddau ar hyd ffyrdd gwahanol a cholli cysylltiad â'i gilydd. Aeth un ymlaen i fod yn farnwr, aeth y llall tuag i lawr gan orffen fel troseddwr. Un dydd ymddangosodd y troseddwr gerbron y barnwr. Yr oedd wedi troseddu ac wedi pledio'n euog i'r cyhuddiad yn ei erbyn. Adnabu'r barnwr ei hen gyfaill a chael ei hun mewn cyfyng-gyngor. Yr oedd yn farnwr, felly yr oedd yn rhaid iddo fod yn gyfiawn; ni allai adael i'r dyn fynd yn rhydd ac yntau'n euog. Ond ar y llaw arall nid oedd am gosbi'r dyn am ei fod yn ei garu. Felly fe ddywedodd wrth ei gyfaill y byddai'n ei ddirwyo y swm priodol ar gyfer ei drosedd. Dyna oedd cyfiawnder. Yna daeth i lawr o'i safle fel barnwr ac ysgrifennu siec i dalu am y ddirwy. Rhoes y siec i'w gyfaill, gan ddweud y byddai'n talu'r gosb drosto. Dyna oedd cariad.

BETH YW BYWYD?

Dyna ddarlun o'r hyn y mae Duw wedi'i wneud drosom ni. Yn ei gyfiawnder, y mae'n ein barnu'n euog, ond wedyn, yn ei gariad, y mae'n dod i lawr ym mherson ei Fab Iesu Grist ac yn talu'r gosb drosom ni. Yn y ffordd hon felly yr oedd ef yn 'gyfiawn' (sef nad oedd yn caniatáu i'r euog fynd heb eu cosbi) ac hefyd yr 'un sy'n cyfiawnhau'—Rhufeiniaid 3.26 (sef wrth gymryd y gosb ei hun, ym mherson ei Fab, y mae'n caniatáu i ni fynd yn rhydd). Ef yw ein Barnwr a'n Gwaredwr. Nid rhywun arall diniwed sydd yn ein hachub, ond Duw ei hun. I bob pwrpas, y mae'n rhoi siec inni ac yn dweud fod gennym ddewis: a ydym am iddo dalu trosom neu a ydym yn mynd i wynebu barn Duw am ein camweddau ein hunain?

Nid yw'r llun yr wyf wedi'i ddefnyddio yn un cwbl gywir am dri rheswm. Yn gyntaf, y mae'n tynged yn waeth. Y gosb a wynebwn yw angau, ac nid dirwy. Yn ail, y mae'r berthynas yn agosach. Nid dau gyfaill sydd yma: y hytrach ein Tad yn y nefoedd sy'n ein caru'n fwy nag y mae unrhyw dad dynol yn caru ei blentyn ei hun. Yn drydydd, yr oedd y gost yn llawer mwy: nid arian oedd y gost i Dduw, ond ei unig Fab—a dalodd *gosb pechod*.

Y mae'r ail lun yn dod o'r *farchnad*. Nid rhywbeth modern yn unig yw dyled; yr oedd yn broblem yn yr hen amser hefyd. Os oedd gan rywun ddyledion difrifiol, efallai y byddai'n cael ei orfodi i werthu ei hun fel caethwas er mwyn talu'r dyledion hynny. Dychmygwch ddyn yn sefyll yn y farchnad, yn ceisio gwerthu ei hun fel caethwas. Efallai y byddai rhywun yn tosturio wrtho ac yn holi, 'Faint yw dy ddyled di?' Efallai y byddai'r dyledwr yn ateb, '£10,000.' Petai cwsmer yn cynnig talu'r £10,000 ac yna yn ei adael yn rhydd, wrth wneud hynny fe fyddai yn ei brynu trwy dalu'r 'pridwerth.'

Yn yr un modd daeth rhyddid i ni 'trwy'r prynedigaeth sydd yng Nghrist Iesu' (Rhufeiniaid 3.24). Trwy ei farwolaeth ar y groes fe dalodd Iesu y pridwerth (Marc 10.45). Oherwydd hyn yr ydym yn rhydd oddi wrth nerth pechod. Dyma ryddid mewn gwirionedd. Dywedodd Iesu, 'Os yw'r mab yn eich rhyddhau chwi, byddwch yn rhydd mewn gwirionedd' (Ioan 8.36). Nid nad ydym byth yn pechu eto, ond y mae nerth pechod trosom wedi'i dorri.

Y mae Billy yn bum deg wyth mlwydd oed. Yr oedd yn alcoholig am dri deg pump o flynyddoedd. Am ugain o'r blynyddoedd hynny eisteddai y tu fas i'r egwlys yn yfed alcohol ac yn cardota am arian. Ar 13 Mai 1990 edrychodd yn y drych a dweud, 'Nid ti yw'r Billy yr oeddwn yn arfer ei adnabod.' I ddefnyddio'i eiriau ei hun, gofynnodd i'r Arglwydd Iesu Grist ddod i mewn i'w fywyd gan wneud cytundeb gydag ef i beidio ag yfed alcohol eto. Nid yw wedi yfed diferyn ers hynny. Y mae ei fywyd wedi'i drawsnewid. Y mae cariad a llawenydd Crist yn llewrychu trwy'i fywyd. Dywedais wrtho unwaith, 'Billy, yr wyt ti'n edrych yn hapus.' 'Dwi'n hapus am fy mod i'n rhydd. Rhyw ddrysfa yw bywyd ond yr wyf wedi dod o hyd i fy ffordd allan trwy Iesu Grist,' oedd ei ateb. Marwolaeth Iesu ar y groes a wnaeth y rhyddid yma oddi wrth *reolaeth pechod* yn bosibl.

Y mae'r trydydd llun yn dod o'r *deml*. Yn yr Hen Destament, gosodwyd deddfau manwl i lawr ar sut i ddelio â phechodau. Yr oedd sustem gyfan o aberthau oedd yn dangos peth mor ddifrifol oedd pechod a'r angen am lanhâd oddi wrtho. Yn arferol byddai'r pechadur yn cymryd anifail, anifail mor berffaith â phosib, ac yna byddai'n gosod ei ddwylo ar yr anifail ac yn cyffesu ei bechodau. Yn y modd yma y gwelid y pechodau yn symud oddi wrth y pechadur i'r anifail, a fyddai wedyn yn cael ei ladd.

Y mae awdur y llythyr at yr Hebreaid yn dweud yn ddigon clir ei bod yn 'amhosibl i waed teirw a geifr i gymryd i ffwrdd pechodau' (Hebreaid 10.4). Dim ond llun neu 'gysgod' oedd hyn (Hebreaid 10.4). Daeth y realiti gydag aberth Iesu. Dim ond gwaed Crist, yr un yn ein lle ac er ein mwyn, a allai gymryd pechod i ffwrdd, oherwydd ef yn unig oedd yr aberth perffaith dros ein pechodau. Ef yn unig a wnaeth fyw bywyd perffaith. Y mae ei waed ef yn ein glanhau oddi wrth bob pechod (1 Ioan 1.7) ac yn tynnu ymaith *llygredd pechod*.

Y mae'r pedwerydd llun yn dod o'r *cartref*. Gwelsom mai gwreiddyn a chanlyniad pechod yw fod y berthynas â Duw wedi'i thorri. Canlyniad y groes yw medru adfer perthynas gyda Duw. Y mae Paul yn dweud 'Yr oedd Duw yng Nghrist yn cymodi'r byd ag ef ei hun' (2 Corinthiaid 5.19). Y mae rhai pobl yn ceisio bwrw sen ar ddysgeidiaeth y Testament Newydd trwy awgrymu fod Duw yn anghyfiawn am iddo gosbi Iesu yn ein lle, ac yntau'n ddiniwed. Nid dyna y mae'r Testament Newydd yn ei ddweud o gwbl. Yn hytrach, mae Paul yn dweud, 'Yr oedd Duw yng Nghrist...' Duw ei hun oedd yn ein lle ym mherson ei Fab. Fe'i gwnaeth yn bosibl i ni weld adfer ein perthynas ag ef. Dilëwyd y gwahanu sy'n dod oherwydd pechod. Gall yr hyn ddigwyddodd i'r Mab Afradlon ddigwydd i ni. Gallwn ni ddod yn ôl at y Tad a phrofi ei gariad a'i fendith. Nid ar gyfer y bywyd hwn yn unig y mae'r berthynas hon: y mae'n berthynas dragwyddol. Un dydd cawn fod gyda'r Tad yn y nefoedd—yno byddwn yn rhydd, nid yn unig oddi wrth gosb pechod, rheolaeth pechod, llygredd pechod a'r gwahanu oherwydd pechod, ond hefyd oddi wrth bresenoldeb pechod. Dyna beth mae Duw wedi'i wneud yn bosibl trwy roi ei hun drosom ac yn ein lle ar y groes.

Y mae Duw yn caru bob yr un ohonom ac y mae'n awyddus i gael perthynas â phob un ohonom, fel y mae tad dynol yn awyddus i gael perthynas gyda phob un o'i blant yntau. Bu Iesu farw nid yn unig dros bawb ond bu farw drosof fi a throsoch chi; mae'n rhywbeth personol iawn. Ysgrifennodd Paul am 'Fab Duw, a'm carodd i a rhoi ei hun drosof fi' (Galatiaid 2.20). Petaech yr unig berson yn y byd, byddai Iesu wedi marw drosoch chi. Unwaith i ni weld y groes yn y termau personol hyn, yna bydd ein bywydau yn cael eu trawsnewid.

Disgrifiodd John Wimber, gweinidog o America, sut ddaeth y groes yn realiti personol iddo ef:

> Wedi i mi astudio'r Beibl ... fe allwn fod wedi pasio arholiad sylfaenol ar y

groes. Yr oeddwn i'n deall fod un Duw yn bod mewn tri Pherson. Yr oeddwn yn deall fod Iesu yn wir yn Dduw ac yn wir yn ddyn a'i fod wedi marw ar y groes dros bechodau'r byd. Ond doeddwn i ddim yn deall fy mod i'n bechadur. Yr oeddwn i'n meddwl fy mod i yn ddyn da. Yr oeddwn yn gwybod fy mod wedi gwneud llanast o'r peth hyn a'r peth arall ond doeddwn i ddim wedi sylweddoli pa mor ddifrifiol oedd fy sefyllfa.

Ond un noson, tua'r adeg yma, dywedodd Carol [ei wraig], 'Rwyn credu ei bod hi'n bryd i ni wneud rhywbeth am yr holl bethau 'ma yr ydyn ni wedi bod yn dysgu amdanynt.' Yna, wrth i mi edrych mewn syndod, fe benliniodd ar y llawr a dechrau gweddïo ar y nenfwd. 'O Dduw,' meddai, 'mae'n ddrwg gen i am fy mhechod.'

Nid oeddwn yn medru ei gredu. Yr oedd Carol yn llawer gwell person na fi, ac eto yr oedd hi'n credu ei bod yn bechadur. Gallwn deimlo ei phoen a dyfnder a dwyster ei gweddïau. O fewn ychydig yr oedd yn wylo ac yn dweud eto, 'Mae'n ddrwg gen i am fy mhechod.' Yr oedd rhyw chwech neu saith o bobl eraill yn yr ystafell, ac yr oedd llygaid pob un ar gau. Edrychais arnynt, a dyma rhywbeth yn fy nharo: *y maent hwy i gyd wedi gweddïo fel hyn hefyd!* Yr oeddwn yn chwys stecs ac yn meddwl fy mod i'n mynd i farw. Rhedai'r chwys i lawr fy wyneb wrth imi feddwl i mi fy hun, 'Dwi ddim am wneud hyn. Mae hyn yn beth twp iawn. Dwi'n ddyn da.' Yna fe'm trawodd. Nid ar y nenfwd plaster yr oedd Carol yn gweddïo, ond ar Dduw oedd yn medru ei chlywed. O'i chymharu ag Ef yr oedd hi'n gwybod ei bod yn bechadur a bod angen maddeuant arni.

Yna yr oeddwn i'n penlinio hefyd, yn wylo, fy llygaid yn llawn dagrau, yn chwys diferu. Yr oeddwn yn gwbl ymwybodol fy mod yn siarad gyda rhywun oedd wedi bod gyda mi trwy fy mywyd, ond nid oeddwn wedi ei adnabod. Fel Carol, dechreuais siarad gyda'r Duw byw, gan ddweud wrtho fy mod yn bechdaur ond yr unig eiriau yr oeddwn yn medru eu llefaru oedd, 'O Dduw, O Dduw.'

Yr oeddwn yn gwybod fod rhyw fath o newid llwyr yn digwydd y tu fewn i mi. 'Rwy'n gobeithio fod hyn yn gweithio,' meddyliais wrthyf fy hun, 'achos dwi'n gwneud ffwl go iawn o fy hunan.' Yna cofiais am ddyn a welais flynyddoedd ynghynt oedd yn cario arwydd yn dweud 'Yr wyf yn ffwl er mwyn Crist. Ffwl pwy ych chi?' Bryd hynny credwn taw dyna'r peth mwyaf hurt yr oeddwn wedi'i weld erioed. Ond wrth i mi benlino ar y llawr fe ddois i sylweddoli gwirionedd yr arwydd rhyfedd hwnnw: y mae'r groes yn ffolineb 'i'r rhai sydd ar lwybr colledigaeth' (1 Corinthiaid 1.18). Y nos honno penliniais wrth y groes a chredu yn Iesu. Yr wyf wedi bod yn ffwl er mwyn Crist ers hynny.[24]

Os ych chi'n ansicr a ydych wedi credu yn Iesu, dyma weddi y gallwch chi ei gweddïo fel ffordd o ddechrau'r bywyd Cristnogol a derbyn yr holl fendithion y mae marwolaeth Crist wedi'u gwneud yn bosibl i ni eu derbyn.

Dad nefol, y mae'n ddrwg gennyf am yr holl bethau anghywir yr wyf wedi eu gwneud yn ystod fy mywyd. [Treuliwch ychydig amser yn gofyn am ei faddeuant am bethau penodol sy'n pwyso ar eich cydwybod]. Maddau imi os gweli'n dda. Yr wyf yn awr yn troi oddi wrth bob peth yr wyf yn wybod eu bod yn anghywir.

Diolch i ti dy fod wedi anfon dy Fab, Iesu, i farw ar y groes drosof fel y gallwn i gael maddeuant a'm gollwng yn rhydd. O hyn ymlaen byddaf yn ei ddilyn ef ac yn ufuddhau iddo fel fy Arglwydd.

Diolch iti dy fod yn cynnig imi y rhodd o faddeuant a'th Ysbryd. Yr wyf yn awr yn derbyn y rhodd hon.

Tyrd i mewn i'm bywyd trwy dy Ysbryd Glân ac aros gyda mi am byth. Trwy Iesu Grist, ein Harglwydd. Amen.

4

Sut allaf fi fod yn sicr am fy ffydd?

Pan yn ddeunaw mlwydd oed ni allai fy mywyd fod wedi bod yn well. Yr oeddwn hanner ffordd trwy fy mlwyddyn gyntaf yn y Brifysgol. Yr oeddwn yn mwynhau fy hun ac roedd pob dewis mewn bywyd fel petai'n agored i mi. Nid oedd Cristnogaeth yn apelio ataf o gwbl; i ddweud y gwir, i'r gwrthwyneb yn hollol. Teimlwn, o ddod yn Gristion, y byddai bywyd yn troi yn affwysol o ddiflas. Credwn fod Duw am roi stop ar bob mwynhad a gwneud imi wneud pob math o bethau diflas crefyddol.

Ar y llaw arall, wrth edrych ar y dystiolaeth i Gristnogaeth, yr oeddwn yn dod yn argyhoeddedig ei bod yn wir. Credwn taw'r ateb oedd oedi penderfynu, mwynhau bywyd nawr a dod yn Gristion ar fy ngwely angau. Ond, eto i gyd, gwyddwn na allwn wneud hynny ag unrhyw fath o onestrwydd. Yn anfodlon iawn felly fe roddais fy mywyd i Grist.

Yr hyn nad oeddwn i wedi'i sylweddoli cyn hynny oedd mai perthynas yw Cristnogaeth, perthynas â Duw—Duw sy'n ein caru ac am y gorau i ni. Yr oeddwn, yng ngeiriau C. S. Lewis, wedi fy "synnu gan lawenydd". Dechrau perthynas gyffrous iawn oedd dod yn Gristion. I ddweud y gwir, yr oedd yn ddechrau bywyd newydd. Fel yr ysgrifennodd Paul, "Pan fo rhywun yn dod yn Gristion y mae'n dod yn berson newydd sbon ar y tu fewn. Nid yr un person yw bellach. Y mae bywyd newydd wedi'i ddechrau" (2 Corinthiaid 5.17; aralleiriad y *Living Bible*). Yr wyf weithiau yn cadw nodyn o'r hyn y mae pobl sydd wedi dechrau'r bywyd newydd hwn y mae Paul yn sôn amdano yn ei ddweud. Dyma ddwy enghraifft:

Y mae gennyf obaith yn awr, lle gynt doedd dim gennyf ond anobaith.

BETH YW BYWYD?

Rwy'n medru maddau nawr, lle o'r blaen doedd dim ond oerni... Y mae Duw mor fyw i mi. Yr wyf yn ei weld yn fy arwain ac y mae'r unigrwydd ofnadwy hwnnw yr oeddwn yn arfer ei deimlo wedi mynd. Y mae Duw yn llanw gwacter mawr mawr.

Yr oeddwn yn teimlo fel cusanu pawb ar y stryd... Alla i ddim peidio â gweddïo. Fe es i heibio'r fan lle rwy'n arfer dod oddi ar y bws heddiw am fy mod i'n rhy brysur yn gweddïo.

Y mae profiadau pobl yn amrywio'n fawr iawn. Mae rhai'n ymwybodol o'r gwahaniaeth ar unwaith. I eraill y mae'n brofiad mwy graddol. Yr hyn sy'n bwysig yw nid y profiad ond y ffaith ein bod, wrth dderbyn Crist, yn dod yn blentyn i Dduw. Y mae'n ddechrau perthynas newydd. Fel y mae'r Apostol Ioan yn ei ysgrifennu, "cynifer ag a'i derbyniodd, rhoes iddynt hwy, y rhai sy'n credu yn ei enw, hawl i ddod yn blant Duw" (Ioan 1.12).

Y mae rhieni da am i'w plant fod yn sicr am eu perthynas â hwy. Yn yr un ffordd y mae Duw am i ni fod yn sicr am ein perthynas gydag yntau. Y mae nifer o bobl yn ansicr a ydynt yn Gristnogion ai peidio. Gofynnais i rywrai lenwi holiadur ar ddiwedd un Cwrs Alffa. Un o'r cwestiynau a ofynnais oedd hwn, 'A fyddech chi wedi disgrifio eich hun fel Cristion ar ddechrau'r cwrs?' Dyma rai o'r atebion:

'Byddwn, ond heb unrhyw brofiad real o berthynas â Duw.'
'Rhyw fath.'
'Efallai.'
'Ddim yn siŵr.'
'Mwy na thebyg.'
'Mewn rhyw ffordd.'
'Byddwn - ond o edrych nôl efallai ddim.'
'Na fyddwn, rhyw hanner Cristion.'

Y mae'r Testament Newydd yn ei gwneud yn glir ei bod yn bosibl i ni fod yn sicr ein bod yn Gristnogion a bod gennym fywyd tragwyddol. Y mae'r Apostol Ioan yn ysgrifennu, 'Yr wyf yn ysgrifennu'r pethau hyn atoch chwi, y rhai sydd yn credu yn enw Mab Duw, er mwyn ichwi *wybod* bod gennych fywyd tragwyddol' (1 Ioan 5.13; fy mhwyslais i).

Fel y mae tair coes yn cynnal trybedd camera, y mae ein sicrwydd am ein perthynas â Duw yn sefyll yn gadarn ar waith tri pherson y Drindod: yr addewidion y mae'r Tad yn eu rhoi i ni yn ei air, aberth y Mab trosom ni ar y groes a sicrwydd yr Ysbryd yn ein calonnau. Gellir crynhoi hyn o dan dri phennawd: gair Duw, gwaith Iesu a thystiolaeth yr Ysbryd Glân.

Gair Duw

O ddibynnu ar ein teimladau yn unig ni fyddem yn sicr o ddim byd. Mae'n

BETH YW BYWYD?

teimladau yn newid fel y gwynt, gan ddibynnu ar beth yw'r tywydd neu beth gawsom i frecwast. Maent yn gyfnewidiol ac felly'n dwyllodrus. Y mae'r addewidion yn y Beibl, gair Duw, yn ddigyfnewid ac yn gwbl ddibynadwy.

Y mae nifer fawr o addewidion yn y Beibl. Adnod a gefais i o gymorth mawr ar ddechrau fy mywyd Cristnogol, yw un sydd i'w chael yn llyfr olaf y Beibl. Mewn gweledigaeth mae Ioan yn gweld Iesu yn siarad â saith o eglwysi gwahanol. Mae Iesu yn dweud wrth yr eglwys mewn lle o'r enw Laodicea: 'Wele, yr wyf yn sefyll wrth y drws ac yn curo; os clyw rhywun fy llais ac agor y drws, dof i mewn ato a swperaf gydag ef, ac yntau gyda minnau' (Datguddiad 3.20).

Y mae sawl gwahanol ffordd i sôn am ddechrau bywyd newydd y ffydd Gristnogol—mae 'dod yn Gristion', 'rhoi ein bywyd i Grist', 'derbyn Crist', 'gwahodd Iesu i mewn i'n bywyd' ac 'agor y drws i Iesu' i gyd yn ffyrdd o wneud hynny. Maent i gyd yn disgrifio'r un realiti; fod Iesu yn dod i mewn i'n bywyd trwy'r Ysbryd Glân, fel y mae'r adnod yma yn ei ddweud.

Ysbrydolwyd yr arlunydd Holman Hunt (1827-1910) i beintio ei lun enwog *The Light of the World*. Peintiodd dri fersiwn o'r llun i gyd. Y mae un yng Ngholeg Keeble, Rhydychen; fersiwn arall yn Oriel Gelf Ddinesig Manceinion; aeth y fersiwn enwocaf ar daith i drefedigaethau Prydain yn 1905-7 a'i gyflwyno yn y diwedd i Eglwys Gadeiriol St. Paul's yn Llundain ym Mehefin 1908, ac y mae yno hyd heddiw. Pan arddangoswyd y llun am y tro cyntaf ni chafodd lawer o groeso gan y beirniaid. Yna, ar 5 Mai 1854, ysgrifennodd John Ruskin, arlunydd a beirniad celf, at bapur newydd *The Times* i esbonio sumboliaeth y darlun a'i amddiffyn fel 'un o'r gweithiau celf mwyaf aruchel a gynhyrchwyd gan yr oes hon neu unrhyw oes arall'.

Y mae Iesu, Goleuni'r Byd, yn sefyll wrth ddrws sydd wedi'i orchuddio gan eiddew a chwyn. Y mae'n amlwg fod y drws yn cynrychioli y drws i fywyd rhywun. Nid yw'r person hwn erioed wedi gwahodd Iesu i mewn i'w fywyd neu ei bywyd. Y mae Iesu yn sefyll wrth y drws yn curo. Y mae'n disgwyl ymateb. Y mae am ddod i mewn a bod yn rhan o fywyd y person. Mae'n debyg fod rhywun wedi dweud wrth Holman Hunt ei fod wedi gwneud camgymeriad. 'Rydych wedi anghofio peintio dolen ar y drws,' meddai.

'Naddo, wir,' atebodd Hunt, 'mae hynny'n fwriadol. Dim ond un ddolen sydd i'r drws ac y mae honno ar y tu fewn.'

Mewn geiriau eraill y mae'n rhaid i ni agor y drws a gadael i Iesu ddod i mewn i'n bywydau. Ni fydd yn gwthio nac yn gorfodi ei ffordd i mewn. Y mae yn rhoi inni'r rhyddid i ddewis. Ni sydd i benderfynu a ydym yn mynd i agor y drws iddo ai peidio. Os gwnawn, y mae ef yn addo, 'Dof i mewn ato a swperaf gydag ef, ac yntau gyda minnau.' Y mae cydfwyta yn arwydd o gyfeillgarwch y mae Iesu yn ei gynnig i'r rhai sy'n agor drws eu bywyd iddo ef.

Wedi inni wahodd Iesu i ddod mewn, y mae ef yn addo wedyn na fydd byth yn ein gadael. Dywedodd wrth ei ddisgyblion, 'Yr wyf fi gyda chwi bob amser'

(Mathew 28.20). Efallai nad ydym yn siarad gydag ef yn uniongyrchol bob amser, ond fe fydd ef yno bob amser. Wrth weithio mewn ystafell gyda chyfaill, does dim rhaid siarad a'ch gilydd yn uniongyrchol, ond yr ydych yn dal i fod yn ymwybodol o bresenoldeb eich gilydd. Dyna sut mae gyda phresenoldeb Iesu. Y mae ef gyda ni bob amser.

Y mae'r addewid o bresenoldeb Iesu gyda ni yn perthyn yn agos i addewid ryfeddol arall sydd i'w gweld yn y Testament Newydd. Y mae Iesu yn addo rhoi bywyd tragwyddol i'w ddilynwyr (Ioan 10.28). Fel yr ydym wedi gweld yn barod, y mae 'bywyd tragwyddol' yn y Testament Newydd yn golygu bywyd o ansawdd sy'n deillio o berthynas â Duw trwy Iesu (Ioan 17.3). Y mae'n dechrau nawr, pan fyddwn yn profi'r cyflawnder bywyd hwnnw y mae Iesu wedi dod i'w roi (Ioan 10.10). Eto i gyd, nid dim ond rhywbeth i'r bywyd hwn yn unig yw: y mae'n parhau i dragwyddoldeb.

Nid y bywyd hwn yw'r diwedd; y mae bywyd y tu hwnt i'r bedd. Nid yw hanes yn ddiystyr nac yn troi mewn cylchoedd; y mae'n symud tuag at uchafbwynt gogoneddus. Un dydd bydd Iesu yn dychwelyd i'r byd i sefydlu nefoedd newydd a daear newydd (Datguddiad 21.1). Yna bydd y rhai sydd yng Nghrist yn mynd i fod 'gyda'r Arglwydd yn barhaus' (1 Thesaloniaid 4.17). Ni bydd dim mwy o lefain, gan na fydd dim rhagor o boen. Ni fydd rhagor o demtasiwn, oherwydd ni fydd pechod mwyach. Nid fydd dim mwy o ddioddef na chael ein gwahanu oddi wrth ein hanwyliaid. Yna fe welwn Iesu wyneb yn wyneb ((1 Corinthiaid 13.12). Rhoddir cyrff gogoneddus a diboen yr atgyfodiad i ni (1 Corinthiaid 15). Fe gawn ein trawsnewid i fod yn debyg i Iesu yn foesol hefyd (1 Ioan 3.2). Bydd y nefoedd yn lle o lawenydd a hyfrydwch rhyfeddol a fydd yn para am byth. Y mae rhai'n gwawdio hyn gan awgrymu y bydd yn ddiflas ac yn undonog. Ond: 'Pethau na welodd llygad, ac na chlywodd clust, ac na ddaeth i feddwl dyn, y cwbl a ddarparodd Duw ar gyfer y rhai sy'n ei garu' (1 Corinthiaid 2.9 gan ddyfynnu Eseia 64.4).

Fel y dywedodd C. S. Lewis yn un o'i lyfrau o gyfres Narnia:

> Mae'r tymor drosodd: mae'r gwyliau wedi dechrau. Mae'r freuddwyd wedi dod i ben: mae'r bore wedi gwawrio... dim ond clawr a thudalen-deitl oedd eu holl fywyd yn y byd hwn: nawr, o'r diwedd, yr oeddynt yn cychwyn ar Bennod Un y Stori Fawr nad oes neb ar y ddaear wedi'i darllen o'r blaen: stori fydd yn para am byth: lle mae pob pennod yn well na'r un o'i blaen.[25]

Gwaith Iesu

Pan oeddwn yn y brifysgol, gwelais lyfr yn dwyn y teitl *Heaven, here I come*. Ar y cychwyn teimlais i, fel llawer iawn heddiw, fod hynny'n honiad hunan-gyfiawn iawn. Yn bendant byddai'n hunan-gyfiawn petai'n dibynnu arnom ni. Petai mynd

BETH YW BYWYD?

i'r nefoedd yn dibynnu ar pa mor dda yr oeddwn wedi byw fy mywyd, yna ni fyddai gennyf unrhyw obaith o gwbl i fynd yno o gwbl.

Y newyddion rhyfeddol yw nad yw'n dibynnu arnaf fi. Y mae'n dibynnu ar yr hyn y mae Iesu wedi ei wneud drosof. Nid yw'n dibynnu ar beth yr wyf fi'n ei wneud neu'n ei gyflawni, ond ar ei waith ar y groes. Mae'r hyn a wnaeth ef ar y groes yn caniatáu iddo roi bywyd tragwyddol i ni fel rhodd (Ioan 10.28). Nid ydym yn gweithio am rodd; yr ydym yn ei derbyn yn ddiolchgar.

Mae'r cyfan yn dechrau gyda chariad Duw tuag atom: 'Carodd Duw y byd gymaint nes iddo roi ei unig Fab, er mwyn i bob un sy'n credu ynddo ef beidio â mynd i ddistryw ond cael bywyd tragwyddol' (Ioan 3.16). Yr ydym yn haeddu mynd i 'ddistryw', bob yr un ohonom. Ond gwelodd Duw, yn ei gariad tuag atom, ein trybini a rhoddodd ei unig Fab, Iesu, i farw drosom. Fel canlyniad i'w farwolaeth ef, y mae bywyd tragwyddol yn cael ei gynnig i bawb sy'n credu.

Ar y groes fe gymerodd Iesu ein holl gamweddau ni arno ef ei hun. Yr oedd hyn wedi'i broffwydo yn yr Hen Destament yn Llyfr Eseia, a ysgrifennwyd gannoedd o flynyddoedd yn gynt. Yr oedd y proffwyd wedi rhagweld beth fyddai'r 'gwas dioddefus' yn ei wneud drosom ni, gan ddweud: 'Rydym ni i gyd wedi crwydro fel defaid, pob un yn troi i'w ffordd ei hun; a rhoes yr Arglwydd arno ef [sef, Iesu], ein beiau ni i gyd' (Eseia 53.6).

Y mae'r proffwyd yn dweud ein bod i gyd wedi gwneud yr hyn sy'n anghywir—pob un wedi troi i'w ffordd ei hun. Mewn man arall y mae'n dweud fod y pethau anghywir yr ydym yn eu gwneud yn ysgaru rhyngom ni â Duw (Eseia 59.1-2). Dyma un rheswm pam fod Duw yn medru ymddangos yn bell oddi wrthym. Mae yna fur rhyngom ni a dyna sy'n ein hatal rhag profi ei gariad ef.

Ar y llaw arall, wnaeth Iesu ddim byd yn anghywir. Bu iddo fyw bywyd perffaith. Doedd dim mur rhyngddo ef a'i Dad. Ar y groes, rhoes Duw y pethau anghywir yr ydym ni yn eu gwneud ('ein beiau') ar Iesu ('rhoes yr Arglwydd arno ef ein beiau ni i gyd). Dyna pam y gwaeddodd Iesu ar y groes, 'Fy Nuw, fy Nuw, pam yr wyt wedi fy ngadael?' (Marc 15.34). Yr eiliad honno yr oedd wedi ei dorri i ffwrdd oddi wrth Dduw. Ond nid oherwydd ei feiau ef ei hunan, ond oherwydd ein beiau ni.

Gwnaeth hyn hi'n bosibl i ddymchwel y mur rhyngom ni â Duw—i bawb sydd yn derbyn drostynt ei hunan yr hyn y mae Iesu wedi ei wneud drostynt hwy. Oherwydd hyn, yr ydym yn medru bod yn sicr o faddeuant Duw. Cymerwyd ein heuogrwydd ymaith. Gallwn fod yn sicr na chawn ein condemnio mwyach, 'felly, nid yw'r rhai sydd yng Nghrist Iesu dan gollfarn o unrhyw fath' (Rhufeiniaid 8.1). Dyma, felly, yr ail reswm dros fod yn sicr fod gennym fywyd tragwyddol—oherwydd beth wnaeth Iesu er ein mwyn ar y groes wrth farw drosom.

Tystiolaeth yr Ysbryd

Wrth ddod yn Gristion, y mae Ysbryd Glân Duw yn dod i fyw ynom ni. Y mae dwy agwedd ar waith yr Ysbryd Glân sy'n gymorth inni fod yn sicr o'n ffydd yng Nghrist.

Yn gyntaf y mae'n ein trawsnewid o'r tu fewn. Y mae'n cynhyrchu cymeriad Iesu yn ein bywydau. Gelwir hyn yn 'ffrwyth yr Ysbryd - 'cariad, llawenydd, tangnefedd, goddefgarwch, caredigrwydd, daioni, ffyddlondeb, addfwynder, hunan-ddisgyblaeth' (Galatiaid 5.22-23). Pan ddaw'r Ysbryd Glân i fyw o'n mewn y mae'r 'ffrwyth' yma yn dechrau tyfu.

Bydd newidiadau yn ein cymeriad y dylai pobl eraill sylwi arnynt, ond wrth gwrs ni fydd y newidiadau yma'n digwydd dros nos. Yr ydym newydd blannu coeden ellyg yn yr ardd ac rwy'n mynd i edrych bron â bod bob dydd i weld a yw hi wedi dwyn ffrwyth. Un diwrnod dyma gyfaill yn chwarae tric arna i a chlymu afal Granny Smith enfawr wrth un o'r canghennau. Nid oeddwn wedi fy nhwyllo gan hyn. Mae fy ngwybodaeth gyfyngedig o arddio yn dweud wrthyf ei bod yn cymryd amser i ffrwyth dyfu (ac nid yw coeden ellyg yn dwyn afalau!). Gobeithiwn y bydd pobl dros amser yn sylwi ein bod yn fwy cariadus, yn fwy llawen, yn fwy tangnefeddus, yn fwy amyneddgar, yn fwy caredig ac yn fwy hunan-ddisgybledig.

Yn ogystal â newidiadau yn ein cymeriadau dylai hefyd fod newid yn ein perthynas â Duw a chyda phobl eraill. Yr ydym yn datblygu cariad newydd tuag at Dduw - yn Dad, Mab ac Ysbryd Glân. Er enghraifft, bydd clywed yr enw 'Iesu' yn effeithio arnom ac yn cael effaith emosiynol wahanol arnom ni. Cyn imi ddod yn Gristion, pan fyddwn yn gwylio'r teledu neu'n gwrando ar y radio a chlywed sôn am Iesu Grist, byddwn yn diffodd y rhaglen. Wedi dod yn Gristion, byddwn yn troi'r sŵn i fyny, oherwydd bod fy agwedd wedi newid yn llwyr. Dyna un arwydd bach iawn o fy nghariad newydd tuag ato.

Y mae ein hagwedd tuag at eraill yn newid hefyd. Yn aml mae Cristnogion newydd yn dweud wrthyf eu bod yn dechrau sylwi ar wynebau pobl ar y stryd neu ar y bws. Cynt nid oedd ganddynt unrhyw ddiddordeb mewn eraill; nawr y maent yn teimlo consyrn am bobl sy'n edrych yn drist neu ar goll. Gwelais i newid mawr yn fy agwedd tuag at Gristnogion eraill. Mae'n ddrwg gen i ddweud fy mod wedi arfer ceisio osgoi pobl oedd yn Gristnogion. Wedyn, fe ddeuthum i sylweddoli nad oeddent gynddrwg â hynny, wedi'r cwbl! Yn wir, cyn bo hir, dechreuais deimlo rhyw gyfeillgarwch dwfn tuag at Gristnogion eraill, rhywbeth nad oeddwn wedi'i brofi o'r blaen yn fy mywyd.

Yn ail, yn ogystal â newidiadau y gellid eu gweld yn ein bywydau, y mae'r Ysbryd Glân yn rhoi inni brofiad mewnol o Dduw. Y mae'n creu ynom yr argyhoeddiad dwfn a phersonol ein bod yn blant i Dduw (Rhufeiniaid 8.15-16). Y mae'r profiad yma yn wahanol i bawb.

Gweinidog o America yw Carl Tuttle ac y mae'n dod o gartref lle'r oedd y fam a'r tad wedi ymadael â'i gilydd. Cafodd blentyndod arbennig o anhapus gyda'i dad yn ei gamdrin yn ddifrifol. Wedi dod yn Gristion, ar un adeg yr oedd yn dyheu'n fawr iawn am glywed beth oedd gan Dduw i'w ddweud wrtho. Felly, penderfynodd fynd mas i gefn-gwlad lle gallai weddïo drwy'r dydd heb neb yn torri ar ei draws. Felly dyma gyrraedd y fan a dechrau gweddïo. Ond wedi rhyw bymtheg munud nid oedd yn teimlo fod dim gwerth yn ei ymdrech o gwbl. Felly dyma yrru adref eto gan deimlo'n isel ei ysbryd ac yn siomedig. Dywedodd wrth ei wraig ei fod am fynd i weld ei fab deufis oed, Zachary. Aeth i mewn i'w ystafell a'i godi yn ei freichiau. Wrth ei godi teimlai gariad rhyfeddol yn llifo o'i fewn tuag at ei fab a dechreuodd wylo wrth siarad ag ef. 'Zachary,' meddai, 'rwy'n dy garu. Rwy'n dy garu â'm holl galon. Does dim ots beth a ddigwydd yn y bywyd hwn, wnai i fyth niwed iti, byddaf wastad yn d'amddiffyn di. Byddaf wastad yn dad iti, byddaf wastad yn gyfaill iti, byddaf wastad yn gofalu amdanat ti, byddaf wastad yn dy feithrin, ac fe wnaf hyn waeth pa bechodau a wnei di, hyd yn oed os wnei di droi oddi wrthyf fi neu oddi wrth Dduw.' Yn sydyn teimlai Carl ei fod yntau ym mreichiau Duw a bod Duw yntau'n dweud, 'Carl, ti yw fy mab a rwyf yn dy garu di. Nid oes ots beth wnei di; does dim ots i ble yr ei di, byddaf fi wastad yn gofalu ar dy ôl di, byddaf wastad yn darparu iti, byddaf wastad yn dy arwain di.'

Yn y ffordd hon yr oedd yr Ysbryd wedi tystiolaethu i'w ysbryd ef ei fod yn blentyn i Dduw (Rhufeiniaid 8.16). Dyma'r drydedd ffordd yr ydym yn cael ein sicrhau o'n perthynas gyda Duw, a'n bod wedi derbyn maddeuant a bywyd tragwyddol. Yr ydym yn gwybod hyn oherwydd fod Ysbryd Duw yn tystiolaethu i ni—yn wrthrychol trwy newid yn ein cymeriad a'n perthynas gydag eraill, ac yn oddrychol trwy argyhoeddiad mewnol dwfn ein bod yn blant i Dduw.

Yn y ffyrdd yma (gair Duw, gwaith Iesu a thystiolaeth yr Ysbryd), gall y rhai sy'n credu yn Iesu fod yn sicr eu bod yn blant i Dduw a bod bywyd tragwyddol ganddynt.

Nid peth hunan-gyfiawn yw bod yn sicr. Y mae'n seiliedig ar yr hyn y mae Duw wedi'i addo, ar yr hyn y mae Iesu wedi'i wneud, ac ar waith yr Ysbryd yn ein bywydau. Dyma un o'r breintiau o fod yn blentyn i Dduw: medru bod yn gwbl hyderus am ein perthynas gyda'n Tad; bod yn sicr o'r ffaith ein bod wedi derbyn maddeuant; bod yn siŵr ein bod yn Gristnogion, a gwybod fod gennym fywyd tragwyddol.

5

Pam a sut y dylwn i ddarllen y Beibl?

Nos Gŵyl Ffolant oedd hi yn 1974. Yr oeddwn i wedi bod mewn parti ac erbyn hyn yn eistedd yn fy ystafell yn y coleg pan ddaeth fy nghyfaill pennaf yn ôl gyda'i gariad (mae'n wraig iddo erbyn hyn) a dweud wrthyf fod y ddau ohonynt wedi dod yn Gristnogion. Llanwyd fi ag ofnau ar unwaith, gan gredu fod y "Moonies" wedi cael gafael ynddynt a bod angen fy nghymorth i arnynt.

Yr oeddwn i ar brydiau yn anghredinwr ac ar brydiau heb fod yn siŵr beth oeddwn yn ei gredu. Cefais fy medyddio a'm conffyrmio, ond doedd hynny ddim wedi golygu rhyw lawer i mi. Yn yr ysgol yr oeddwn yn mynd i'r eglwys yn rheolaidd ac yn astudio'r Beibl yn y gwersi Ysgrythur. Ond yr oeddwn wedi gwrthod y cwbl yn y diwedd ac, yn wir, yn dadlau yn gryf (wel, o leia yr oeddwn i'n credu hynny) yn erbyn Cristnogaeth.

A nawr yr oeddwn am helpu fy ffrindiau, felly dechreuais ymchwilio'r maes yn drylwyr. Gwnes gynllun i ddarllen y Koran, Karl Marx, Jean-Paul Sartre (y meddyliwr dirfodol), a'r Beibl. Yr oedd hen gopi digon llychlyd o'r Beibl yn digwydd bod ar fy silff lyfrau, felly'r noson honno fe ddechreuais ei ddarllen. Darllenais trwy Mathew, Marc a Luc a hanner ffordd trwy Efengyl Ioan. Yna fe es i gysgu. Pan ddihunais, fe orffennais Efengyl Ioan a chario ymlaen trwy'r Actau, Rhufeiniaid, ac 1 a 2 Corinthiaid. Ymgollais yn llwyr yn yr hyn yr oeddwn yn ei ddarllen. Yr oeddwn wedi'i ddarllen o'r blaen ac nid oedd wedi golygu dim i mi bryd hynny. Y tro yma fe ddaeth yn fyw ac ni allwn ei roi i lawr. Yr oedd yn fy nharo i fel gwirionedd. Roeddwn yn gwybod wrth ddarllen fod yn rhaid i mi ymateb oherwydd yr oedd yn siarad mor nerthol ac eglur â mi. Yn fuan wedyn deuthum i roi fy ffydd yn Iesu Grist.

Ers hynny fe ddaeth y Beibl yn 'hyfrydwch' i mi. Mae'r salmydd yn dweud:

> Gwyn ei fyd yr un nad yw'n dilyn cyngor y drygionus nac yn ymdroi hyd ffordd pechaduriaid nac yn eistedd ar sedd gwatwarwyr, ond sy'n cael ei hyfrydwch yng nghyfraith yr Arglwydd ac yn myfyrio yn ei gyfraith ef ddydd a nos. Y mae fel pren wedi ei blannu wrth ffrydiau dŵr ac yn rhoi ffrwyth yn ei dymor, a'i ddeilen heb fod yn gwywo. Beth bynnag a wna fe lwydda. (Salm 1.1-3)

Rwy'n hoff iawn o'r frawddeg, 'ei hyfrydwch sydd yng nghyfraith yr Arglwydd.' Y cyfan oedd gan y salmydd ar yr adeg yma oedd pum llyfr cyntaf y Beibl. Ond yr oeddynt yn hyfrydwch iddo. Yn y bennod hon yr wyf am edrych ar

pam a sut y gall y Beibl ddod yn 'hyfrydwch' i bob un ohonom drwy edrych, i gychwyn, ar yr hyn sy'n unigryw amdano.
   Yn gyntaf dyma 'r llyfr mwyaf poblogaidd oll. Amcangyfrifir bod 44 miliwn o Feiblau yn cael eu gwerthu bob blwyddyn a bod ar gyfartaledd 6.8 Beibl ym mhob cartref yn America. Yn ôl erthygl ddiweddar yn *The Times* doedd gwerthiant y nofelau mwyaf poblogaidd yn ddim o'i gymharu â gwerthiant y Beibl bob blwyddyn.

> Fel arfer y llyfr a werthodd orau drwy'r flwyddyn oedd ... y Beibl. Petai gwerthiant y Beibl yn cael ei adlewyrchu yn y rhestrau o lyfrau sy'n gwerthu orau, wythnos ryfedd iawn fyddai honno heb y Beibl ar y brig. Y mae'n beth rhyfedd ac od, os nad cwbl annealladwy yn ein hoes di-dduw ni—pan fo'r dewis o lyfrau yn tyfu yn gyson flwyddyn wrth flwyddyn—fod y llyfr hwn yn dal i werthu mis ar ôl mis ar ôl mis... Amcangyfrifir bod bron i 1,250,000 o Feiblau a Thestamentau yn cael eu gwerthu'n flynyddol yn y Deyrnas Gyfunol.

Y mae awdur yr erthygl yn gorffen trwy ddweud, 'Y mae *pob* fersiwn ar y Beibl yn gwerthu'n dda *bob* amser. A ydy Cymdeithas y Beibl yn medru cynnig esboniad? "Wel," daw'r ateb diymhongar, "mae'n llyfr arbennig o dda."'
   Yn ail, dyma'r llyfr mwyaf nerthol oll. Ym mis Mai 1928, dywedodd y Prif Weinidog Stanley Baldwin, 'Y mae'r Beibl yn ffrwydrol. Ond y mae'n gweithio mewn ffordd ryfedd ac ni all yr un dyn byw ddweud na gwybod sut y mae'r llyfr hwnnw, yn ei daith drwy'r byd, wedi ysgogi'r enaid unigol mewn degau o filoedd o lefydd gwahanol i fywyd newydd, byd newydd, cred newydd, syniad newydd a

ffydd newydd.'

Yn ddiweddar y mae twf wedi bod mewn diddordeb yn yr ocwlt. Y mae pobl yn chwarae gyda byrddau ouija, yn mynd i weld ffilmiau am yr ocwlt, yn cael dweud eu ffortiwn ac yn darllen eu horosgôps. Y peth trist yw eu bod yn ceisio cysylltu gyda nerthoedd goruwchnaturiol drwg, tra fod Duw yn y Beibl yn cynnig cyfle inni ddod wyneb yn wyneb â nerthoedd goruwchnaturiol da. Y mae cyfarfod â'r Duw byw yn rhywbeth sy'n llawer mwy cyffrous, boddhaus ac yn llawer iawn doethach.

Yn drydydd, dyma'r llyfr mwyaf gwerthfawr oll. Rhyw bymtheng mlynedd yn ôl yr oeddwn i a'r teulu ar wyliau yng nghanol Asia, mewn rhan o'r byd oedd ar yr adeg honno yn weriniaeth yn yr Undeb Sofietaidd. Bryd hynny yr oedd y Beibl yn anghyfreithlon yno, ond fe es i â pheth llenyddiaeth Gristnogol gyda mi, gan gynnwys rhai Beiblau Rwsieg. Tra roeddwn i yno fe es i eglwysi a chwilio am bobl oedd yn ymddangos i mi o ran golwg yn Gristnogion. (Yr oedd y KGB bryd hynny'n aml iawn yn ceisio treiddio i mewn i gynulleidfaoedd yn yr eglwysi.) Ar un achlysur fe wnes i ddilyn dyn, yn ei chwedegau, ar hyd y stryd ar ôl y gwasanaeth. Es i fyny ato a'i gyffwrdd ar ei ysgwydd. Doedd neb o gwmpas. Cymerais un o'm Beiblau a'i roi iddo. Am eiliad edrychodd arnaf mewn anghrediniaeth. Yna fe dynnodd Destament Newydd allan o'i boced. Yr oedd tua 100 mlwydd oed a'i dudalennau bron wedi'u treulio'n ddim. Pan sylweddolodd ei fod wedi derbyn Beibl cyfan, yr oedd wrth ei fodd. Nid oedd yn medru siarad fy iaith ac ni siaradwn i ei iaith yntau. Ond dyma gofleidio ein gilydd ac fe ddechreuodd redeg lawr y stryd yn llamu mewn llawenydd, oherwydd gwyddai mai'r Beibl oedd llyfr gwerthfawroca'r byd.

Pam mae'r Beibl mor boblogaidd, mor nerthol ac mor werthfawr? Dywedodd Iesu: 'Nid ar fara yn unig y bydd dyn fyw, ond ar bob gair sy'n dod allan o enau Duw' (Mathew 4.4). Nid bob gair sydd *wedi* dod allan o enau Duw, na, y mae'r geiriau yn dal i ddod allan o'i enau; y mae fel afon yn llifo heb fyth redeg yn sych na sefyll yn llonydd. Y mae Duw eisiau parhau i gyfathrebu gyda'i bobl ac y mae'n gwneud hynny'n bennaf drwy'r Beibl.

Llawlyfr ar gyfer bywyd - Duw a lefarodd

Y mae Duw wedi llefaru wrthym yn ei Fab, Iesu Grist (Hebreaid 1.2). Ffydd sydd wedi'i datguddio yw Cristnogaeth. Ni allwn ni ddod o hyd i Dduw trwy chwilio oni bai i Dduw ddatguddio neu ddangos ei hun i ni yn y lle cyntaf. Y mae Duw wedi datguddio ei hun mewn person, Iesu Grist. Ef yw datguddiad terfynol Duw.

Y prif ffordd yr ydym yn gwybod am Iesu yw trwy'r cofnod o ddatguddiad Duw yn y Beibl. Dylai Diwinyddiaeth Feiblaidd fod yn astudiaeth o ddatguddiad

Duw ohono'i hun yn y Beibl. Y mae Duw wedi datguddio'i hun yn y greadigaeth (Rhufeiniaid 1.19-20; Salm 19). Gwyddoniaeth yw'r ymchwil i ddatguddiad Duw yn y greadigaeth. (Ni ddylai fod unrhyw wrthdrawiad rhwng gwyddoniaeth a'r ffydd Gristnogol; yn hytrach dylent ategu ei gilydd.) Y mae Duw hefyd yn siarad yn uniongyrchol â phobl trwy'i Ysbryd: trwy broffwydoliaeth, breuddwydion, gweledigaethau, a thrwy bobl eraill. Edrychwn ar y rhain i gyd yn fwy manwl yn nes ymlaen—yn enwedig yn y bennod am arweiniad. Yn y bennod hon edrychwn ar sut mae Duw yn siarad trwy'r Beibl.

Fel hyn yr ysgrifennodd Paul am ysbrydoliaeth yr Ysgrythurau a oedd ar gael iddo ef: 'Y mae pob Ysgrythur wedi ei hysbrydoli gan Dduw ac yn fuddiol i hyfforddi, a cheryddu, a chywiro, a disgyblu mewn cyfiawnder. Felly y darperir dyn Duw â chyflawn ddarpariaeth ar gyfer pob math o weithredodd da' (2 Timotheus 3.16-17).

Y gair am 'ysbrydoli' yn y Roeg gwreiddiol yw *theopneustos*. Yn llythrennol yr ystyr yw 'anadlwyd [allan] gan Dduw.' Y mae'r awdur yn dweud mai Duw yn siarad yw'r Ysgrythurau. Wrth gwrs fe wnaeth hynny trwy bobl. Mae'r ysgrythurau 100% yn waith pobl. Ond y maent hefyd wedi'u hysbrydoli 100% gan Dduw (yn union fel yr oedd Iesu yn wir ddyn ac yn wir Dduw).

Dyma sut yr oedd Iesu yn edrych ar Ysgrythurau ei ddydd. Iddo ef, yr hyn yr oedd yr Ysgrythurau yn ei ddweud, yr oedd Duw yn ei ddweud (Marc 7.5-13). Os Iesu yw ein Harglwydd, dylai ein hagwedd tuag at yr Ysgrythurau fod yn debyg i'w agwedd yntau. 'Y mae credu yn Iesu fel prif ddatguddiad Duw ohono'i hun yn ein harwain i gredu yn ysbrydoliaeth yr ysgrythur—yr Hen Destament, oherwydd tystiolaeth uniongyrchol Iesu ei hun, a'r Testament Newydd fel casgliad rhesymegol yn seiliedig ar ei dystiolaeth.'[26]

Y mae'r syniad uchel yma am ysbrydoliaeth y Beibl wedi'i goleddu bron â bod gan yr eglwys fyd-eang ar hyd y canrifoedd. Dyma oedd barn diwinyddion cynnar yr eglwys. Dywedodd Irenaeus (tua OC 130-200), 'Y mae'r Ysgrythurau yn berffaith.' Yn yr un modd yr oedd y diwygwyr, fel Martin Luther, yn sôn am yr 'Ysgrythur nad yw wedi cyfeiliorni.' Heddiw, y mae Catholigion Rhufeinig yn natganiadau Vatican II yn dysgu yr un peth. 'Ysgrifennwyd yr Ysgrythurau o dan ysbrydoliaeth yr Ysbryd Glân ... gyda Duw fel awdur iddynt ...' Felly rhaid eu cydnabod i fod 'heb gamgymeriad.' Dyma, hyd y ganrif ddiwethaf, oedd barn eglwysi Protestannaidd drwy'r byd, ac er fod hynny yn cael ei amau heddiw ac weithiau yn cael ei wawdio ar lefel ysgolheictod, y mae llawer o ysgolheigion gwych yn dal ato.

Nid yw hyn yn golygu nad oes rhannau anodd yn y Beibl. Yr oedd Pedr hyd yn oed yn cael rhai o lythyrau Paul 'yn anodd eu deall' (2 Pedr 3.16). Y mae yna anawsterau moesol a hanesyddol a rhai pethau sy'n ymddangos eu bod yn gwrthddweud ei gilydd. Gellir esbonio rhai o'r anawsterau oherwydd y gwahanol

BETH YW BYWYD?

gysylltiadau a'r amgylchiadau yr oedd yr awduron yn ysgrifennu ynddynt. Y mae'n bwysig cofio i'r Beibl gael ei ysgrifennu dros gyfnod o 1,500 o flynyddoedd gan o leia ddeugain o awduron, gan gynnwys brenhinoedd, ysgolheigion, athronwyr, pysgotwyr, beirdd, gwleidyddion, haneswyr a meddygon. A bu iddynt gynhyrchu mathau gwahanol o lenyddiaeth, yn hanes, barddoniaeth, proffwydoliaeth, llên apocolyptaidd a llythyron.

Er ei bod yn bosibl esbonio rhai o'r pethau sy'n ymddangos fel eu bod yn gwrth-ddweud ei gilydd drwy gymharu ambell i gyd-destun y mae eraill yn fwy anodd i'w deall a'u hesbonio. Ond nid yw hyn yn golygu y dylem ollwng gafael ar ein cred yn ysbrydoliaeth y Beibl. Y mae gan bob dysgeidiaeth fawr Gristnogol ei phroblemau. Er enghraifft, y mae'n anodd iawn cysoni cariad Duw â'r dioddefaint sydd yn y byd. Eto y mae pob Cristion yn credu yng nghariad Duw ac yn ceisio deall problem dioddefaint o fewn y cyd-destun hwnnw. Mewn ffordd debyg y mae'n rhaid i ni ddal gafael ar ein cred yn ysbrydoliaeth y Beibl a cheisio deall rhannau anodd o fewn y fframwaith hwnnw. Y mae'n bwysig inni beidio â rhedeg i ffwrdd oddi wrth anawsterau ond ceisio, cystal ag y gallwn, eu deall er mwyn bodloni ein hunain.

Y mae'n bwysig iawn inni ddal ar y ffaith fod *pob* Ysgrythur wedi'i hysbrydoli gan Dduw, hyd yn oed os nad ydym yn medru deall yr holl anawsterau. Wrth wneud hynny, fe ddylai drawsnewid sut yr ydym yn byw ein bywydau. Pan roedd Billy Graham yn ddyn ifanc dechreuodd rhai pobl (yn eu plith dyn o'r enw Chuck) ddweud wrtho, na fedrai gredu popeth yn y Beibl. Dechreuodd boeni am hyn ac ni allai feddwl yn glir am y peth o gwbl. Y mae John Pollock, yn ei fywgraffiad, yn cofnodi beth ddigwyddodd:

> Felly fe es i nôl a mofyn fy Meibl, a mynd allan i olau'r lleuad. Des at foncyff a gosod y Beibl ar y boncyff, ac fe benliniais, a dweud, 'O, Dduw; nid wyf yn medru profi fod rhai pethau'n wir. Nid wyf yn medru ateb rhai o'r cwestiynau sydd gan Chuck a phobl eraill, ond yr wyf yn derbyn trwy ffydd y Llyfr hwn fel Gair Duw.' Oedais am beth amser wrth y boncyff yn gweddïo'n dawel, a'm

llygaid yn llawn dagrau... Cefais brofiad rhyfeddol o bresenoldeb Duw. Yr oedd gennyf deimlad o dangnefedd fy mod wedi gwneud y penderfyniad cywir.[27]

Os derbyniwn fod y Beibl wedi'i ysbrydoli gan Dduw, yna mae'n rhaid i'w awdurdod ddeillio o hynny. Os gair Duw yw yna mae'n rhaid iddo fod i ni yn awdurdod pennaf am beth i'w gredu a sut yr ydym i weithredu. Dyma oedd awdurdod Iesu—uwchlaw beth yr oedd arweinwyr eglwysig ei ddydd yn ei ddweud (ee, Marc 7.1-20) ac yn fwy na syniadau neb arall, waeth pa mor wybodus oeddynt (ee, Marc 12.18-27). Wedi dweud hynny, rhaid i ni roi'r pwysau teilwng ar yr hyn y mae arweinwyr yr eglwys a phobl eraill yn ei ddweud, os nad ydynt yn gwrthddweud gair datguddiedig Duw.

Dylai'r Beibl fod yn awdurdod i ni ym mhopeth yn ymwneud â'n cred a'n bywyd. Fel y gwelsom yn barod, 'Y mae pob Ysgrythur wedi ei hysbrydoli gan Dduw ac yn fuddiol i hyfforddi, a cheryddu, a chywiro, a disgyblu mewn cyfiawnder' (2 Timotheus 3.16). Yn gyntaf, mae'n awdurdod i ni ar gyfer beth a gredwn—ar gyfer 'hyfforddi' a 'cheryddu'. Yn y Beibl y gwelwn beth ddywed Duw (ac felly yr hyn y dylem ni ei gredu) am ddioddefaint, am Iesu, ac am y groes, ac ati.

Yn ail, dyma ein hawdurdod ar gyfer sut yr ydym i fyw—ar gyfer 'cywiro' ac 'disgyblu mewn cyfiawnder'. Yma y gwelwn beth sydd yn annerbyniol yng ngolwg Duw a sut y gallwn fyw bywyd cyfiawn. Er enghraifft, 'Y mae'r deg gorchymyn... yn ddadansoddiad gwych o'r nifer lleiaf o amodau sydd eu hangen ar gyfer cymdeithas, pobl, a chenedl i fyw bywyd sobr, cyfiawn a diwylliedig.'[28]

Y mae rhai pethau yn glir iawn yn y Beibl. Y mae'n dweud wrthym sut i fyw ein bywydau beunyddiol, er enghraifft, pan yn y gwaith neu o dan bwysedd. Gwyddom o ddarllen y Beibl y gall y bywyd dibriod fod yn alwedigaeth aruchel (1 Corinthiaid 7.7), ond fod hyn yn eithriad yn hytrach nac yn arferol; priodas yw'r norm (Genesis 2.24; 1 Corinthiaid 7.2). Gwyddom fod perthynas rywiol y tu allan i briodas yn anghywir. Yr ydym yn gwybod ei bod hi'n iawn inni geisio cael swydd os yr ydym yn medru. Gwyddom ei bod yn iawn i roi ac i faddau. Cawn hefyd arweiniad ar bethau eraill, yn eu plith sut i fagu ein plant a gofalu am berthnasau sy'n hen.

Y mae rhai pobl yn dweud, 'Dydw i ddim am y llyfr rheolau hwn. Y mae'n llawer rhy gaethiwus—yr holl reolau a deddfau 'na! Rwyf fi am fod yn rhydd. Os yr ydych chi'n byw wrth ddilyn y Beibl, yna nid oes gennych ryddid i fwynhau bywyd.' Ond a yw hynny'n iawn? Ydy'r Beibl yn cymryd ein rhyddid i ffwrdd? Neu a yw, mewn gwirionedd, yn ein gwneud yn rhydd? Gall rheolau a deddfau greu rhyddid a chynyddu ein mwynhad.

Rhai blynyddoedd yn ôl, trefnwyd gêm bêl-droed rhwng dau ddeg dau o fechgyn bach, gan gynnwys un o'm plant fy hun oedd yn wyth mlwydd oed ar y pryd.

BETH YW BYWYD?

Cyfaill i mi o'r enw Andy (oedd wedi bod yn eu hyfforddi drwy'r flwyddyn) oedd i fod yn ddyfarnwr. Yn anffodus, pan ddaeth hi'n 2.30 o'r gloch nid oedd ef wedi cyrraedd. Ni allai'r bechgyn ddisgwyl dim hwy ac felly gorfodwyd i fi fod yn ddyfarnwr. Yr oedd nifer o anawsterau yn gysylltiedig â hyn: nid oedd chwît gennyf; doedd dim i'w gael i nodi terfynau'r maes; nid oeddwn yn gwybod enwau'r un o'r bechgyn eraill; doedd dim lliwiau ganddynt i ddynodi i ba dîm yr oeddynt yn chwarae; a doeddwn i ddim yn gwybod y rheolau cystal â nifer o'r bechgyn.

Cyn bo hir troes y gêm yn anhrefn llwyr. Gwaeddai rhai fod y bêl mewn. Yr oedd eraill yn mynnu ei bod hi allan. Doeddwn i ddim yn siŵr, felly fe adewais i bethau fod. Yna fe ddechreuodd y troseddu. Yr oedd rhai yn gweiddi, 'Trosedd!' Dywedai eraill, 'Dim trosedd!' Doeddwn i ddim yn gwybod pwy oedd yn iawn. Felly fe adewais i'r gêm fynd yn ei blaen. Yna fe ddechreuodd rhai o'r bechgyn gael eu hanafu. Erbyn i Andy gyrraedd, yr oedd tri bachgen ar y llawr wedi'u niweidio a'r gweddill yn gweiddi, arna i! Ond y foment y cyrhaeddodd Andy fe chwythodd ei chwît, trefnodd y timoedd, dywedodd wrthynt lle'r oedd y terfynau ac yr oeddynt o dan ei reolaeth. Cafodd y bechgyn gêm o bêl-droed wrth eu bodd.

A oedd y bechgyn yn fwy rhydd heb reolau neu'n llai rhydd? Heb unrhyw awdurdod yr oeddynt yn rhydd i wneud yr hyn a fynnent. Y canlyniad oedd fod y bechgyn heb syniad o beth oedd yn digwydd ac yn cael eu niweidio. Yr oedd yn llawer gwell ganddynt wybod ble'r oedd y terfynau. Yna o fewn y terfynau hynny yr oeddynt yn rhydd i fwynhau'r gêm.

Mewn rhai ffyrdd y mae'r Beibl fel hyn. Llyfr rheolau Duw ydyw. Y mae'n dweud wrthym beth y gallwn ei wneud a beth na allwn ei wneud. O chwarae o fewn i'r rheolau yr ydym yn rhydd ac yn llawen. Pan yr ydym yn torri'r rheolau, y mae pobl yn cael eu niweidio. Ni ddywedodd Duw, 'Na ladd,' er mwyn rhoi stop ar ein mwynhad ni o fywyd. Ni ddywedodd, 'Na wna odineb,' oherwydd ei fod am lesteirio ein sbort ni. Pan fo pobl yn gadael eu gwŷr neu wragedd a'u plant er mwyn godinebu, y mae bywydau yn cael eu sarnu.

Y Beibl yw datguddiad Duw o'i ewyllys ar gyfer ei bobl. Wrth inni ddysgu mwy am ei ewyllys a gweithredu ar hynny, fe fyddwn yn dod yn fwy rhydd. Duw a lefarodd. Y mae angen i ni glywed yr hyn a ddywedodd.

Llythyr caru oddi wrth Dduw - y mae Duw yn llefaru

I rhai pobl nid yw'r Beibl byth yn dod yn ddim mwy na llawlyfr ar gyfer bywyd. Credant fod Duw wedi llefaru ac y maent yn astudio'r Beibl am oriau. Fe'i dadansoddant, darllen esboniadau arno (a does dim byd o'i le ar hynny), ond nid ydynt yn sylweddoli nad dim ond wedi llefaru yn y gorffennol y mae Duw, y mae'n dal i lefaru heddiw trwy'r hyn y mae wedi'i ddweud yn y Beibl. Dymuniad

BETH YW BYWYD?

Duw yw ar i ni fyw mewn perthynas ag ef. Y mae am lefaru wrthym bob dydd trwy ei air. Felly yn ogystal â bod yn llawlyfr ar gyfer bywyd y mae hefyd yn llythyr caru.

Prif ddiben y Beibl yw dangos i ni sut i sefydlu perthynas gyda Duw trwy Iesu Grist. Dywedodd Iesu, 'Yr ydych yn chwilio'r Ysgrythurau oherwydd tybio yr ydych fod ichwi fywyd tragwyddol ynddynt hwy. Ond tystiolaethu amdanaf fi y mae'r rhain; eto ni fynnwch ddod ataf fi i gael bywyd' (Ioan 5.39-40).

Dywedodd Dr Christopher Chavasse, a oedd yn Esgob Rochester:

> Portread o'n Harglwydd Iesu Grist yw'r Beibl. Yr Efengylau yw'r ffigur ei hun yn y portread. Yr Hen Destament yw'r cefndir yn arwain i fyny i'r ffigur dwyfol, yn dangos y ffordd tuag ato ac yn gwbl angenrheidiol ar gyfer cyfansoddiad y llun fel cyfanwaith. Y mae'r Epistolau yn gweithredu fel dillad ac addurniadau'r ffigur, yn ei esbonio ac yn ei ddisgrifio. Yna, wrth inni ddarllen y Beibl yr ydym yn astudio'r portread fel un undod mawr, y mae gwyrth yn digwydd, y mae'r ffigur yn dod yn fyw, gan ddisgyn o gynfas y gair ysgrifenedig, daw'r Crist ar y ffordd i Emaus yn athro'r Beibl inni, i ddehongli ac esbonio inni yr holl Ysgrythurau amdano'i hun.

Does dim iws o gwbl astudio'r Beibl os nad ydym yn dod at Iesu Grist; os nad ydym yn cyfarfod ag ef wrth ei ddarllen. Dywedodd Martin Luther, 'Yr Ysgrythur yw'r preseb lle gorwedd y baban Iesu. Peidiwch â gadael inni gymryd cymaint o ddiddordeb yn y preseb nes anghofio addoli'r baban.'

Y mae'n perthynas â Duw yn gweithio y ddwy ffordd. Yr ydym ni yn siarad ag ef mewn gweddi ac y mae yntau yn llefaru wrthym ni mewn nifer o wahanol ffyrdd, ond yn arbennig trwy'r Beibl. Y mae awdur y llythyr at yr Hebreaid yn dweud, wrth ddyfynnu o'r Hen Destament, 'fel y *mae'r* Ysbryd Glân yn dweud' (Hebreaid 3.7). Nid yn y gorffennol yn unig y llefarodd yr Ysbryd Glân. Y mae'n llefaru o'r newydd trwy'r hyn a lefarodd. Dyna beth sy'n gwneud y Beibl mor fyw. Fel y dywedodd Martin Luther unwaith eto, 'Y mae'r Beibl yn fyw, y mae'n siarad â mi; y mae ganddo draed, y mae'n rhedeg ar f'ôl; y mae ganddo ddwylo, y mae'n gafael ynof fi.'

Beth sy'n digwydd pan fo Duw'n llefaru? *Yn gyntaf, y mae'n ennyn ffydd yn y rheiny sydd ddim yn Gristnogion.* Dywedodd Paul, 'O'r hyn a glywir y daw ffydd, a daw'r clywed trwy air Crist' (Rhufeiniaid 10.17). Yn aml iawn wrth i bobl ddarllen y Beibl y maent yn dod i gredu yn Iesu Grist. Dyna oedd fy mhrofiad i.

Y mae David Suchet, actor a ddaeth yn enwog am ei bortread teledu o'r ditectif *Poirot*, yn adrodd yr hanes amdano'i hun blynyddoedd yn ôl yn y bath mewn gwesty yn America, pan y cafodd awydd sydyn i ddarllen y Beibl. Llwyddodd i ddod o hyd i Feibl a osodwyd yn y gwesty gan gymdeithas y Gideoniaid, a

— 51 —

dechreuodd ddarllen y Testament Newydd. Wrth iddo ddarllen, fe ddaeth i gredu ac ymddiried yn Iesu Grist. Dywedodd:

> O rywle fe ddaeth yr awydd arnaf fi am ddarllen y Beibl eto. Dyna oedd y rhan bwysicaf o'm tröedigaeth. Dechreuais gyda Actau'r Apostolion ac yna symud ymlaen i lythyron Paul—Rhufeiniaid a'r Corinthiaid. A dim ond wedyn y trois at yr Efengylau. Wrth ddarllen y Testament Newydd yn sydyn y deuthum i weld sut y dylai bywyd gael ei fyw.[29]

Yn ail, y mae'n llefaru wrth Gristnogion. Wrth inni ddarllen y Beibl yr ydym yn profi perthynas â Duw trwy Iesu Grist sydd yn ein trawsnewid. Dywed Paul, 'Yr ydym ni i gyd, heb orchudd ar ein hwyneb, yn edrych, fel mewn drych, ar ogoniant yr Arglwydd ac yn cael ein trawsffurfio o ogoniant i ogoniant, yn wir lun ohono ef. A gwaith yr Arglwydd, yr Ysbryd, yw hyn' (2 Corinthiaid 3.18). Wrth inni astudio'r Beibl yr ydym yn dod i gysylltiad â Iesu Grist. Y mae wastad wedi fy nharo i fel ffaith ryfeddol sut y gallwn siarad gyda a chlywed gan y person yr ydym yn darllen amdano ar dudalennau'r Testament Newydd—yr un Iesu Grist. Bydd ef yn siarad â ni (nid yn uchel, gan amlaf, ond yn ein calon) wrth inni ddarllen y Beibl. Byddwn yn clywed ei neges i ni. Wrth dreulio mwy o amser gydag ef, bydd ein cymeriadau yn dod yn debycach i'w gymeriad yntau.

Y mae treulio amser yn ei bresenoldeb, yn gwrando ar ei lais, yn dod â llawer o fendithion i ni. Yn aml iawn y mae'n dod â llawenydd a thangnefedd hyd yn oed yng nghanol trafferthion bywyd (Salm 23.5). Pan nad ydym yn sicr pa ffordd y dylem fynd yn ein bywyd, y mae Duw yn aml yn ein harwain trwy ei air (Salm 119.105). Y mae Llyfr y Diarhebion yn dweud wrthym fod hyd yn oed geiriau Duw yn dod â iechyd i'n cyrff (Diarhebion 4.22).

Y mae'r Beibl hefyd yn rhoi inni amddiffynfa rhag ymosodiad ysbrydol. Dim ond un adroddiad manwl sydd gennym am Iesu yn wynebu temtiad. Wynebodd Iesu ymosodiad dwys gan y diafol ar ddechrau ei weinidogaeth (Mathew 4.1-11). Safodd Iesu yn erbyn bob temtasiwn gydag adnod o'r Ysgrythurau. Yr wyf yn ei chael hi'n ddiddorol iawn fod pob un o'r adnodau yn dod o Deuteronomium 6-8. Y mae'n ddigon rhesymol credu fod Iesu newydd fod yn astudio'r darn yma o'r Ysgrythurau a'i fod yn dal i fod yn fyw yn ei gof.

Y mae gair Duw yn nerthol. Dywed awdur y llythyr at yr Hebreaid, 'Y mae gair Duw yn fyw a grymus; y mae'n llymach na'r un cleddyf daufiniog, ac yn treiddio hyd at wahaniad yr enaid a'r ysbryd, y cymalau a'r mêr; ac y mae'n barnu bwriadau a meddyliau'r galon' (Hebreaid 4.12). Y mae ganddo'r nerth i drechu ein holl amddiffynfeydd a chyrraedd at ein calonnau. Yr wyf yn cofio darllen Philipiaid 2.4 unwaith, 'Bydded gofal gennych, bob un, nid am ei fuddiannau ei hunan yn unig, ond am fuddiannau pobl eraill hefyd.' Yr oedd fel saeth yn mynd yn syth i fewn i mi wrth imi sylweddoli pa mor hunanol yr oeddwn. Yn y ffyrdd

yma ac mewn llawer o ffyrdd eraill, y mae Duw yn llefaru wrthym.
Weithiau y mae Duw yn llefaru â ni mewn ffordd benodol iawn. Siaradodd Duw yn glir iawn â mi ar ôl i'm tad farw ar 21 Ionawr 1981. Deuthum yn Gristion ryw saith mlynedd ynghynt ac yr oedd fy rhieni wedi ymateb i'r peth gydag arswyd. Ond yn raddol, dros y blynyddoedd, yr oeddent wedi dechrau gweld newid ynof fi. Daeth fy mam yn Gristion o argyhoeddiad ymhell cyn iddi farw. Dyn o ychydig eiriau oedd fy nhad. I ddechrau, yr oedd yn ansicr iawn am fy ymwneud i â'r ffydd Gristnogol. Yn raddol, dechreuodd gynhesu tuag ato. Bu farw'n sydyn. Yr hyn a gefais anoddaf am ei farwolaeth oedd nad oeddwn yn gwybod yn sicr a oedd yn Gristion ai peidio.

Deg diwrnod yn union ar ôl ei farwolaeth, yr oeddwn yn darllen y Beibl. Yr oeddwn wedi gofyn i Dduw siarad â mi am fy nhad ar y dydd hwnnw oherwydd roeddwn yn dal i boeni amdano. Yr oeddwn yn darllen llyfr y Rhufeiniaid pan welais yr adnod, 'Bydd pob un sy'n galw ar enw yr Arglwydd yn cael ei achub' (Rhufeiniaid 10.13). Teimlais y foment honno fod Duw yn dweud wrthyf fod yr adnod hon i fy nhad; ei fod ef wedi galw ar enw yr Arglwydd a chael ei 'achub'. Pum munud yn ddiweddarach fe ddywedodd fy ngwraig wrthyf, 'Yr wyf newydd ddarllen adnod yn Actau 2.21 ac yr wyf yn meddwl fod yr adnod yma yn sôn am dy dad. Mae'n dweud, "... a bydd pob un sy'n galw ar enw'r Arglwydd yn cael ei achub."' Yr oedd y peth yn rhyfeddol oherwydd dwywaith yn unig mae hynny'n ymddangos yn y Testament Newydd ac yr oedd Duw wedi llefaru wrth y ddau ohonom drwy'r un geiriau ar yr un adeg mewn gwahanol rannau o'r Beibl.

Tri diwrnod yn ddiweddarach, aeth y ddau ohonom i astudiaeth Feiblaidd yn nhŷ cyfaill; yr oedd yr astudiaeth ar Rhufeiniaid 10.13, yn union yr un rhan. Felly deirgwaith mewn tridiau yr oedd Duw wedi llefaru wrthyf am fy nhad trwy'r un geiriau. Eto i gyd yr oeddwn yn dal i feddwl ac i boeni am fy nhad, ond ar fy ffordd i'r gwaith gwelais un o'r posteri mawr yna ag adnod arno, a'r adnod oedd, 'Bydd pwy bynnag sy'n galw ar enw yr Arglwydd yn cael ei achub' (Rhufeiniaid 10.13). Yr wyf yn cofio siarad gyda chyfaill am y peth a dweud wrtho beth oedd wedi digwydd, ac meddai yntau, 'Wyt ti'n meddwl fod yr Arglwydd yn ceisio dweud rhywbeth wrthyt ti?!'

Wrth i Dduw siarad gyda ni yr ydym yn dysgu gwrando ar ei lais, y mae ein perthynas ag ef yn tyfu, ac y mae'n cariad tuag ato yn dyfnhau.

Sut yn ymarferol yr ydym yn medru clywed Duw yn siarad trwy'r Beibl?

Amser yw'n hadnodd mwyaf gwerthfawr. Y mae'r galw ar ein hamser yn cynyddu wrth i fywyd fynd yn ei flaen ac yr ydym yn mynd yn brysurach ac yn brysurach. Mae 'na ddywediad taw 'arian yw gallu, ond amser yw bywyd.' Os ydym yn mynd i roi amser o'r neilltu i ddarllen y Beibl, yna rhaid inni gynllunio ymlaen llaw. Os nad ydym yn cynllunio, ni fyddwn byth yn llwyddo i'w wneud. Peidiwch â bod yn isel eich ysbryd os nad ydych yn cadw ond at 80% o'ch cynllun. Weithiau yr ydym yn medru cysgu'n hwyr!

Y mae'n ddoeth dechrau gyda nod sy'n gyraeddadwy. Peidiwch â bod yn oruchelgeisiol. Mae'n well treulio ychydig o funudau bob dydd na threulio awr a hanner ar y dydd cyntaf ac wedyn rhoi'r gorau iddi'n gyfangwbl. Os nad ydych erioed wedi astudio'r Beibl o'r blaen, efallai yr hoffech neilltuo rhyw saith munud y dydd. Yr wyf yn sicr os y gwnewch hynny'n gyson y byddwch yn cynyddu'n raddol. Po fwyaf o air Duw yr ydych yn ei glywed, mwya i gyd y byddwch yn dymuno ei glywed.

Y mae Marc yn dweud wrthym fod Iesu wedi codi'n gynnar iawn ac wedi mynd allan i *le unig* i weddïo (Marc 1.35). Y mae'n bwysig i ni ddod o hyd i le lle medrwn fod ar ein pen ein hunain. Yr wyf fi'n hoffi mynd allan i'r awyr agored os wyf yng nghefn-gwlad. Yn y dref y mae'n fwy anodd dod o hyd i 'le unig'. Y mae gen i gornel mewn ystafell lle'r wyf i'n mynd i ddarllen y Beibl ac i weddïo. Y mae peth cyntaf yn y bore yn amser da i mi—cyn i'r plant godi a chyn i'r ffôn ddechrau canu. Yr wyf yn cymryd cwpanaid o siocled poeth (er mwyn dihuno'n iawn), y Beibl, fy nyddiadur a llyfr nodiadau. Defnyddiaf y llyfr nodiadau i gofnodi gweddïau a hefyd pethau yr wyf fi'n credu fod Duw yn eu dweud wrthyf. Rwy'n yn defnyddio'r dyddiadur fel cymorth i weddïo am bopeth yr wyf yn ei wneud yn ystod y dydd, a hefyd er mwyn nodi pethau sy'n dod i fy meddwl. Y mae hyn yn atal i'm meddwl grwydro.

Dechreuwch wrth ofyn i Dduw siarad â chi drwy'r darn yr ydych yn ei ddarllen. Yna darllenwch y darn. Os yr ydych yn dechrau yr wyf yn awgrymu ichi ddarllen ychydig o adnodau o un o'r Efengylau bob dydd. Efallai y byddai o gymorth ichi ddefnyddio nodiadau i'ch helpu i ddarllen y Beibl; maent ar werth mewn siopau llyfrau Cristnogol.

Wrth ichi ddarllen holwch dri chwestiwn i'ch hunan:

1. Beth mae'n ei ddweud? Darllenwch y darn o leiaf unwaith ac, os oes rhaid, edrychwch ar gyfieithiadau gwahanol.

2. Beth mae'n ei olygu? Beth oedd yn ei olygu i'r person a'i hysgrifennodd gyntaf oll ac i'r rhai cyntaf i'w ddarllen? (Dyma lle mae nodiadau yn medru bod yn arbennig o ddefnyddiol.)

3. Beth mae'n ei olygu i mi, fy nheulu, fy ngwaith, fy nghymdogion, y gymdeithas yr wyf yn rhan ohoni? (Dyma'r cam pwysicaf oll. Dyma pryd yr ydym yn gweld pa mor berthnasol i'n bywydau yw darllen y Beibl ac mae'n dod yn beth cyffrous wrth inni ddod yn ymwybodol ein bod yn clywed llais Duw.)

Yn olaf, y mae'n rhaid inni weithredu ar yr hyn yr ydym yn ei glywed gan Dduw. Dywedodd Iesu, 'Pob un felly sy'n gwrando ar y geiriau hyn o'r eiddof ac yn eu gwneud, fe'i cyffelybir i ddyn call, a adeiladodd ei dŷ ar y graig' (Mathew 7.24). Fel y dywedodd y pregethwr D L Moody, 'Ni roddwyd y Beibl er mwyn cynyddu ein gwybodaeth. Fe'i rhoddwyd er mwyn newid ein bywydau.'

Yr wyf am orffen drwy edrych unwaith eto ar Salm 1, lle y cychwynnais y bennod hon. Y mae'r salmydd yn ein hannog i ddod o hyd i'n 'hyfrydwch' yng nghyfraith Duw. Os y gwnawn hynny, yna y mae'n dweud y bydd rhai pethau arbennig yn digwydd yn ein bywydau.

Yn gyntaf, fe fyddwn yn *dwyn ffrwyth*. Y mae'r salmydd yn dweud, 'Y mae fel pren wedi ei blannu wrth ffrydiau dŵr ac yn rhoi ffrwyth yn ei dymor' (ad.3). Yr addewid yw y bydd ein bywyd yn dwyn ffrwyth; ffrwyth yr Ysbryd (fel y gwelsom ym mhennod 3). Ac fe fydd yn dwyn ffrwyth wrth i fywydau pobl eraill o ganlyniad gael eu newid. Darllenwn y Beibl, nid yn unig er ein lles ein hunain ond hefyd fel y gallwn fod yn fendith i bobl eraill—i'n ffrindiau, cyd-weithwyr, cymdogion, ac i'r gymdeithas yr ydym yn byw ynddi (Ioan 15.16).

Yn ail, fe fydd gennym y nerth i *ddyfalbarhau* yn ein bywyd gyda'r Arglwydd. Yr addewid i'r un sy'n cael ei hyfrydwch yng nghyfraith yr Arglwydd yw y bydd ei 'ddeilen heb fod yn gwywo' (ad.3).

Os arhoswn yn agos at Iesu Grist drwy ei air, ni fyddwn yn mynd yn sych nac yn colli ein bywiogrwydd ysbrydol. Nid yw cael profiadau ysbrydol mawr yn ddigon ynddynt eu hunain, er eu bod yn bwysig iawn ac yn bethau rhagorol. Ond oni bai ein bod wedi'n gwreiddio yn Iesu Grist, yn ei air, ac yn y berthynas honno gydag ef, ni fedrwn sefyll yng nghanol stormydd bywyd. Os ydym â'n gwreiddiau yn y berthynas honno, ac os ydym yn ymhyfrydu yn ei air, yna pan ddaw stormydd byddwn yn medru sefyll.

Yn drydydd, y mae'r salmydd yn dweud fod y person sy'n hyfrydu yng ngair yr Arglwydd yn *llwyddo* yn beth bynnag a wna' (ad.3). Efallai nad bywydau o lwyddiant materol fydd gennym, ond fe fyddwn yn llwyddo yn y ffyrdd sy'n bwysig mewn bywyd—yn ein perthynas â Duw, yn ein perthynas â phobl eraill ac wrth i'n cymeriadau gael eu trawsnewid i fod yn debyg i un Iesu Grist. Y mae'r pethau yma yn llawer mwy gwerthfawr na chyfoeth materol.

Yr wyf yn gobeithio y byddwch chi, ynghyd â'r salmydd a miliynau o Gristnogion, yn penderfynu gwneud y Beibl yn 'hyfrydwch' i chi.

6

Pam a sut y gweddïaf?

Dengys arolwg ar ôl arolwg fod tri-chwarter o boblogaeth y wlad ddi-gred a seciwlar hon yn fodlon cyfaddef eu bod yn gweddïo o leiaf unwaith yr wythnos. Cyn dod yn Gristion byddwn yn gweddïo dau fath o weddi. Yn gyntaf, yr oeddwn yn gweddïo gweddi a ddysgais gan fy mam-gu pan yn blentyn (er nad oedd hi ei hun yn mynychu eglwys), 'O Dduw, bendithia Mam a Dad ... a phawb arall a gwna fi'n fachgen da. Amen.' Doedd dim o'i le ar y weddi, ond i mi nid oedd ond ffurf ar eiriau i'w ddefnyddio bob nos cyn mynd i gysgu ynghyd ag ofnau ofergoelus am beth fyddai'n digwydd petawn i ddim yn gwneud.

Yn ail, yr oeddwn yn gweddïo pan oedd yna greisis o ryw fath. Er enghraifft, pan yn ddwy ar bymtheg yr oeddwn yn teithio ar fy mhen fy hun yn Taleithiau Unedig. Llwyddodd y cwmni bysus i golli fy mag oedd yn dal fy holl ddillad, arian a'm llyfr cyfeiriadau. Ces fy ngadael heb ddim. Treuliais ddeng diwrnod yn byw mewn cymuned o hipis yn Key West, yn rhannu pabell gydag alcoholig. Wedi hynny, gyda'r unigrwydd a'r anobaith yn cynyddu, treuliais y dyddiau yn crwydro o gwmpas nifer o ddinasoedd yn America, a'r nosweithiau ar y bws. Un dydd, wrth gerdded ar hyd y stryd, gwaeddais ar Dduw (y Duw nad oeddwn yn credu ynddo!) a gweddïo y byddwn yn cyfarfod â rhywun yr oeddwn yn ei adnabod. Ychydig yn ddiweddarach, fe es i ar y bws am chwech o'r gloch y bore yn Phoenix, Arizona, ac yno fe gyfarfyddais â hen ffrind ysgol. Benthycodd yntau beth arian i mi ac fe wnaeth y ddau ohonom deithio gyda'n gilydd am ychydig ddyddiau. Roedd y gwahaniaeth yn anhygoel. Nid oeddwn yn gweld y peth fel ateb i weddi; dim ond fel cyd-ddigwyddiad. Ers dod yn Gristion yr wyf wedi sylweddoli pa mor aml y mae pethau'n cyd-ddigwydd pan weddïwn ni.

Beth yw gweddi?

Gweddi yw gweithgarwch pwysicaf ein bywydau. Dyma'r brif gyfrwng inni ddatblygu perthynas gyda'n Tad yn y nefoedd. Dywedodd Iesu, 'Pan fyddi di'n gweddïo, dos i mewn i'th ystafell, ac wedi cau dy ddrws gweddïa ar dy Dad sydd yn y dirgel' (Mathew 6.6). Perthynas yw gweddi ac nid defod. Nid rhaffu geiriau difeddwl fel peiriant yw gweddi. Dywedodd Iesu, 'Peidiwch â phentyrru geiriau fel y mae'r paganiaid yn gwneud' (Mathew 6.7). Y mae'n sgwrs gyda ein Tad yn y nefoedd; sgwrs am i fyny, yn hytrach nag ar draws. Mae sôn am grwt bach yn gweiddi wrth weddïo, 'Duw, plîs dere â bocs mawr o siocledi i mi ar gyfer fy mhen blwydd!!' Ymateb ei fam oedd, 'Does dim rhaid iti weiddi fel yna, dydy Duw ddim yn fyddar.' Daeth yr ateb yn ôl yn gyflym, 'Dwi'n gwybod hynny, ond mae tad-cu ac mae e yn y stafell drws nesa!' Pan fyddwn yn gweddïo, nid ydym yn gweddïo ar eraill, nac arnom ni'n hunain, ond ar Dduw. Felly mater o berthynas yw gweddi, a phan fyddwn yn gweddïo y mae'r Drindod i gyd yn rhan o'r peth.

Y mae gweddi Gristnogol yn weddi 'ar dy Dad'
Dysgodd Iesu ni i weddïo, 'Ein Tad yn y nefoedd' (Mathew 6.9). Y mae Duw yn fod bersonol. Wrth gwrs y mae 'y tu hwnt i bersonoliaeth' fel y dywedodd C. S. Lewis, ond y mae yn dal i fod yn bersonol. Crewyd dyn ar ddelw Duw. Y mae bod yn berson yn adlewyrchu rhywbeth o natur Duw ei hun. Ef yw ein Tad cariadus ac fe gawn y fraint ryfeddol o ddod i mewn i'w bresenoldeb a'i alw yn 'Abba'— y gair Aramaeg sy'n cyfieithu orau fel 'Tada' neu 'Dadi'. Y mae yna agosatrwydd rhyfeddol yn ein perthynas â Duw ac yn ein gweddïo ar ein Tad yn y nefoedd.

Nid 'ein Tad' yn unig yw ef; ef yw 'ein Tad yn y nefoedd'. Y mae ganddo allu nefol. Pan fyddwn yn gweddïo yr ydym yn siarad gyda Chreawdwr yr holl fydysawd. Ar yr 20 Awst 1977 fe lansiwyd Voyager II i chwilio ac anfon gwybodaeth yn ôl i'r byd o eithafion y sustem blanedol. Teithiai'n gynt na bwled o ddryll (90,000 milltir yr awr). Ar 28 Awst 1989 fe gyrhaeddodd hyd at blaned Neifion[*Neptune*], 2,700 miliwn o filltiroedd o'r ddaear. Bryd hynny fe adawodd Voyager II ein sustem blanedol ni. Ni fydd yn dod o fewn blwyddyn olau i unrhyw seren am 958,000 o flynyddoedd. Yn ein galaeth y mae 100,000 o sêr fel ein haul. Ein galaeth ni yw un o 100,000 miliwn o alaethau. Mewn brawddeg fer ddi-sylw yn Genesis, y mae'r awdur yn dweud wrthym, 'gwnaeth y sêr hefyd' (Genesis 1.16). Dyna fesur ei allu a'i nerth. Dywedodd Andrew Murray, awdur ac arweinydd Cristnogol, 'Y mae nerth gweddi bron â bod yn dibynnu'n gyfan gwbl ar ein dealltwriaeth ni o bwy yr ydym yn siarad ag ef.'

Pan ydym yn gweddïo, yr ydym yn siarad gyda Duw sydd yn fewnfodol ac yn drosgynnol. Y mae'n fwy ac yn fwy nerthol na'r bydysawd y creodd ef ei hun, ac eto y mae ef yno gyda ni pan fyddwn yn gweddïo.

Y mae gweddi Gristnogol trwy'r 'Mab'
Dywed Paul 'trwyddo ef [Iesu] y mae gennym ni ein dau [Iddewon a'r rhai nad ydynt yn Iddewon] ffordd i ddod, mewn un Ysbryd, at y Tad' (Effesiaid 2.18). Dywedodd Iesu yn byddai ei Dad yn rhoi 'beth bynnag a ofynnwch amdano yn fy enw i' (Ioan 15.16). Nid oes gennym ohonom ein hunain unrhyw hawl i ddod at Dduw ond yr ydym yn medru gwneud hynny 'trwy Iesu' ac 'yn ei enw'. Nid ffurf ar eiriau yw hyn; wrth ddweud hyn yr ydym yn cydnabod mai dim ond trwy Iesu y gallwn ddod at Dduw.

Iesu, trwy ei farwolaeth ar y groes, a dynnodd i ffwrdd yr hyn oedd yn ein gwahanu oddi wrth Dduw. Ef yw ein Harchoffeiriad Mawr. Dyna pam fod y fath allu yn enw Iesu.

Y mae gwerth siec nid yn unig yn dibynnu ar y swm, ond hefyd ar yr enw sy'n ymddangos ar y gwaelod. Petawn i'n ysgrifennu siec am ddeng miliwn o bunnoedd, byddai'n gwbl ddiwerth; petai Swltan Brunei, yr un y dywedir taw ef yw'r cyfoethocaf yn y byd, yn ysgrifennu siec am ddeng miliwn o bunnoedd byddai'n werth yr union swm hwnnw. Pan fyddwn yn mynd i fanc y nef, nid oes gennym ddim yno; ond y mae gan Iesu gredyd diddiwedd yn y nefoedd. Y mae wedi rhoi i ni'r fraint o gael defnyddio ei enw ef.

Y mae gweddi Gristnogol yn weddi 'mewn un Ysbryd' (Effesiaid 2.18)
Yr ydym yn ei chael hi'n anodd i weddïo, ond nid yw Duw wedi ein gadael ar ein pennau ein hunain. Y mae wedi rhoi ei Ysbryd i fyw ynom ni i'n cynorthwyo ni i weddïo. Y mae Paul yn ysgrifennu, 'Yn yr un modd, y mae'r Ysbryd yn ein cynorthwyo yn ein gwendid. Oherwydd ni wyddom ni sut y dylem weddïo, ond y mae'r Ysbryd ei hun yn ymbil trosom ag ocheneidiau y tu hwnt i eiriau, ac y mae Duw, sy'n chwilio calonnau dynion, yn deall bwriad yr Ysbryd, mai ymbil y mae tros saint Duw i amcanion Duw' (Rhufeiniaid 8.26-27). Mewn pennod ddiweddarach fe edrychwn yn fwy manwl ar waith yr Ysbryd. Yma, digon yw nodi wrth weddïo fod Duw yn gweddïo trwom trwy ei Ysbryd sy'n byw ynom ni fel Cristnogion.

Pam gweddïo?

Y mae gweddi yn weithgarwch hanfodol. Y mae llawer o resymau dros weddïo. Yn y lle cyntaf dyma'r ffordd i ddatblygu perthynas gyda ein Tad yn y nefoedd. Weithiau y mae pobl yn dweud, 'Y mae Duw yn gwybod beth yw ein hanghenion, felly pam fod yn rhaid i ni ofyn?' Wel, ni fyddai'n llawer o berthynas heb gyfathrebu. Wrth gwrs, nid gofyn yw'r unig ffordd yr ydym yn cyfathrebu gyda Duw. Y mae ffurfiau eraill ar weddi: diolchgarwch, mawl, addoliad, cyffes, gwrando, a.y.b. Ond y mae gofyn yn rhan bwysig. Wrth i ni ofyn i Dduw mewn gweddi a gweld ein gweddïau yn cael eu hateb, y mae ein perthynas gydag ef yn dyfnhau.

Yn ail, yr oedd Iesu ei hun yn gweddïo ac fe'n dysgodd ni i wneud yr un peth. Yr oedd gan Iesu berthynas ddi-dor gyda'i Dad. Yr oedd ei fywyd yn un o weddi barhaus. Y mae llu o gyfeiriadau ato'n gweddïo (ee, Marc 1.35; Luc 6.12). Yr oedd yn ei chymryd yn ganiataol y byddai ei ddisgyblion yn gweddïo. Dywedodd 'Pan fyddi di'n gweddïo' (Mathew 6.6) ac nid, '*Os* byddi di'n gweddïo.'

Ac os oes angen chwaneg o anogaeth arnom i weddïo, y mae Iesu yn ein dysgu fod gwobr o weddïo (Mathew 6.6).

Y mae gwobrau cuddiedig gweddi yn ormod i'w rhestru. Yng ngeiriau'r apostol Paul, pan lefwn 'Abba! Dad!' y mae'r Ysbryd Glân yn cyd-dystiolaethu â'n hysbryd ni ein bod yn wir yn blant i Dduw, ac fe dderbyniwn sicrwydd cryf ei fod yntau yn Dad a'i fod yn ein caru. Y mae'n dyrchafu llewyrch ei wyneb arnom ac yn rhoi i ni ei dangnefedd. Y mae'n adnewyddu ein heneidiau, yn digoni ein newyn, yn torri ein syched. Yr ydym yn gwybod nad ydym mwyach yn amddifaid am fod y Tad wedi ein mabwysiadu; nid ydym mwyach yn blant afradlon am ein bod wedi derbyn maddeuant; nid ydym yn ddieithriaid, am ein bod wedi dod adref.[30]

Yn olaf, nid yn unig y mae gweddi yn ein newid ni, ond y mae hefyd yn newid sefyllfaoedd. Y mae llawer o bobl yn fodlon derbyn fod gweddi yn cael effaith ddaionus arnynt hwy eu hunain, ond y mae rhai â gwrthwynebiad athronyddol i'r syniad fod gweddi'n medru newid digwyddiadau a newid pobl eraill. Ysgrifennodd y Rabbi Daniel Cohn-Scherbok o Brifysgol Caint erthygl yn dadlau os yw Duw yn gwybod y dyfodol yna y mae'r dyfodol wedi'i bennu'n barod. Atebodd Clifford Longley, gohebydd materion crefyddol *The Times*, 'Os yw Duw yn bodoli yn y presennol tragwyddol, y mae'n clywed pob gweddi ar yr un pryd. Yna fe all gymryd gweddi o'r wythnos nesaf, a'i chlymu wrth ddigwyddiad fis yn ôl. Gellir clywed gweddïau a ddywedwyd wedi digwyddiad cyn iddynt gael eu llefaru a'u hystyried cyn y digwyddiad.' Neu, i'w ddweud mewn ffordd arall, y mae gan Dduw holl dragwyddoldeb i ateb gweddi gyrrwr sydd ar fin gael "gwrthdrawiad".

Ar nifer o wahanol achlysuron fe'n hanogwyd gan Iesu i ofyn. Dywedodd, 'Gofynnwch, ac fe roddir i chwi; chwiliwch, ac fe gewch; curwch, ac fe agorir i chwi. Oherwydd y mae pawb sy'n gofyn yn derbyn, a'r hwn sy'n chwilio yn cael; ac i'r hwn sy'n curo agorir y drws' (Mathew 7.7-8).

Y mae pob Cristion yn gwybod, o'i brofiad ei hun, fod Duw yn ateb gweddïau. Nid yw'n bosibl profi fod Cristnogaeth yn wir ar sail gweddïau wedi'u hateb oherwydd fe gânt eu "hesbonio" gan siniciaid fel cyd-ddigwyddiadau. Ond y mae gweld gweddi ar ôl gweddi yn cael eu hateb yn atgyfnerthu ein ffydd yn Nuw. Yr wyf yn cadw dyddiadur gweddi ac y mae'n ddiddorol iawn gweld sut mae Duw wedi ateb fy ngweddïau ddydd ar ôl dydd, wythnos ar ôl wythnos, flwyddyn ar ôl blwyddyn.

Ydy Duw yn ateb gweddïau bob amser?

Yn y darn a ddyfynnwyd o Mathew 7.7-8 ac mewn llawer rhan arall o'r Testament Newydd mae'r addewidion yn ymddangos yn gwbl bendant ac absoliwt. Ond wrth edrych ar yr holl Ysgrythur, gwelwn ddigon o resymau da pam nad ydym bob amser yn cael popeth yr ydym yn gofyn amdanynt.

Y mae pechod sydd heb ei gyffesu yn codi rhwystr rhyngom ni â Duw: 'Nid aeth llaw'r Arglwydd yn rhy wan i achub, na'i glust yn rhy drwm i glywed; ond eich camwedd chwi a ysgarodd rhyngoch a'ch Duw, a'ch anwiredd chwi a barodd iddo guddio'i wyneb rhag gwrando arnoch' (Eseia 59.1-2). Nid yw Duw byth yn addo ateb gweddïau yr un nad yw'n byw mewn perthynas ag ef. Weithiau yn ei ras, fe all ateb gweddi rhywun nad yw'n credu (fel y gwnaeth yn fy esiampl i ar ddechrau'r bennod hon), ond nid oes gennym hawl i ddisgwyl hynny. Pan fo pobl yn dweud, 'Nid wyf yn teimlo fy mod i'n cyrraedd at Dduw. Nid wyf yn teimlo fod neb yno bellach,' y cwestiwn cyntaf i ofyn iddynt yw a ydynt wedi derbyn maddeuant Duw trwy Grist ar y groes. Rhaid tynnu'r rhwystr cyn inni fedru disgwyl i Dduw wrando ac ateb ein gweddïau.

Hyd yn oed fel Cristnogion gall ein cyfeillgarwch â Duw gael ei niweidio gan bechod neu anufudd-dod. Y mae Ioan yn ysgrifennu, 'Gyfeillion annwyl, os nad yw'n calon yn ein condemnio, y mae gennym hyder gerbron Duw, ac yr ydym yn derbyn ganddo ef bob dim yr ydym yn gofyn amdano, am ein bod yn cadw ei orchmynion ac yn gwneud y pethau sydd wrth ei fodd' (1 Ioan 3.21-22). Os ydym yn ymwybodol o unrhyw bechod neu anufudd-dod tuag at Dduw, y mae angen i ni ei gyffesu a throi oddi wrtho fel y gellir adfer ein cyfeillgarwch â Duw a dod yn agos unwaith eto a hynny gyda hyder.

Gall ein cymhellion fod yn rhwystr hefyd rhag inni gael yr hyn yr ydym yn ei ofyn amdano. Nid yw pob cais am Porsche newydd yn cael ei ateb! Y mae Iago, brawd Iesu, yn ysgrifennu:

> Yr ydych yn chwennych ac yn methu cael, ac felly yr ydych yn llofruddio; yr ydych yn eiddigeddu ac yn methu meddiannu, ac felly yr ydych yn ymladd a rhyfela. Nid ydych yn cael am nad ydych yn gofyn. A phan fyddwch yn gofyn, nid ydych yn derbyn, a hynny am eich bod yn gofyn ar gam, â'ch bryd ar wario ar eich chwantau yr hyn a gewch (Iago 4.2-3).

Esiampl enwog o weddi sy'n llawn gofyn ar gam yw gweddi John Ward o Hackney, a ysgrifennwyd yn y ddeunawfed ganrif:

O Arglwydd, yr wyt yn gwybod fod gennyf naw stad yn Ninas Llundain, a fy mod yn ddiweddar wedi prynu stad arall yn swydd Essex; gweddïaf arnat i gadw siroedd Essex a Middlesex rhag tân a daeargryn; a chan fod gennyf forgais yn Hertfordshire, yr wyf yn deisyf iti yn yr un modd i edrych yn drugarog ar y sir honno; am weddill y siroedd, gelli di wneud â hwy fel y gweli'n dda.

O Arglwydd, caniatâ i'r banc fedru talu pob bil, a gwna fy nyledwyr yn ddynion da. Rho daith lwyddiannus i'r llong *Mermaid*, a thyrd â hi yn ôl yn ddiogel, oherwydd yr wyf wedi ei hyswirio. A chan dy fod wedi dweud taw byr fydd dyddiau'r drygionus, yr wyf yn ymddiried ynot ti i beidio ag anghofio dy addewid, gan fy mod wedi prynu stad a fydd yn dod yn eiddo i mi ar farwolaeth y dyn ifanc afradlon hwnnw, Syr J. L.

Cadw fy nghyfeillion yn ddiogel, a chadw fi rhag lladron, a gwna fy ngweision yn onest a ffyddlon wrth ofalu am fy musnes, a phaid â gadael iddynt fy nhwyllo mewn dim, ddydd na nos.

Weithiau nid yw gweddïau'n cael eu hateb am nad yw'r hyn yr ydym yn ei ofyn amdano o les i ni. Y mae Duw ond yn addo rhoi i ni 'bethau da' (Mathew 7.11). Y mae ef yn ein caru ac yn gwybod beth sydd orau inni. Nid yw tad dynol da yn rhoi i'w blant yr hyn y maent yn ei ofyn amdano bob amser. Os yw plentyn pum mlwydd oed am chwarae â chyllell fara, gobeithiwn fod y tad yn dweud 'na'! Bydd Duw yn dweud 'na' os nad yw'r hyn yr ydym yn gofyn amdano 'o les ynddo ac ohono'i hun, neu os na fydd o les i ni ein hunain neu i eraill, boed hynny yn uniongyrchol neu'n annuniogyrchol, ar y pryd hwn neu yn y pen draw" (John Stott).

'Ie' neu 'na' fydd yr ateb i'n gweddïau, ond weithiau yr ateb fydd 'arhoswch', ac fe ddylem fod yn ddiolchgar iawn am hyn. O gael popeth y gofynnem amdano ni fyddem yn gweddïo byth eto. Fel y dywedodd y pregethwr Martyn Lloyd-Jones, 'Yr wyf yn diolch i Dduw nad yw wedi bod yn barod i wneud unrhyw beth oedd yn digwydd dod i'm meddwl ... Yr wyf yn wirioneddol ddiolchgar i Dduw na wnaeth roi popeth y gofynnais amdanynt i mi, yr wyf yn ddiolchgar ei fod wedi cau rhai drysau yn fy wyneb.'[31] Bydd unrhyw Gristion sydd wedi bod yn Gristion am beth amser yn gwerthfawrogi hyn. Dywedodd Ruth Graham (gwraig Billy Graham) wrth gynulleidfa ym Minneapolis, 'Nid yw Duw wedi ateb fy ngweddïau bob amser. Petai wedi gwneud hynny, fe fyddwn i wedi priodi y dyn anghywir—sawl gwaith.' Weithiau ni fyddwn ni'n gwybod yn ystod y bywyd hwn y rheswm pam taw 'na' yw'r ateb.

Dyna pam fod addewidion y Beibl ynglŷn ag ateb gweddi weithiau'n amodol.

BETH YW BYWYD?

Er enghraifft, y mae Ioan yn ysgrifennu, 'Bydd ef yn gwrando arnom os gofynnwn am rywbeth *yn unol â'i ewyllys ef*' (1 Ioan 5.14, fy mhwyslais i). Wrth inni ddod i adnabod Duw yn well, byddwn yn gwybod yn well hefyd beth yw ei ewyllys ac fe welwn fwy o'n gweddïau yn cael eu hateb.

Sut yr ydym ni i weddïo?

Nid oes yr un ffordd 'iawn' i weddïo. Y mae gweddi yn rhan annatod o'n perthynas gyda Duw ac felly yr ydym yn rhydd i siarad gydag ef fel y mynnwn. Nid yw Duw am inni ailadrodd geiriau'n ddifeddwl; y mae am glywed beth sydd ar ein calonnau. Am rai blynyddoedd yr wyf wedi gweld bod lle i bedair elfen mewn gweddi.

MAWL - moli Duw am bwy ydyw ac am yr hyn y mae wedi'i wneud.

CYFFES - gofyn am faddeuant Duw am unrhyw beth yr ydym wedi'i wneud sy'n anghywir.

DIOLCHGARWCH - am iechyd, teulu, cyfeillion, &c.

YMBIL/EIRIOL - gweddi drosom ni ein hunain, dros ein cyfeillion a thros eraill.

Yn ddiweddar yw wyf i wedi cael fy hun yn dilyn y patrwm a osodwyd i ni yng Ngweddi'r Arglwydd (Mathew 6.9-13):

'Ein Tad yn y nefoedd' (ad.9)
Yr ydym wedi edrych ar ystyr hyn yn gynt yn y bennod. O dan y pennawd hwn yr wyf yn treulio amser yn diolch i Dduw am bwy ydyw ef ac am fy mherthynas i gydag ef, ac am y modd y mae ef wedi ateb fy ngweddïau.

'Sancteiddier dy enw' (ad.9)
Mewn Hebraeg yr oedd enw rhywun yn arwyddo datguddiad arbennig o'i bersonoliaeth. Gweddïo am i enw Duw gael ei sancteiddio, yw gweddïo am i'w enw gael ei barchu. Yn aml iawn heddiw wrth inni edrych o gwmpas ein cymdeithas yr ydym yn gweld nad yw enw Duw yn cael ei barchu o gwbl—y mae llawer iawn o bobl nad ydynt yn rhoi sylw iddo ef na'i ddeddfau. Dylem ddechrau trwy weddïo y byddwn yn parchu enw Duw yn ein bywydau, yn ein heglwys ac yn y gymdeithas o'n cwmpas.

'Deled dy deyrnas' (ad.20)

Teyrnas Duw yw ei lywodraeth neu ei deyrnasiad. Bydd hyn yn gyflawn pan ddaw Iesu drachefn. Ond fe dorrodd y deyrnas hon i mewn i hanes pan ddaeth Iesu am y tro cyntaf. Dangosodd Iesu bresenoldeb teyrnas Dduw yn ei weinidogaeth ei hun. Pan weddïwn, 'deled dy deyrnas,' yr ydym yn gofyn am weld llywodraeth a theyrnasiad Duw yn dod yn y dyfodol ac yn y presennol. Y mae'n cynnwys gweddïo am weld pobl yn troi at Dduw, yn cael eu hiacháu, eu gosod yn rhydd o afael y drwg, yn cael eu llenwi â'r Ysbryd ac yn derbyn doniau'r Ysbryd, fel ein bod ynghyd yn medru gwasanaethu ac ufuddhau i'r Brenin.

Yr wyf i'n deall i D. L. Moody lunio rhestr o 100 o bobl i weddïo drostynt yn bersonol ar iddynt ddod at Dduw. Erbyn ei farwolaeth yr oedd wedi gweld naw deg chwech ohonynt yn cael tröedigaeth ac fe gafodd y pedwar arall dröedigaeth yn ei angladd.

Yr oedd mam o Gristion yn cael problemau gyda'i mab gwrthryfelgar yn ei arddegau. Yr oedd yn ddiogyn â thymer ddrwg, yn dwyllwr, celwyddgi a lleidr. Yn ddiweddarach mewn bywyd, ac yntau erbyn hynny'n gyfreithiwr 'parchus', yr oedd ei fywyd yn llawn uchelgais bydol a'r ysfa i ennill mwy a mwy o arian. Yr oedd ei foesau yn weddol lac. Bu'n byw gyda sawl gwraig ac fe gafodd fab oddi wrth un ohonynt. Ar un adeg yn ei fywyd fe ymunodd â sect grefyddol ryfedd gan ymroi i bob math o arferion rhyfedd. Trwy'r holl amser yr oedd ei fam yn gweddïo amdano. Un dydd, rhoes yr Arglwydd weledigaeth iddi ac fe wylodd wrth weddïo, oherwydd fe welodd oleuni Iesu Grist ynddo ef, a'i wyneb wedi'i drawsnewid. Bu'n rhaid iddi aros am naw mlynedd arall cyn i'w mab roi ei fywyd i Iesu Grist, ac yntau yn dri deg dwy mlwydd oed. Enw'r dyn hwnnw oedd Awstin. Daeth i fod yn un o ddiwinyddion mwyaf yr eglwys. Yr oedd bob amser yn dweud taw gweddïau ei fam oedd achos ei dröedigaeth.

'Gwneler dy ewyllys, ar y ddaear fel yn y nef' (ad.10)

Nid anobaith yw hyn, ond gollwng y beichiau yr ydym yn eu cario mor aml. Y mae llawer o bobl yn gofidio am y penderfyniadau sydd yn eu hwynebu. Gallant fod yn benderfyniadau am bethau mawr neu bethau bach, ond os yr ydym am fod yn sicr nad ydym yn gwneud camgymeriad yna y mae angen i ni weddïo, 'gwneler dy ewyllys.' Dywed y Salmydd, 'Bwrw dy dynged ar yr Arglwydd; ymddiried ynddo, ac fe weithreda' (Salm 37.5). Er enghraifft, os ydych yn gweddïo a yw perthynas yn iawn, fe allech weddïo, 'Os yw'r berthynas yma yn anghywir, yr wyf yn gweddïo y byddi'n dod â'r peth i ben. Os yw'n iawn yr wyf yn gweddïo na fydd dim yn torri ar ei thraws.' Yna, wedi rhoi'r peth yn llaw'r Arglwydd, gellwch ymddiried ynddo a disgwyl iddo weithredu. (Edrychwn fwy ar y pwnc hwn mewn pennod arall—a rhaid talu sylw i'r egwyddorion yn y bennod honno.)

BETH YW BYWYD?

Dyro inni heddiw ein bara beunyddiol' (ad.11)
Y mae rhai wedi awgrymu taw bara ysbrydol y Cymun Bendigaid neu'r Beibl sydd gan Iesu yma. Y mae hyn yn bosib, ond yr wyf i'n credu fod y diwygwyr yn iawn i awgrymu taw cyfeirio at ein hanghenion sylfaenol y mae Iesu yma. Dywedodd Luther ei fod yn cyfeirio at 'bob peth angenrheidiol ar gyfer bywyd, fel bwyd, corff iach, tywydd da, tŷ, cartref, gwraig, plant, llywodraeth dda a heddwch.' Y mae Duw â gofal am bopeth y mae gennym ni ofal amdanynt. Yn union fel yr wyf am i'm plant siarad â mi am bethau sy'n eu poeni a'u gofidio, felly y mae Duw am glywed am y pethau hynny sy'n ein poeni a'n gofidio ni.

Yr oedd cyfaill i mi yn holi un oedd newydd ddod yn Gristion am sut hwyl oedd ar ei fusnes. Atebodd hithau nad oedd pethau'n mynd yn dda iawn. Felly dyma fy nghyfaill yn cynnig gweddïo am y peth. Ymateb y Cristion newydd oedd, 'Wyddwn i ddim fod hawl gweddïo am bethau fel 'na.' Esboniodd fy nghyfaill fod hynny'n iawn. Gweddïodd y ddau a'r wythnos ganlynol yr oedd pethau'n llawer mwy llewyrchus. Y mae Gweddi'r Arglwydd yn ein dysgu nad yw hi'n anghywir i ni weddïo am ein gofalon ein hunain, gan gofio taw enw Duw, teyrnas Duw ac ewyllys Duw yw ein blaenoriaethau cyntaf.

Maddau inni ein troseddau, fel yr m ni wedi maddau i'r rhai a droseddodd i'n herbyn' (ad.12)
Dysgodd Iesu ni i weddïo ar i Dduw faddau i ni ein troseddau, y pethau hynny yr ydym yn eu gwneud sy'n anghywir. Y mae rhai yn dweud, 'Pam bod rhaid inni weddïo am faddeuant? Onid yw Duw yn maddau popeth inni wrth ddod at y groes: y gorffennol, y presennol a'r dyfodol?' Y mae'n wir, fel y gwelsom yn y bennod ar pam bu farw Iesu, fod maddeuant i'w gael am bopeth yn y gorffennol, y presennol a'r dyfodol oherwydd bod Iesu wedi cymryd arno'i hun ein holl bechodau ar y groes. Eto i gyd y mae Iesu yn ein dysgu i weddïo, 'Maddau inni ein troseddau.' Yr esboniad yr wyf i yn ei gael yn fwyaf defnyddiol yw'r un y mae Iesu ei hun yn ei roi yn Ioan 13 pan fo'n paratoi i olchi traed Pedr. Dywedodd Pedr, 'Ni chei di olchi fy nhraed i byth.' Atebodd Iesu, 'Y mae'r un sydd wedi ymolchi drosto yn lân i gyd, ac nid oes arno angen golchi dim ond ei draed.' Y mae hyn yn ddarlun o faddeuant. Wrth ddod at y groes yr ydym yn cael ein glanhau'n lân a derbyniwn faddeuant—y mae popeth yn cael ei ddelio ag ef. Ond wrth inni fynd drwy'r byd yr ydym yn gwneud pethau sy'n tynnu oddi wrth ein cyfeillgarwch gyda Duw. Y mae'n perthynas wastad yn sicr a saff ond y mae'n cyfeillgarwch yn cael ei effeithio gan y llwch a'r baw yr ydym yn ei gasglu ar ein traed. Bob dydd y mae angen i ni weddïo, 'Arglwydd maddau inni, a glanhâ ni oddi wrth y llwch a'r baw.' Nid oes angen i ni gael bath arall, y mae Iesu wedi gwneud hynny inni, ond y mae angen peth glanhau arnom ni bob dydd.

Aeth Iesu ymlaen i ddweud, 'Os maddeuwch i ddynion eu camweddau, bydd eich Tad nefol yn maddau i chwi. Ond os na faddeuwch i ddynion eu camweddau, ni fydd eich Tad chwaith yn maddau eich camweddau chwi' (Mathew 6.14-15). Nid yw hyn yn golygu y gallwn ni ennill maddeuant wrth faddau i bobl eraill. Ni allwn ni byth ennill maddeuant i'n hunain. Enillodd Iesu hynny i ni ar y groes. Ond yr arwydd ein bod ni wedi derbyn maddeuant yw ein bod yn barod i faddau i eraill. Os nad ydym yn barod i faddau i eraill y mae hynny'n brawf nad ydym yn gwybod beth yw maddeuant ein hunain. Os yr ydym yn gwybod beth yw maddeuant Duw mewn gwirionedd, ni allwn ni ond maddau i rywun arall.

'Paid â'n dwyn i brawf ond gwared ni rhag yr un drwg' (ad.13)
Nid yw Duw yn ein temtio (Iago 1.13), ond ef sy'n rheoli faint o gysylltiad sydd gennym â'r diafol (ee, Job 1—2). Y mae gan bob Cristion fan gwan—gall fod yn ofn, uchelgais hunanol, trachwant, hel clecs, siniciaeth neu rywbeth arall. Os ydym yn gwybod beth yw ein gwendid, gallwn weddïo am gael ein hamddiffyn rhagddo, yn ogystal â chymryd y camau angenrheidiol i osgoi temtasiwn diangen, wrth gwrs. Ystyriwn hyn yn bellach ym Mhennod 10.

Pryd ddylem ni weddïo?

Y mae'r Testament Newydd yn ein hannog i weddïo yn 'ddi-baid' (1 Thesaloniaid 5.17; Effesiaid 6.18). Nid oes raid i ni fod mewn adeilad arbennig er mwyn gweddïo. Gallwn weddïo ar y trên, ar y bws, yn y car, ar y beic, wrth gerdded ar hyd y ffordd, wrth orwedd yn ein gwely, yng nghanol y nos, pryd bynnag a lle bynnag yr ydym. Fel mewn perthynas fel priodas, yr ydym yn gallu cynnal sgwrs ddi-baid. Ond, fel mewn priodas, y mae'n gynorthwyol inni hefyd gael amser gyda'n gilydd pan yr ydym yn gwybod ein bod yn mynd i siarad a rhannu gyda'n gilydd. Dywedodd Iesu, 'Pan fyddi di'n gweddïo, dos i mewn i'th ystafell, ac wedi cau dy ddrws, gweddïo ar dy Dad sydd yn y dirgel' (Mathew 6.6). Yr oedd ef ei hun yn mynd i weddïo mewn lle unig (Marc 1.35). Yr wyf i'n ei chael hi'n help i gyfuno amser o weddi gydag amser o ddarllen y Beibl ar ddechrau'r dydd, oherwydd dyna pryd mae fy meddwl i'n gweithio orau. Y mae'n bwysig cael patrwm cyson. Bydd adeg y dydd yn dibynnu ar ein hamgylchiadau personol a'r math o berson yr ydym ni.

Yn ogystal â gweddïo ar ein pen ei hunan, y mae'n bwysig gweddïo gyda phobl eraill. Er enghraifft, gallai hyn fod yn grŵp bach o ddau neu dri. Dywedodd Iesu, ''Rwy'n dweud wrthych, os bydd dau ohonoch yn cytuno ar y ddaear fe'i rhoddir iddynt gan fy Nhad, yr hwn sydd yn y nefoedd' (Mathew 18.19). Gall fod yn anodd iawn i weddïo yn uchel o flaen pobl eraill. Yr wyf yn cofio'r tro cyntaf i mi wneud hyn, rhyw ddeufis ar ôl i mi ddod at Grist. Yr oeddwn gyda dau o fy

BETH YW BYWYD?

ffrindiau gorau, ac yr oeddem wedi penderfynu treulio peth amser yn gweddïo gyda'n gilydd. Wnaethom ni ond gweddïo am ryw ddeng munud, ond pan wnes i dynnu fy nghrys wedyn yr oedd yn wlyb stecs â chwys! Eto i gyd, y mae'n werth dal ati i weddïo oherwydd y mae gallu mawr mewn gweddïo gyda'n gilydd (Actau 12.5).

Y mae gweddi wrth galon Cristnogaeth, oherwydd calon Cristnogaeth yw perthynas gyda Duw. Dyna pam mai gweddïo yw gweithgarwch pwysicaf ein bywydau. Fel y dywed yr hen ddywediad:

> Y mae Satan yn chwerthin ar ein geiriau.
> Y mae'n dirmygu ein gweithredoedd.
> Ond y mae'n crynu pan weddïwn.

7

Pwy yw'r Ysbryd Glân?

Ymhlith fy ffrindiau yn y brifysgol yr oedd pump ohonom ni â'r un enw! Byddem yn cyfarfod i fwyta cinio bron â bod yn ddyddiol. Daeth y rhan fwyaf ohonom i gredu yn Iesu Grist ym mis Chwefror 1974. Yr oeddem ni i gyd yn frwdfrydig iawn am ein ffydd newydd. Ond yr oedd un ohonom ychydig yn araf yn hyn i gyd. Nid oedd yn ymddangos yn frwdfrydig iawn am ei berthynas â Duw, am ddarllen y Beibl nac am weddi.

Un dydd gweddïodd rhywun ar iddo gael ei lenwi â'r Ysbryd. Cafodd ei lenwi, ac fe newidiodd y profiad hwnnw ei fywyd yn llwyr. Ymddangosodd gwên fawr ar ei wyneb. Daeth yn adnabyddus am ei lawenydd - ac felly y mae o hyd, bymtheng mlynedd a mwy yn ddiweddarach. Wedi hyn, os oedd yna astudiaeth Feiblaidd neu gyfarfod gweddi neu eglwys o fewn cyrraedd, yr oedd ef yno. Daeth yn bersonoliaeth atyniadol. Yr oedd pobl yn cael eu tynnu ato, ac fe fu'n gyfrwng i ddwyn llawer o bobl eraill i gredu ac i gael eu llenwi â'r Ysbryd yn yr un modd ag yntau.

Beth oedd wedi gwneud y gwahaniaeth iddo? Credaf y byddai ef yn ateb mai ei brofiad o'r Ysbryd Glân oedd wedi gwneud y gwahaniaeth. Y mae llawer yn gwybod ychydig am Dduw y Tad ac am Iesu y Mab, ond y mae anwybodaeth ynglŷn â'r Ysbryd Glân. Felly, mae tair pennod yn y llyfr hwn yn sôn am drydydd person y Drindod.

Person yw'r Ysbryd Glân. Y mae ganddo holl nodweddion personoliaeth. Y mae'n meddwl (Actau 15.28), yn siarad (Actau 1.16), yn arwain (Rhufeiniaid 8.14) ac fe ellir ei dristáu (Effesiaid 4.30). Weithiau caiff ei ddisgrifio fel Ysbryd Crist (Rhufeiniaid 8.9) neu Ysbryd Iesu (Actau 16.7). Trwyddo ef y mae Iesu yn bresennol gyda'i bobl.

Sut un ydy e? Fe'i disgrifir weithiau yng Ngroeg gwreiddiol y Testament

BETH YW BYWYD?

Newydd fel y *parakletos* (Ioan 14.16). Gair anodd i'w gyfieithu yw hwn. Y mae'n golygu 'un sydd wedi ei alw at ochr rhywun' — eiriolwr, cyfnerthwr, diddanydd. Dywedodd Iesu y byddai'r Tad yn rhoi i chwi eiriolwr 'arall'. Y mae'r gair 'arall' yn golygu 'o'r un math'. Mewn geiriau eraill, y mae'r Ysbryd Glân yn union fel Iesu.

Yn y bennod hon yr wyf am edrych ar berson yr Ysbryd Glân: pwy yw e, a beth allwn ddysgu amdano wrth olrhain ei weithgarwch trwy'r Beibl o Genesis 1 hyd at Ddydd y Pentecost (Y Sulgwyn). Gan taw mudiad a gychwynnodd ar ddechrau'r ganrif yw'r mudiad Pentecostalaidd, byddai'n bosibl i ni gael ein temtio i gredu mai ffenomenon yn perthyn i'r ugeinfed ganrif yw'r Ysbryd Glân. Y mae hynny wrth gwrs, yn bell iawn oddi wrth y gwirionedd.

Yr oedd ef yn rhan o'r gwaith creu

Gwelir tystiolaeth am weithgarwch yr Ysbryd Glân yn adnodau agoriadol y Beibl: 'Yn y dechreuad creodd Duw y nefoedd a'r ddaear. Yr oedd y ddaear yn afluniaidd a gwag, ac yr oedd tywyllwch ar wyneb y dyfnder, ac Ysbryd Duw yn ymsymud ar wyneb y dyfroedd' (Genesis 1.1-2).

Gwelwn yn y cofnod yma am y creu sut yr achosodd Ysbryd Duw i bethau newydd ddod i fodolaeth a dod â threfn lle'r oedd anhrefn. Yr un yw'r Ysbryd heddiw. Daw â phethau newydd i mewn i fywydau pobl ac i fewn i eglwysi hefyd. Daw â threfn a thangnefedd i fywydau sydd mewn anhrefn llwyr, gan ryddhau pobl o arferion a chaethiwed i bethau sy'n niweidiol, ac oddi wrth annibendod perthynas wedi'i chwalu.

Wrth i Dduw greu dynoliaeth, 'lluniodd ddyn o lwch y tir, ac anadlodd yn ei ffroenau anadl einioes; a daeth y dyn yn greadur byw' (Genesis 2.7). Y gair Hebraeg a ddefnyddir yma am anadl yw *ruach*, a dyna'r gair Hebraeg am 'Ysbryd' hefyd. *Ruach* Duw sy'n dod â bywyd corfforol i ddyn a luniwyd o'r llwch. Yn yr un modd daw â bywyd ysbrydol i bobl, ac i eglwysi, oherwydd y mae'n bosibl iddynt hwy hefyd fod yr un mor ddifywyd â llwch!

Rhai blynyddoedd yn ôl yr oeddwn yn siarad â chlerigwr oedd yn dweud fod pethau wedi bod fel hyn yn ei fywyd ac yn ei eglwys — ychydig yn llychlyd. Un dydd cafodd yntau a'i wraig eu llenwi ag Ysbryd Duw; daethant o hyd i frwdfrydedd newydd am y Beibl ac fe drawsnewidiwyd eu bywydau. Daeth yr eglwys yn ganolfan fyw. Profodd y grŵp ieuenctid dŵf aruthrol gan ddod yn un o'r rhai mwyaf yn yr ardal. Yr oedd y grŵp o dan arweiniad ei fab, ac yr oedd yntau hefyd wedi'i lenwi â'r Ysbryd.

Y mae llawer yn hiraethu am fywyd ac fe gânt eu denu at bobl ac eglwysi lle maent yn gweld bywyd Ysbryd Duw.

Daeth ar bobl arbennig ar adegau arbennig ar gyfer rhyw waith arbennig

Pan ddaw Ysbryd Duw ar bobl y mae rhywbeth yn digwydd. Nid dod â rhyw deimlad cynnes braf yn unig a wna! Y mae'n dod i bwrpas arbennig ac fe welwn esiamplau o hyn yn yr Hen Destament.

Yr oedd yn llenwi pobl ar gyfer gwaith celf. Llanwodd Ysbryd Duw Besalel 'â doethineb a deall, â gwybodaeth a phob rhyw ddawn, er mwyn iddo ddyfeisio patrymau cywrain i'w gweithio mewn aur, arian a phres a thorri meini i'w gosod, a cherfio pren, a gwneud pob cywreinwaith' (Exodus 31.3-5).

Mae'n bosibl bod yn gerddor, awdur neu artist talentog heb eich llenwi â'r Ysbryd. Ond pan fo Ysbryd Duw yn llenwi pobl ar gyfer y tasgau yma yn aml iawn y mae eu gwaith yn wahanol i'r arfer. Y mae'n cael effaith wahanol ar eraill. Y mae ei effaith ysbrydol yn un llawer dyfnach. Gall hyn fod yn wir pan nad yw gallu naturiol cerddor neu artist yn arbennig o drawiadol. Gall calonnau gael eu cyffwrdd, a gall bywydau gael eu newid ganddynt. Heb lawer o amheuaeth rhywbeth tebyg i hyn ddigwyddodd yn achos Besalel.

Byddai Ysbryd Duw hefyd yn llenwi pobl ar gyfer y dasg o arwain. Yn ystod cyfnod y Barnwyr, roedd nifer o genhedloedd estron yn ymosod ar Israel. Un o'r cenhedloedd yma oedd y Midianiaid. Derbyniodd Gideon alwad oddi wrth Dduw i arwain Israel ar yr adeg hon. Yr oedd Gideon yn ymwybodol iawn o'i wendid ei hun a gofynnodd, 'Sut y gwaredaf fi Israel? Edrych, fy llwyth i yw'r gwannaf yn Manasse, a minnau yw'r distadlaf o'm teulu' (Barnwyr 6.15). Eto, pan ddisgynnodd Ysbryd Duw ar Gideon (ad.34) fe ddaeth yn un o arweinwyr mwyaf nodedig yr Hen Destament.

Ar gyfer arwain, y mae Duw yn aml iawn yn defnyddio rhai sy'n eu hystyried eu hunain yn wan, annigonol ac yn anaddas i'r gwaith. Pan lenwir hwy â'r Ysbryd maent yn dod yn arweinwyr pwysig yn yr eglwys. Esiampl nodedig yw'r Parchg

E.J.H "Bash" Nash. Pan yn glerc pedair ar bymtheng mlwydd oed mewn swyddfa yswiriant daeth i gredu yng Nghrist ac yr oedd yn ddyn yn llawn o'r Ysbryd Glân. Ysgrifennodd rhywun amdano, 'nid oedd dim yn arbennig o drawiadol amdano... Nid oedd yn athletwr nac yn anturiwr. Nid oedd yn honni ei fod yn disgleirio yn y byd academaidd na bod ganddo unrhyw dalent artistig.'[32] Eto i gyd, dywedodd John Stott (a ddaeth i ffydd trwyddo) amdano, 'Er ei fod yn gwbl gyffredin o ran golwg allanol, yr oedd ei galon ar dân dros Grist.' Fel hyn y rhoddwyd crynodeb o'i fywyd mewn un o'r nifer o deyrngedau iddo yn y papurau dyddiol ac eglwysig:

> Yr oedd Bash ... yn glerigwr tawel, diymhongar na chafodd na sylw na phenawdau yn y papurau, ac ni ddymunodd chwaith ddyrchafiad yn yr eglwys, ac eto y mae'n debygol fod ei ddylanwad o fewn i Eglwys Loegr dros yr 50 mlynedd olaf wedi bod yn fwy na dylanwad bron neb o'i gyfoeswyr, oherwydd y mae cannoedd heddiw, llawer ohonynt mewn swyddi cyfrifol, sy'n diolch i Dduw amdano oherwydd trwy ei weinidogaeth yr arweiniwyd hwy i wneud ymrwymiad Cristnogol.
>
> Nid yw'r rhai oedd yn ei adnabod yn dda, na'r rhai a weithiai gydag ef, yn disgwyl gweld ei debyg byth eto; oherwydd yn anaml iawn y mae un person wedi golygu cymaint i gynifer o bobl ag yr oedd y dyn tawel, diymhongar, ond ysbrydol hwn.[33]

Mewn rhannau eraill gwelwn yr Ysbryd Glân yn llenwi pobl â gallu a nerth. Y mae hanes Samson yn un adnabyddus. Ar un achlysur clymodd y Philistiaid ef â rhaffau. Ond yna, 'disgynnodd Ysbryd yr ARGLWYDD arno, aeth y rhaffau oedd am ei freichiau fel llinyn wedi ei ddeifio gan dân, a syrthiodd ei rwymau oddi am ei ddwylo' (Barnwyr 15.14).

Y mae'r hyn sy'n wir yn gorfforol yn yr Hen Destament yn aml iawn yn wir yn ysbrydol yn y Testament Newydd. Ni chawsom ni ein clymu â rhaffau, ond yr ydym wedi'n clymu'n dynn gan ein hofnau, gan ein harferion drwg neu gan ein caethiwed i bethau sydd yn rheoli ein bywydau'n llwyr. Rheolir ein meddyliau gan batrymau caethiwus o feddwl: tymer ddrwg, eiddigedd, cenfigen, neu chwantau afreolus. Yr ydym yn gwybod ein bod wedi'n caethiwo ganddynt am nad ydym yn medru ymatal rhag gwneud y pethau yma, hyd yn oed pan dymunwn wneud hynny. Pan ddaeth Ysbryd Duw ar Samson, troes y rhaffau oedd yn ei glymu fel llinyn wedi ei ddeifio ac fe ddaeth yn rhydd. Y mae Ysbryd Duw y medru rhyddhau pobl heddiw oddi wrth unrhyw beth sydd yn eu caethiwo hwy.

Yn ddiweddarach gwelwn sut y mae Ysbryd Duw yn dod ar y proffwyd Eseia yn ac yn rhoi iddo'r gallu 'i ddwyn newydd da i'r darostyngedig, a chysuro'r toredig o galon; i gyhoeddi rhyddid i'r caethion, a rhoi gollyngdod i garcharorion' a hefyd 'i ddiddanu pawb sy'n galaru' (Eseia 61.1-3).

Teimlwn weithiau yn gwbl ddiymadferth wrth inni wynebu problemau'r byd.

Yr oeddwn i'n teimlo felly'n aml iawn cyn dod yn Gristion. Gwyddwn nad oedd gennyf ond ychydig neu ddim i'w gynnig i'r rhai oedd â'u bywydau ar chwâl. Yr wyf yn dal i deimlo fel yna weithiau. Ond yr wyf yn gwybod, trwy gymorth Ysbryd Duw, ein bod â rhywbeth i'w rannu a'i roi. Y mae Ysbryd Duw yn ein galluogi ni i ddod â newyddion da Iesu Grist er mwyn cysuro'r rhai â chalonnau toredig; er mwyn cyhoeddi rhyddid i'r rhai sy'n gaeth i'w gweithredoedd drwg eu hunain; ac i ddod â chysur yr Ysbryd Glân (wedi'r cyfan, ef yw'r Diddanydd) i'r rhai sy'n drist ac yn galaru. Os ydym yn mynd i roi cymorth sydd yn mynd i barhau i dragwyddoldeb i'r bobl yma, ni allwn wneud hynny neb Ysbryd Duw.

Fe gafodd ei addo gan y Tad

Gwelsom esiamplau o waith yr Ysbryd Glân yn yr Hen Destament. Ond yr oedd ei weithgarwch wedi'i gyfyngu i bobl arbennig ar adegau arbennig ar gyfer tasgau arbennig. Wrth inni ddarllen trwy'r Hen Destament gwelwn fod Duw yn addo ei fod am wneud peth newydd. Y mae'r Testament Newydd yn galw hyn yn 'addewid y Tad'. Cynyddai'r disgwyl am gyflawni'r addewid. *Beth oedd yn mynd i ddigwydd?*

Yn yr Hen Destament gwnaeth Duw gyfamod â'i bobl. Dywedodd yntau y byddai'n Dduw iddynt ac y byddent hwy yn bobl iddo ef. Gofynnai iddynt hwy gadw ei gyfreithiau. Yn anffodus, gwelai'r bobl ei bod yn amhosibl iddynt gadw ei orchmynion. Torrwyd yr Hen Gyfamod yn gyson.

Addawodd Duw y byddai un dydd yn gwneud Cyfamod *Newydd* â'i bobl. Byddai'r cyfamod hwnnw'n wahanol i'r cyfamod cyntaf: 'Rhof fy nghyfraith o'u mewn, ysgrifennaf hi ar eu calon' (Jeremeia 31.33). Mewn geiriau eraill, o dan y Cyfamod Newydd byddai'r ddeddf yn un fewnol yn hytrach nag yn un allanol. Wrth fynd ar daith gerdded hir byddwch yn cychwyn trwy gario eich holl fwyd ar eich cefn. Mae'r bwyd yn drwm ac yn eich arafu ar eich taith. Ond wedi bwyta'r bwyd, nid yn unig y mae'r pwysau'n llai ond y mae gennych nerth ychwanegol o'ch mewn. Yr hyn a addawodd Duw trwy Jeremeia oedd amser pan na fyddai'r ddeddf bellach yn faich ar y tu fas ond yn gyfrwng nerth o'r tu fewn. *Sut yr oedd hyn yn mynd i ddigwydd?*

Y mae Eseciel yn rhoi'r ateb i ni. Yr oedd ef yn broffwyd, ac fe lefarodd Duw trwyddo, gan roi esboniad pellach ar ei addewid gynharach. Dywedodd Duw trwy Eseciel, 'Rhof i chwi galon newydd, a bydd ysbryd newydd ynoch; tynnaf allan ohonoch y galon garreg, a rhof i chwi galon gig. Rhof fy ysbryd ynoch, a gwneud ichwi ddilyn fy neddfau a gofalu cadw fy ngorchmynion' (Eseciel 36.26-27).

Yr oedd Duw yn dweud trwy'r proffwyd Eseciel mai dyna fyddai'n digwydd wrth i Dduw roi ei Ysbryd o'n mewn. Dyna sut y bydd yn newid ein calonnau, gan eu gwneud yn rhai meddal ('calon gig') yn lle rhai caled ('calon garreg'). Bydd Ysbryd Duw yn ein hysgogi i ddilyn ei gyfreithiau ac i gadw ei ddeddfau.

Treuliodd Jackie Pullinger yr ugain mlynedd diwethaf yn y *'walled city'* Hong Kong, sef ardal o'r ddinas lle nad oedd na deddf na chyfraith yn rheoli. Rhoes ei bywyd i weithio yno gyda phuteiniaid, rhai yn gaeth i heroin a rhai sy'n yn aelodau o'r gangs. Geiriau agoriadol araith gofiadwy o'i heddio yw 'Y mae Duw am inni fod yn rhai â chalonnau meddal a thraed caled. Problem nifer fawr ohonom ni yw bod gennym galonnau caled a thraed meddal.' Dylai Cristnogion fod â thraed caled wrth fod yn gryf yn foesol, yn hytrach nac yn llipa a gwan. Y mae Jackie yn esiampl loyw o hyn yn ei pharodrwydd i fynd heb gwsg, bwyd ac esmwythyd er mwyn gwasanaethu eraill. Eto y mae ganddi hefyd galon feddal: calon yn llawn tosturi. Ei thraed sy'n galed, nid ei chalon.

Yr ydym wedi gweld beth yw ystyr 'addewid y Tad' a sut y byddai'n cael ei gyflawni. Y mae'r proffwyd Joel yn dweud wrthym *i bwy y bydd yn digwydd*. Dywedodd Duw trwy Joel:

> Tywalltaf fy Ysbryd ar bob un.
> Bydd eich meibion a'ch merched yn proffwydo,
> bydd eich hynafgwyr yn gweld breuddwydion,
> a'ch gwŷr ifainc yn cael gweledigaethau.
> Hyd yn oed ar y gweision a'r morynion
> fe dywalltaf fy Ysbryd yn y dyddiau hynny.
> (Joel 2.28-29)

Y mae Joel yn rhagddweud na fydd yr addewid wedi ei gyfyngu bellach i bobl arbennig ar adegau arbennig ar gyfer gwaith arbennig, yn hytrach fe fydd i bawb. Bydd Duw yn tywallt ei ysbryd heb dalu sylw i ryw y derbynnydd ('meibion a merched... gweision a morynion'); heb dalu sylw i oed ('hynafgwyr ... gwŷr ifainc'); heb dalu sylw i gefndir, hil, lliw na safle mewn cymdeithas ('hyd yn oed ar y gweision a'r morynion'). Bydd gallu newydd i glywed yr hyn sydd gan Dduw i'w ddweud ('proffwydo... breuddwydion... gweledigaethau'). Proffwydodd Joel y byddai'r Ysbryd yn cael ei dywallt yn hael iawn ar holl bobl Dduw.

Eto i gyd, heb eu cyflawni y bu'r addewidion yma am o leiaf 300 o flynyddoedd. Bu'r bobl yn aros ac yn aros am weld cyflawni 'addewid y Tad' hyd nes, ar ddyfodiad Iesu y bu cynnydd aruthrol yng ngweithgarwch Ysbryd Duw.

Ar enedigaeth Iesu, y mae'r utgorn yn canu. Llanwyd bron bob un a oedd yn gysylltiedig â genedigaeth Iesu ag Ysbryd Duw. Cafodd Ioan Fedyddiwr, yr un oedd i baratoi'r ffordd, ei lenwi â'r Ysbryd cyn ei enedigaeth (Luc 1.15). Cafodd Mair, ei fam, yr addewid: 'Daw'r Ysbryd Glân arnat, a bydd nerth y Goruchaf yn dy gysgodi' (Luc 1.35). Pan ddaeth Elisabeth, ei chyfnither, i mewn i bresenoldeb

Iesu, a oedd yn dal i fod yng nghroth ei fam, cafodd hithau hefyd ei llenwi â'r Ysbryd Glân (ad.41) a llanwyd hyd yn oed Sechareias, tad Ioan Fedyddiwr, â'r Ysbryd Glân (ad.67). Ac ym mhob achos bron fe welir mawl neu broffwydoliaeth.

Y mae Ioan Fedyddiwr yn gwneud y cysylltiad gyda Iesu

Pan ofynnwyd i Ioan Fedyddiwr ai ef oedd y Crist fe atebodd: 'Yr wyf fi yn eich bedyddio â dŵr; ond y mae un cryfach na mi yn dod. Nid wyf fi'n deilwng i ddatod carrai ei sandalau ef. Bydd ef yn eich bedyddio â'r Ysbryd Glân ac â thân' (Luc 3.16). Y mae bedydd â dŵr yn bwysig, ond nid yw'n ddigon. Y mae Iesu yn bedyddio â'r Ysbryd. Y mae'r gair Groeg am 'fedydd' yn golygu 'ysgubo dros, soddi, trochi, boddi, suddo, gwlychu'n stecs, gwlychu'n wlyb domen'. Dyna beth ddylai ddigwydd inni wrth gael ein bedyddio â'r Ysbryd. Dylai'r Ysbryd ysgubo trosom; dylem gael ein trochi'n llwyr ynddo; cael ein boddi yn Ysbryd Duw.

Weithiau y mae'r profiad yma'n debyg i roi ysbwng caled a sych mewn dŵr. Gall caledwch fod yn ein calonnau sy'n ein hatal rhag sugno i fewn Ysbryd Duw. Gall gymryd ychydig o amser i'r caledwch hynny ddiflannu, ac i'r ysbwng gael ei lenwi. Felly un peth yw hi i'r ysbwng fod yn y dŵr ('bedyddio'), ond peth arall yw i'r dŵr fod yn yr ysbwng ('llenwi'). Pan fydd yr ysbwng wedi'i lenwi â dŵr, y mae'r dŵr yn llifo allan ohono yn llythrennol.

Yr oedd Iesu yn berson oedd wedi'i lenwi'n llwyr ag Ysbryd Duw. Yr oedd Ysbryd Duw wedi disgyn arno mewn ffurf gorfforol adeg ei fedydd (Luc 3.22). Dychwelodd o'r Iorddonen 'yn llawn o'r Ysbryd Glân' (Luc 4.1). Dychwelodd i Galilea 'yn nerth yr Ysbryd' (ad.14). Yn y synagog yn Nasareth fe ddarllenodd y llith o Eseia 61.1, 'Y mae Ysbryd yr Arglwydd arnaf...' gan ddweud, 'Heddiw yn eich clyw chwi y mae'r Ysgrythur hon wedi ei chyflawni' (ad.21).

Iesu yn rhagfynegi presenoldeb yr Ysbryd

Ar un achlysur aeth Iesu i Ŵyl Iddewig a elwid Gŵyl y Pebyll. Byddai miloedd o Iddewon yn tyrru i Jerwsalem ar gyfer ddathlu'r Ŵyl, gan edrych yn ôl i'r adeg pan ddaeth Moses â dŵr o'r graig yn yr anialwch. Byddent yn diolch i Dduw am ddarparu dŵr yn y flwyddyn a aeth heibio ac yn gweddïo y byddai'n parhau i wneud hynny yn y flwyddyn oedd i ddod. Edrychent ymlaen i'r adeg pan fyddai dŵr yn llifo allan o'r deml (fel y proffwydodd Eseciel), gan redeg yn ddyfnach ac yn ddyfnach a dwyn bywyd, ffrwythlondeb a iachâd lle bynnag y llifai (Eseciel 47).

Darllenwyd y darn yma adeg Gŵyl y Pebyll ac fe geisiwyd creu'r peth yn weladwy er mwyn ei wneud yn fyw i'r gwrandawyr. Byddai'r Archoffeiriad yn mynd i lawr i Bwll Siloam ac yn llenwi ystên aur â dŵr. Yna byddai'n arwain y bobl i'r deml lle byddai'n arllwys y dŵr trwy hollt yn ochr orllewinol yr allor er mwyn iddo lifo i fewn i'r ddaear, a hynny mewn disgwyliad am gyflawni'r broffwydoliaeth o afon fawr yn llifo allan o'r deml. Yn ôl traddodiad Rabinaidd, Jerwsalem oedd bogail neu ganol y ddaear a'r deml ar Fynydd Seion oedd canol y bogail.

'Ar ddydd olaf yr Ŵyl ... safodd Iesu a chyhoeddi'n uchel: "Pwy bynnag sy'n sychedig, deued ataf fi ac yfed. Y dyn sy'n credu ynof fi, allan ohono ef [*yn llythrennol*, allan o'i fol, neu'n ddwfn o'i fewn], fel y dywedodd yr Ysgrythur, y bydd ffrydiau o ddŵr bywiol yn llifo"' (Ioan 7.37-38). Yr oedd yn dweud na fyddai addewidion Eseciel yn cael eu cyflawni mewn lle penodol, ond mewn Person penodol. Allan o Iesu, yn ddwfn o'i fewn, y bydd afon bywyd yn llifo. Ac fel canlyniad, ac yn deillio'n uniongyrchol o hynny, byddai ffrydiau o ddŵr bywiol yn llifo allan o bob Cristion! ('Y dyn [*neu* unrhyw un] sy'n credu ynof fi', ad.38). Allan ohonom ni, y mae Iesu'n dweud, y bydd yr afon yma a addawyd gan Dduw trwy Eseciel yn llifo gan ddwyn bywyd, ffrwythlondeb a iachâd i eraill.

Aeth Ioan ymlaen i esbonio fod Iesu yn siarad am yr Ysbryd Glân 'yr oedd y rhai a gredodd ynddo ef yn mynd i'w dderbyn' (ad.38). Ac fe ychwanegodd 'nid oedd yr Ysbryd ganddynt eto' (ad.39). Nid oedd addewid y Tad wedi'i gyflawni eto. Hyd yn oed ar ôl croeshoeliad ac atgyfodiad Iesu, ni chafodd yr Ysbryd ei dywallt. Yn ddiweddarach, dywedodd Iesu wrth ei ddisgyblion, 'Yr wyf fi'n anfon arnoch yr hyn a addawodd fy Nhad, arhoswch yn y ddinas nes eich gwisgo chwi oddi uchod â nerth' (Luc 24.49).

Yn union cyn iddo esgyn i'r nefoedd addawodd Iesu drachefn, 'Fe dderbyniwch nerth wedi i'r Ysbryd Glân ddod arnoch' (Actau 1.8). Ond eto yr oedd yn rhaid iddynt aros am ddeg diwrnod arall. Yna ar Ddydd y Pentecost: 'Yn sydyn fe ddaeth o'r nef sŵn fel gwynt grymus yn rhuthro, ac fe lanwodd yr holl dŷ lle'r oeddent yn eistedd. Ymddangosodd iddynt dafodau fel o dân yn ymrannu ac yn eistedd un ar bob un ohonynt; a llanwyd hwy oll â'r Ysbryd Glân, a dechreusant lefaru â thafodau dieithr, fel yr oedd yr Ysbryd yn rhoi lleferydd iddynt' (Actau 2.2-4).

Yr oedd wedi digwydd. Cyflawnwyd addewid y Tad. Rhyfeddai'r dorf, ac eto nid oeddent yn deall.

Safodd Pedr ac esbonio beth oedd wedi digwydd. Edrychodd yn ôl i addewidion Duw yn yr Hen Destament a dweud sut yr oedd eu holl obeithion a'u dyheadau wedi'u cyflawni nawr o flaen eu llygaid. Esboniodd fod Iesu wedi 'derbyn gan y Tad ei addewid am yr Ysbryd Glân' a'i fod wedi tywallt 'y peth hwn yr ydych chwi yn ei weld a'i glywed' (Actau 2.33).

Pan ofynnodd y dorf iddo beth oedd angen iddynt ei wneud, dywedodd Pedr wrthynt i edifarhau a chael eu bedyddio yn enw Iesu er mwyn iddynt dderbyn

BETH YW BYWYD?

maddeuant. Yna fe addawodd iddynt y byddent yn derbyn yr Ysbryd Glân yn rhodd. Oherwydd, fel y dywedodd: 'i chwi y mae'r addewid, ac i'ch plant ac i *bawb* sydd ymhell, pob un y bydd i'r Arglwydd ein Duw ni ei alw ato' (ad.39, fy mhwyslais i).

Yr ydym yn awr yn byw yn oes yr Ysbryd. Cyflawnwyd addewid y Tad. Y mae pob un Cristion yn derbyn addewid y Tad. Nid yw bellach ar gyfer pobl arbennig ar adeg arbennig ar gyfer tasg arbennig. Y mae ar gyfer *pob* Cristion, gan eich cynnwys chi a mi.

8

Beth mae'r Ysbryd Glân yn ei wneud?

Atebodd Iesu, 'Yn wir, yn wir, 'rwy'n dweud wrthyt, oni chaiff dyn ei eni o ddŵr a'r Ysbryd ni chaiff fynd i mewn i deyrnas Dduw. Yr hyn sydd wedi ei eni o'r cnawd, cnawd yw, a'r hyn sydd wedi ei eni o'r Ysbryd, ysbryd yw. Paid â rhyfeddu imi ddweud wrthyt, 'Y mae'n rhaid eich geni chwi o'r newydd.' Y mae'r gwynt yn chwythu lle y myn, ac yr wyt yn clywed ei sŵn, ond ni wyddost o ble y mae'n dod nac i ble y mae'n mynd. Felly y mae gyda phob un sydd wedi ei eni o'r Ysbryd' (Ioan 3.5-8)

Rhai blynyddoedd yn ôl yr oeddwn mewn eglwys lle'r oedd un o'r athrawon Ysgol Sul yn sôn am yr hyn a ddigwyddodd yn ei dosbarth Ysgol Sul yr wythnos flaenorol. Yr oedd wedi bod yn dysgu'r plant am ddysgeidiaeth Iesu am yr enedigaeth newydd yn Ioan 3.5-8. Ceisiodd esbonio'r gwahaniaeth rhwng ei genedigaeth gorfforol a'i genedigaeth ysbrydol. Wrth geisio cael y plant i drafod dyma hi'n gofyn, 'A ydych yn cael eich geni yn Gristion?' Atebodd un bachgen bach, 'Nag ydych, Miss. Yr ydych yn cael eich geni'n normal!'

Y mae'r frawddeg 'geni o'r newydd' neu 'ail-eni' wedi troi yn ystrydeb erbyn hyn. Daeth yn boblogaidd iawn yn America ac y mae hyd yn oed wedi'i defnyddio i hysbysebu ceir. Mewn gwirionedd, Iesu oedd y cyntaf i ddefnyddio'r disgrifiad hwn am y rhai oedd wedi eu 'geni o'r Ysbryd' (Ioan 3.8).

Caiff baban ei eni fel canlyniad i gyfathrach rywiol rhwng dyn a dynes. Ym myd yr ysbryd, pan ddaw Ysbryd Duw ac ysbryd dyn neu ddynes at ei gilydd y mae bod ysbrydol newydd yn cael ei greu. Y mae genedigaeth o'r newydd yn digwydd, genedigaeth ysbrydol. Dyna oedd Iesu yn sôn amdano pan ddywedodd, 'Y mae'n rhaid eich geni chwi o'r newydd.'

Yr oedd Iesu yn dweud nad oedd genedigaeth gorfforol yn ddigon. Mae angen inni gael ein geni o'r newydd o'r Ysbryd. Dyna sy'n digwydd wrth inni ddod yn Gristnogion. Y mae pob un Cristion wedi ei eni o'r newydd. Efallai nad ydym yn medru nodi'r union adeg y digwyddodd hynny i ni, ond yn union fel yr ydym yn gwybod a ydym yn fyw yn gorfforol neu beidio, felly hefyd y dylem wybod a ydym yn fyw yn ysbrydol.

Wrth ein geni yn gorfforol, yr ydym yn cael ein geni i mewn i deulu. Pan gawn ein geni o'r newydd yn ysbrydol, yr ydym yn cael ein geni i mewn i deulu Cristnogol. Gellir edrych ar lawer o waith yr Ysbryd mewn termau teuluol. Ef sy'n ein sicrhau ni o'n perthynas gyda'n Tad ac yn ein cynorthwyo ni i ddatblygu'r berthynas honno. Ef sy'n creu ynom ni y tebygrwydd y mae teuluoedd yn ei rannu. Ef sy'n ein huno ni â'n brodyr a'n chwiorydd, gan roi i bob aelod o'r teulu wahanol ddoniau a galluoedd. Ac ef sy'n galluogi'r teulu i dyfu o ran maint.

Yn y bennod hon byddwn yn edrych ar bob un o'r agweddau yma ar ei waith ef ynom ni fel Cristnogion. Hyd nes inni ddod yn Gristnogion prif waith yr Ysbryd yw ein hargyhoeddi ni o'n pechod ac o'n hangen am Iesu Grist, ein hargyhoeddi am y gwirionedd a'n galluogi ni i roi ein ffydd ynddo ef (Ioan 16.7-15).

Meibion a Merched Duw

Wrth ddod at Grist yr ydym yn derbyn maddeuant llawn. Tynnir ymaith y rhwystr oedd rhyngom â Duw. Dywed Paul, 'Nid yw'r rhai sydd yng Nghrist Iesu dan gollfarn o unrhyw fath' (Rhufeiniaid 8.1). Cymerodd Iesu ein pechodau ni i gyd — rhai'r gorffennol, y presennol a'r dyfodol. Y mae Iesu yn cymryd ein pechodau i gyd ac yn eu claddu yn eigion y môr (Micha 7.19), ac fel yr arferai'r awdures Iseldireg Corrie Ten Boom ei ddweud, 'Y mae'n codi arwydd wedyn i ddweud "Dim pysgota".'

Nid yn unig y mae'n dileu bob dim oedd yn ein herbyn, ond y mae hefyd yn dod â ni i mewn i berthynas â Duw fel meibion a merched iddo. Nid yw pob gŵr a gwraig yn blant i Dduw yn yr ystyr yma, er ein bod i gyd wedi'n creu gan Dduw. Dim ond i'r rhai sydd yn derbyn Iesu, y rhai sy'n credu yn ei enw ef, y mae'n rhoi'r 'hawl i ddod yn blant Duw' (Ioan 1.12). Nid peth naturiol yw bod yn fab (neu'n ferch) yn y Testament Newydd, y mae'n beth ysbrydol. Yr ydym yn dod yn feibion a merched i Dduw nid trwy gael ein geni, ond trwy gael ein geni o'r newydd o'r Ysbryd.

Disgrifiwyd y Llythyr at y Rhufeiniaid fel Mynyddoedd Himalaya y Testament Newydd. Pennod 8 yw Everest, ac yn hawdd iawn fe ellid disgrifio adnodau 14-17 fel copa'r mynydd hwnnw.

> Y mae pawb sy'n cael ei harwain gan Ysbryd Duw yn feibion Duw. Oherwydd nid yw'r Ysbryd a dderbyniasoch yn eich gwneud unwaith eto yn gaethweision ofn; yn hytrach, yn eich gwneud yn feibion y mae, trwy fabwysiad, ac yr ydym yn llefain, 'Abba! Dad!' Y mae'r Ysbryd ei hun yn cyd-dystiolaethu â'n hysbryd ni, ein bod yn blant i Dduw. Ac os plant, etifeddion hefyd, etifeddion Duw a chydetifeddion â Christ, oherwydd yr ydym yn cyfranogi o'i ddioddefaint ef er mwyn cyfranogi o'i ogoniant hefyd (Rhufeiniaid 8.14-17).

Yn y lle cyntaf oll, nid oes braint fwy na bod yn blentyn i Dduw. O dan gyfraith Rhufain petai rhywun am etifedd gallai ddewis un o'i feibion ei hun neu

BETH YW BYWYD?

fabwysiadu mab. Dim ond un Mab sydd gan Dduw — Iesu, ond y mae ganddo lawer o feibion a merched trwy fabwysiad. Ceir hen chwedl am frenin sy'n mabwysiadu plant tlawd ei deyrnas ac yn eu gwneud yn dywysogion a thywysogesau. Yng Nghrist gwireddwyd y chwedl hon. Cawsom ein mabwysiadu i mewn i deulu Duw. Nid oes anrhydedd mwy na hyn i'w gael.

Mwynwr meddw a gwyllt oedd Billy Bray. Fe'i ganwyd yng Nghernyw yn 1794. Pan yn ddau ddeg naw mlwydd oed fe ddaeth yn Gristion. Aeth adref at ei wraig a dweud wrthi, 'Wnei di byth fy ngweld i'n feddw eto, gyda chymorth yr Arglwydd.' Felly y bu. Yr oedd gan ei eiriau, ei oslef a'i olwg y gallu rhyfeddol i ddenu. Yr oedd yn llawn o drydan dwyfol. Tyrrai torfeydd o fwynwyr ato i wrando arno'n pregethu. Trwy ei weinidogaeth ef cafodd llawer dröedigaeth ac fe welwyd rhai yn cael eu hiacháu'n wyrthiol. Byddai'n wastad yn moli Duw ac yn dweud fod ganddo reswm digonol i'w foli. Disgrifiai ei hun fel 'y tywysog ifanc.' Yr oedd yn fab trwy fabwysiad i Dduw, Brenin y brenhinoedd ac felly yn dywysog, ac yn berchen ar hawl a braint frenhinol. Ei hoff ddywediad oedd, 'Yr wyf yn fab i Frenin.'[34]

Unwaith inni wybod beth yw ein statws fel meibion a merched mawbysiedig Duw, yr ydym yn sylweddoli nad oes statws arall yn y byd sy'n cymharu â'r fraint o fod yn blentyn i Greawdwr yr hollfyd.

Yn ail, fel plant, y mae gennym y berthynas agosaf bosibl â Duw. Nid yw Duw yn cael ei gyfarch yn uniongyrchol fel Tad yn yr Hen Destament o gwbl. Y mae Paul yn dweud ein bod ni trwy'r Ysbryd yn llefain 'Abba! Dad!' Rhywbeth arbennig i Iesu oedd defnyddio'r gair 'Abba' i gyfarch Duw. Y mae bron yn amhosibl cyfieithu y gair Aramaeg *Abba*. Efallai yr agosaf fyddai rhywbeth fel 'annwyl Dad' neu 'Dadi'. Y mae'r gair 'Dadi' yn dueddol o awgrymu i ni rhyw gyfeillgarwch plentynnaidd rhwng rhiant a phlant, tra yn amser Iesu yr oedd y tad yn ffigwr awdurdod. Y mae 'Abba', yn enw sy'n awgrymu agosatrwydd ond nid oes dim yn blentynnaidd amdano. Dyma'r enw a ddefnyddiai Iesu wrth siarad â Duw. Y mae Iesu yn caniatáu i ni rannu yn y berthynas agos hon pan dderbyniwn ei Ysbryd. 'Oherwydd nid yw'r Ysbryd a dderbyniasoch yn eich gwneud unwaith eto yn gaethweision ofn; yn hytrach, yn eich gwneud yn feibion y mae' (ad.15). Dywedodd John Wesley, dyn a oedd yn grefyddol iawn cyn ei dröedigaeth, am ei dröedigaeth ei hun, 'Cyfnewidiais ffydd gwas am ffydd mab.'

Yn drydydd, y mae'r Ysbryd yn rhoi inni'r profiad dyfnaf posibl o Dduw. 'Y mae'r Ysbryd ei hun yn cyd-dystiolaethu â'n hysbryd ni, ein bod yn blant i Dduw' (ad.16). Y mae am i ni wybod, yn ddwfn o'n mewn, yng ngwreiddyn ein bod, ein bod yn blant i Dduw. Yn yr un modd ag yr wyf i am i fy mhlant wybod a phrofi fy nghariad a'm perthynas i gyda hwy, y mae Duw am i'w blant yntau fod yn sicr o'r cariad hwnnw ac o'r berthynas honno.

Dyn a brofodd hyn yn weddol ddiweddar yn ei fywyd yw'r Esgob Bill Burnett o Dde Affrica. Ar un adeg ef oedd Archesgob Kaapstad (Capetown). Clywais ef yn adrodd ei hanes, 'Pan ddes yn esgob yr oeddwn yn credu mewn diwinyddiaeth [y gwirionedd am Dduw], ond nid yn Nuw. Yn ymarferol yr oeddwn fel un nad oedd yn credu. Ceisiwn gyfiawnder trwy wneud daioni.' Un dydd, wedi iddo fod yn esgob am ryw bymtheng mlynedd, aeth i bregethu mewn gwasanaeth conffyrmasiwn ar destun allan o'r llythyr at y Rhufeiniaid, 'Y mae cariad Duw eisoes wedi ei dywallt yn ein calonnau trwy'r Ysbryd Glân y mae ef wedi ei roi i ni' (Rhufeiniaid 5.5). Wedi iddo bregethu, daeth adref, cymryd diod ac yr oedd wrthi'n darllen y papur pan deimlodd fod yr Arglwydd yn dweud wrtho, 'Dos i weddïo.' Aeth i mewn i'w gapel, penlinio mewn tawelwch a theimlo'r Arglwydd yn siarad ag ef eto, 'Yr wyf am dy gorff di i gyd.' Nid oedd yn deall pam (y mae'n dal ac yn denau ac fel y mae'n dweud ei hun, 'Nid wyf yn Mr Universe mewn unrhyw ystyr'). Eto, fe roes ei hun yn gyfan gwbl i'r Arglwydd. 'Yna,' meddai, 'fe ddigwyddodd yr hyn yr oeddwn wedi pregethu amdano. Profais nerth trydanol cariad Duw.' Cafodd ei hun yn gorwedd ar y llawer a chlywodd yr Arglwydd yn dweud, 'Yr wyt yn fab i mi.' Pan gododd ar ei draed gwyddai fod rhywbeth wedi digwydd iddo. Profodd hyn yn drobwynt yn ei fywyd. Ers hynny, trwy ei weinidogaeth, y mae llawer o bobl eraill wedi dod i brofi eu bod yn blant i Dduw trwy dystiolaeth yr Ysbryd Glân.

Yn bedwerydd, y mae Paul yn dweud wrthym fod bod yn fab neu'n ferch i Dduw yn rhoi inni'r gobaith sicraf posibl. Oherwydd os ydym yn blant i Dduw yr ydym yn 'etifeddion hefyd, etifeddion Duw a chydetifeddion â Christ' (Rhufeiniaid 8.17). O dan gyfraith Rhufain byddai mab mabwysiedig yn cymryd arno enw ei dad ac etifeddu ei stad. Fel plant i Dduw yr ydym yn etifeddion iddo. Yr unig wahaniaeth yw ein bod yn etifeddu, nid ar farwolaeth ein tad, ond adeg ein marwolaeth ninnau. Dyna pham bod Billy Bray yn llawn cyffro wrth feddwl 'fod ei Dad nefol wedi cadw gwynfyd a gogoniant tragwyddol' ar ei gyfer. Byddwn ni yn mwynhau tragwyddoldeb o gariad gyda Iesu.

Y mae Paul yn ychwanegu, 'yr ydym yn cyfranogi o'i ddioddefaint ef er mwyn cyfranogi o'i ogoniant hefyd' (ad.17). Nid amod yw hyn ond sylw. Y mae Cristnogion yn uniaethu eu hunain â Iesu Grist. Gall hyn olygu cael eich gwrthod a chael gwrthwynebiad nawr, ond nid yw'n ddim o'i gymharu â'n hetifeddiaeth ni fel plant Duw.

Datblygu'r berthynas

Nid dim ond uchafbwynt cyfnod o ddisgwyl yw genedigaeth; y mae hefyd yn ddechrau bywyd newydd a pherthynas newydd. Tyfu a dyfnhau a wna ein perthynas gyda'n rhieni dros gyfnod hir. Y mae'n digwydd wrth inni dreulio amser gyda hwy; nid rhywbeth sy'n digwydd dros nos yw hyn o gwbl.

BETH YW BYWYD?

Y mae'n perthynas ni â Duw, fel y gwelwyd mewn penodau cynharach, yn tyfu ac yn datblygu wrth inni dreulio amser gydag ef. Ysbryd Duw sy'n ein cynorthwyo i ddatblygu ein perthynas gyda Duw ei hun. Daw â ni i mewn i bresenoldeb y Tad. 'Oherwydd trwyddo ef [Iesu] y mae gennym ni ein dau [Iddewon a'r rhai nad ydynt yn Iddewon fel ei gilydd] ffordd i ddod, mewn un Ysbryd, at y Tad' (Effesiaid 2.18). Trwy Iesu, yn yr Ysbryd, y mae gennym ffordd i ddod i mewn i bresenoldeb Duw.

Trwy ei farwolaeth ar y groes, tynnodd Iesu ymaith y rhwystr oedd yn dod rhyngom ni â Duw. Dyna pam yr ydym yn medru dod i mewn i bresenoldeb Duw. Yn aml iawn nid ydym yn gwerthfawrogi hynny wrth inni weddïo.

Pan oeddwn yn y brifysgol yr oedd gennyf ystafell uwchben Banc Barclays yn y Stryd Fawr. Byddai nifer ohonom yn cyfarfod yno yn aml iawn i fwyta cinio, ac un diwrnod yr oeddem yn trafod a oedd hi'n bosibl clywed yr holl sŵn oedd gennym yn y banc oddi tanom. Er mwyn cael ateb penderfynwyd arbrofi. Anfonwyd Kay i lawr i'r banc. Gan ei bod yn amser cinio yr oedd y lle o dan ei sang. Yr oeddem wedi trefnu i gynyddu'r sŵn yn raddol yn yr ystafell. I ddechrau byddai un yn neidio i fyny ac i lawr ar y llawr, yna dau ohonom, wedyn tri, pedwar, ac yn olaf, pump. Wedyn byddem ni'n neidio oddi ar gadeiriau ac wedyn oddi ar y ford. Roeddem am wybod pryd fyddai'r sŵn i'w glywed yn y banc odditanom.

Fel y digwyddodd hi yr oedd nenfwd y banc yn llawer teneuach nag yr oeddem wedi tybio. Gellid clywed y naid gyntaf yn blaen. Gwnaeth yr ail sŵn mawr. Wedi'r pumed, a oedd yn swnio fel storm daranau, yr oedd pawb yn y banc wedi tawelu. Yr oed pawb hefyd wedi peidio â'u busnes ac yn edrych i fyny tua'r nenfwd yn dyfalu beth oedd yn mynd i ddigwydd nesaf. Safai Kay reit yng nghanol y banc yn meddwl, 'Beth wna i? Os af i mas nawr bydd hynny'n edrych yn od iawn; ond os wna i aros bydd pethau'n mynd yn waeth!' Penderfynodd aros. Cynyddu a chynyddu wnaeth y sŵn a chyn bo hir dechreuodd darnau syrthio o'r nenfwd. Y foment honno, gan ofni y byddai'r nenfwd yn syrthio i mewn ar y banc, rhedodd Kay nerth ei thraed i ddweud wrthym ni ei bod hi'n bosibl ein clywed yn y banc!

Felly, trwy Iesu, y mae'r rhwystr wedi'i symud, y mae Duw yn ein clywed pan yr ydym yn gweddïo. Y mae gennym fynediad dilyffethair i'w bresenoldeb, yn yr Ysbryd. Nid oes angen inni neidio i fyny ac i lawr i gael ei sylw!

Nid yn unig y mae'r Ysbryd yn dod â ni i mewn i bresenoldeb Duw, y mae hefyd yn ein cynorthwyo i weddïo (Rhufeiniaid 8.26). Nid lle yr ydym yn gweddïo sy'n bwysig, nid ein hosgo, nac ychwaith a ydym yn defnyddio ffurfiau gosodedig ai peidio; yr hyn sy'n bwysig yw a ydym yn gweddïo yn yr Ysbryd. Dylai pob gweddi fod o dan arweiniad yr Ysbryd. Heb ei gymorth ef gall gweddi yn hawdd iawn droi yn rhywbeth difywyd a diflas. Yn yr Ysbryd yr ydym yn cael ein cipio i fyny yn y Duwdod a daw'n weithgarwch pwysicaf ein bywydau.

Rhan arall o ddatblygu ein perthynas â Duw yw deall beth y mae ef yn ei ddweud wrthym ni. Dywed Paul, 'Fy ngweddi yw, ar i Dduw ein Harglwydd Iesu Grist, Tad y gogoniant, roi i chwi, yn eich adnabyddiaeth ohono ef, yr Ysbryd sy'n rhoi doethineb a datguddiad. Bydded iddo oleuo llygaid eich deall...' (Effesiaid 1.17-18). Ysbryd doethineb a datguddiad yw Ysbryd Duw. Er enghraifft, y mae'n goleuo llygaid ein deall er mwyn inni ddeall beth mae Duw yn ei ddweud trwy'r Beibl.

Cyn dod yn Gristion darllenwn a gwrandawn ar y Beibl yn gyson iawn, ond nid oeddwn yn ei ddeall. Nid oedd yn golygu dim i mi am nad oedd gennyf Ysbryd Duw i'w ddehongli. Ysbryd Duw yw'r dehonglwr gorau o beth mae Duw wedi'i ddweud.

Heb i'r Ysbryd Glân oleuo llygaid ein deall ni fyddem byth yn medru deall beth yw Cristnogaeth. Gallwn weld digon i wneud cam o ffydd, nid mentro mewn dallineb; ond mae gwir ddealltwriaeth yn dilyn ffydd. Dywedodd Awstin Sant, 'Yr wyf yn credu er mwyn imi ddeall.' Dim ond pan yr ydym yn credu ac yn derbyn yr Ysbryd y gallwn ddeall datguddiad Duw mewn gwirionedd.

Y mae Ysbryd Duw yn ein cynorthwyo i ddatblygu ein perthynas â Duw ac y mae'n ein galluogi i gynnal y berthynas honno. Mae pobl yn poeni'n aml iawn na fyddant yn medru cadw at y bywyd Cristnogol. Maent yn iawn i boeni am hyn. Ni allwn gadw i fynd ar ein pennau ein hunain, ond y mae Duw trwy ei Ysbryd yn ein cadw i fynd. Yr Ysbryd sydd yn ein dwyn ni i mewn i berthynas â Duw a'r Ysbryd sydd yn cynnal y berthynas honno. Yr ydym yn gwbl ddibynnol arno ef.

Tebygrwydd teuluol

Y mae bob amser yn rhyfeddod i mi weld sut y mae plant yn dod i edrych yn debyg i'w rhieni, a'r rhieni ar yr un pryd mor wahanol i'w gilydd. Weithiau y mae hyd yn oed gwŷr a gwragedd yn dod i edrych fel ei gilydd wrth iddynt dreulio mwy a mwy o amser gyda'i gilydd dros y blynyddoedd!

Wrth inni dreulio amser ym mhresenoldeb Duw, y mae Ysbryd Duw yn ein trawsnewid ni. Y mae Paul yn ysgrifennu, 'Yr ydym ni i gyd, heb orchudd ar ein hwyneb, yn edrych, fel mewn drych, ar ogoniant yr Arglwydd ac yn cael ein trawsffurfio o ogoniant i ogoniant, yn wir lun ohono ef. A gwaith yr Arglwydd, yr Ysbryd, yw hyn' (2 Corinthiaid 3.18). Yr ydym yn cael ein trawsnewid ar lun moesol Iesu Grist. Y mae ffrwyth yr Ysbryd yn cael ei ddatblygu yn ein bywydau. Dywed Paul wrthym mai 'ffrwyth yr Ysbryd yw cariad, llawenydd, tangnefedd, goddefgarwch, caredigrwydd, daioni, ffyddlondeb, addfwynder, hunan-ddisgyblaeth' (Galatiaid 5.22). Dyma'r nodweddion y mae Ysbryd Duw yn eu datblygu yn ein bywydau. Nid ydym yn dod yn berffaith o bell ffordd, ond dros gyfnod o amser fe ddylem newid.

Ffrwyth cyntaf a phwysicaf yr Ysbryd yw cariad. Y mae cariad reit yng nghanol y ffydd Gristnogol. Hanes cariad Duw tuag atom ni yw'r Beibl. Ei ddymuniad ef yw i ni ymateb trwy ei garu ef, a charu ein cymydog. Tystiolaeth i waith yr Ysbryd yn ein bywydau yw cynnydd yn ein cariad tuag at Dduw a chynnydd yn ein cariad tuag at eraill. Heb y cariad yma y mae popeth arall yn ddim.

Yn ail y mae Paul yn rhestru llawenydd. Fel hyn y dywedodd y newyddiadurwr Malcolm Muggeridge: 'Y peth sy'n fwyaf nodweddiadol a mwyaf dyrchafol o brofiadau tröedigaeth yw'r ymgolli llwyr — y llawenydd nad yw'n bosib ei fynegi sy'n llenwi ein holl fod, yn gwneud i'n hofnau i ddiflannu'n ddim, a throi ein holl ddisgwyliadau tua'r nefoedd.'[35] Nid yw'r llawenydd yma yn dibynnu ar amgylchiadau allanol chwaith; y mae'n dod o'r Ysbryd oddi fewn. Disgrifiodd Richard Wurmbrand, un a garcharwyd am flynyddoedd ac a boenydiwyd am ei ffydd, y llawenydd fel hyn: 'Ar fy mhen fy hun yn fy nghell, yn oer, yn llwgu, ac mewn carpiau, yr oeddwn yn dawnsio o lawenydd bob nos... weithiau yr oeddwn wedi fy llenwi â chymaint o lawenydd fel y teimlwn y byddwn yn ffrwydro petawn heb roi mynegiant iddo.'[36]

Y trydydd ffrwyth sy'n cael ei restru gan Paul yw tangnefedd. Ar wahân i Grist, rhyw fath o losinen feddal ysbrydol yw tangnefedd mewnol, y mae'n felys iawn ond nid oes iddo ddim sylwedd o gwbl. Y mae'r gair Groeg a'r gair Hebraeg cyfystyr *shalom* y golygu 'cyfanrwydd', 'iachusrwydd', 'lles' a 'bod yn un â Duw.' Y mae yna ddyhead o fewn pob calon am dangnefedd felly. Dywedodd Epictetus, meddyliwr paganaidd o'r ganrif gyntaf, 'Tra bod yr Ymerawdwr yn medru sicrhau heddwch rhag rhyfel ar dir a môr, nid yw'n medru rhoi tangnefedd rhag teimladau, gofid, galar ac eiddigedd. Ni all roi tangnefedd calon, y tangnefedd y mae'r ddynoliaeth yn ei geisio yn fwy nag unrhyw heddwch allanol.'

Y mae'n rhyfeddol gweld y rhai y trawsnewidiwyd eu cymeriadau i fod yn debyg i Iesu Grist wrth i holl ffrwyth yr Ysbryd dyfu yn ei bywydau. Dywedodd gwraig yn ei hwythdegau am ei chyn-ficer, 'Y mae'n mynd yn fwy ac yn fwy tebyg i'n Harglwydd.' Ni allaf feddwl am yr un deyrnged fwy na honno. Gwaith Ysbryd Duw yw ein gwneud yn fwy tebyg i Iesu fel ein bod yn taenu ar led bersawr yr adnabyddiaeth ohono ef i ba le bynnag yr awn (2 Corinthiaid 2.14).

Undeb yn y teulu

Pan ddown at Grist yr ydym yn dod yn feibion ac yn ferched i Dduw ac yn aelodau o deulu enfawr. Dymuniad Duw, fel dymuniad pob rhiant, yw ar i'r teulu fod yn un. Gweddïodd Iesu am undeb rhwng ei ddilynwyr (Ioan 17), ac fe blediodd Paul ar Gristnogion Effesus 'gadw, â rhwymyn tangnefedd, *yr undod y mae'r Ysbryd yn ei roi*' (Effesiaid 4.3, fy mhwyslais i).

Y mae'r un Ysbryd Glân yn byw ym mywydau pob Cristion lle bynnag y maent; beth bynnag yw eu henwad, cefndir, lliw neu hil. Yr un Ysbryd sydd ym mhob plentyn i Dduw a'i ddymuniad ef yw i ni fod yn unol. Yn wir, y mae'n nonsens i'r eglwys fod yn rhanedig oherwydd *un* corff sydd, ac *un* Ysbryd... *un* yw'r gobaith... *un* Arglwydd, *un* ffydd, *un* bedydd, *un* Duw a Thad i *bawb*, yr hwn sydd goruwch *pawb*, ac ym *mhawb*' (Effesiaid 4.4-6, fy mhwyslais i).

Yr un Ysbryd sy'n byw mewn Cristnogion yn Rwsia, China, Affrica, America, a Chymru neu lle bynnag. Mewn un ystyr nid yw enwad o bwys o gwbl - Catholigion Rhufeinig neu Brotestaniaid; Lutheriaid, Methodistiaid, Bedyddwyr, Pentecostaliaid, Anglicanaidd neu Annibynwyr. Yr hyn sy'n bwysicach yw a yw Ysbryd Duw gennym ai peidio. Os yw pobl ag Ysbryd Duw yn byw ynddynt, yna maent yn Gristnogion, ac yn frodyr ac yn chwiorydd i ni. Y mae'n fraint enfawr i fod yn rhan o'r teulu mawr hwn; un o'r pethau hyfryd am ddod at Grist yw profi'r undeb hwn. Y mae yna agosatrwydd a dyfnder yn ein perthynas yn yr eglwys Gristnogol nad wyf wedi dod ar ei draws y tu fas iddi. Rhaid i ni wneud pob ymdrech i gadw'r undeb yma yn yr Ysbryd ar bob lefel: yn ein grwpiau llai, cynulleidfaoedd, eglwys leol a'r eglwys drwy'r byd i gyd.

Rhoddion i'r plant i gyd

Er bod tebygrwydd teuluol a, gobeithio, undeb yn y teulu, y mae hefyd llawer iawn o amrywiaeth oddi fewn iddo. Nid oes dau blentyn yn union yr un fath — ddim hyd yn oed pan maent yn efeilliaid tebyg i'w gilydd. Felly y mae yng nghorff Crist. Y mae pob Cristion yn wahanol; y mae gan bob un ei gyfraniad i'w wneud, y mae gan bob un ei ddawn. Yn y Testament Newydd ceir rhestrau o rai o'r rhoddion neu'r doniau y mae'r Ysbryd yn eu rhoi. Yn 1 Corinthiaid y mae Paul yn rhestru naw rhodd:

> Rhoddir amlygiad o'r Ysbryd i bob un, er lles pawb. Oherwydd fe roddir i un trwy'r Ysbryd, lefaru doethineb; i un arall, lefaru gwybodaeth, yn ôl yr un Ysbryd; i un arall rhoddir ffydd, trwy'r un Ysbryd; i un arall ddoniau iacháu, yn yr un Ysbryd; i un arall gyflawni gwyrthiau, i un arall broffwydo, i un arall lefaru â thafodau, i un arall ddehongli tafodau. A'r holl bethau hyn, yr un a'r unrhyw Ysbryd sydd yn eu gweithredu, gan rannu, yn ôl ei ewyllys, i bob un ar wahân (1 Corinthiaid 12.7-11).

Mewn mannau eraill y mae'n sôn am ddoniau neu roddion eraill: apostolion, athrawon, cynorthwyo, cyfarwyddo (1 Corinthiaid 12.28-30) efengylwyr a bugeiliaid (Effesiaid 4), gweini, rhannu ag eraill, arweinydd, dangos tosturi (Rhufeiniaid 12.7-8), lletygarwch, llefaru (1 Pedr 4). Yn ddiamau ni fwriadwyd i'r rhestrau yma fod yn rhai cyflawn.

Y mae pob rhodd a dawn dda yn dod oddi wrth Dduw, hyd yn oed os yw rhai ohonynt, fel cyflawni gwyrthiau, yn arddangos yn fwy amlwg weithredoedd anarferol Duw yn ei fyd. Y mae doniau ysbrydol yn cynnwys y talentau naturiol sydd wedi cael eu trawsnewid gan yr Ysbryd Glân. Fel y nododd y diwinydd Almaenig Jürgen Moltmann, 'Mewn egwyddor gall pob gallu neu botensial dynol fod yn garismataidd [hy. yn rhodd yr Ysbryd] wrth i berson gael ei alw, ond iddynt gael eu defnyddio yng Nghrist.'

Rhoddir y doniau hyn i bob Cristion. Y mae'r frawddeg 'i bob un' yn rhedeg fel llinyn trwy 1 Corinthiaid 12. Y mae pob Cristion yn rhan o gorff Crist. Y mae nifer o wahanol aelodau, ond un corff (ad.12). Yr ydym i gyd yn cael ein bedyddio mewn un Ysbryd (ad.13). Rhoddwyd yr un Ysbryd i ni i'w yfed (ad.13). Nid oes y fath beth â Christnogion dosbarth cyntaf ac ail ddosbarth. Y mae pob Cristion yn derbyn yr Ysbryd. Y mae gan bob Cristion ddoniau ysbrydol.

Y mae angen dybryd i'r doniau yma gael eu hymarfer. Un o broblemau mawr yr eglwys yn gyffredinol yw fod cyn lleied yn ymarfer eu doniau. Dywedodd yr arbenigwr ar dwf eglwysig, Eddie Gibbs, 'Nid yw'r lefel uchel o ddiweithdra yn y wladwriaeth yn ddim o'i gymharu â'r lefel diweithdra sydd yn yr eglwys.'[37] O ganlyniad, gadewir i ychydig o bobl wneud popeth a blino'n lân, tra bo'r gweddill heb eu defnyddio o gwbl. Cyffelybwyd yr eglwys i gêm bêl-droed lle mae miloedd o bobl sydd ag angen dybryd am ymarfer corff yn gwylio dau ddeg dau o bobl sydd ag angen dybryd am orffwys!

Ni all yr eglwys weithio i'w heffeithlonrwydd uchaf nes bod pawb yn chwarae ei ran. Fel y dywedodd David Watson, awdur ac arweinydd eglwysig, 'Mewn gwahanol draddodiadau y mae'r eglwys wedi bod ers blynyddoedd un ai wedi'i chanoli ar y pulpud neu ar yr allor. Yn y ddwy sefyllfa y mae'r rhan bwysicaf o lawer wedi bod yn eiddo i'r gweinidog neu'r offeiriad.'[38] Pan fydd pob person yn defnyddio ei ddoniau yna bydd yr eglwys yn gweithio yn fwyaf effeithiol.

Y mae Ysbryd Duw yn rhoi doniau neu roddion i bob yr un ohonom. Nid yw Duw yn mynnu ein bod â llawer o ddoniau, ond y mae yn mynnu ein bod yn defnyddio yr hyn sydd gennym, ac inni ddeisyfu mwy ohonynt (1 Corinthiaid 12.31; 14.1).

Teulu sy'n tyfu

Y mae'n naturiol i deuluoedd dyfu. Dywedodd Duw wrth Adda ac Efa, 'Byddwch ffrwythlon ac amlhewch.' Dylai fod yn naturiol felly i deulu Duw dyfu hefyd. Unwaith eto, dyma waith yr Ysbryd. Dywedodd Iesu, 'Derbyniwch nerth wedi i'r Ysbryd Glân ddod arnoch, a byddwch yn dystion i mi yn Jerwsalem, ac yn holl Jwdea a Samaria, a hyd eithaf y ddaear' (Actau 1.8).

Y mae Ysbryd Duw yn rhoi inni'r dymuniad a'r gallu i ddweud wrth eraill. Y mae'r dramodydd Murray Watts yn adrodd hanes gŵr ifanc oedd yn argyhoeddedig o wirionedd Cristnogaeth, ond yr oedd wedi'i barlysu gan ofn wrth hyd yn oed feddwl am orfod cyfaddef ei fod yn 'Gristion.' Yr oedd y syniad o ddweud wrth eraill am ei ffydd newydd, gyda'r perygl o gael ei labelu'n ffanatig crefyddol, yn ei arswydo.

Am wythnosau lawer ceisiodd gau pob ystyriaeth am grefydd allan o'i feddwl, ond nid oedd o unrhyw werth. Yr oedd fel petai'n clywed rhywun yn sibrwd yn ei gydwybod, drosodd a throsodd, 'Canlyn fi.'

Yn y diwedd ni allai ddioddef mwy ac fe aeth at hen ŵr, a oedd wedi bod yn Gristion am yn agos i ganrif. Dywedodd wrtho am ei hunllef, y baich ofnadwy o 'dystio am y goleuni', a sut yr oedd yn ei atal rhag dod yn Gristion. Ochneidiodd y dyn a siglo'i ben. 'Dyna fater rhyngot ti â Christ,' meddai. 'Pam wyt ti'n dod â phobl eraill i mewn i'r darlun o gwbl?' Yn araf dechreuodd y gŵr ifanc ddeall.

'Dos adref,' meddai'r hen ŵr. 'Dos i'th ystafell wely. Anghofia am y byd mawr tu fas. Anghofia am dy deulu, a gwna'r peth yn rhywbeth dirgel rhyngot ti â Duw.'

Teimlai'r gŵr ifanc fod baich wedi disgyn oddi ar ei ysgwyddau wrth i'r hen ŵr siarad. Gofynnodd 'Beth ydych yn ei olygu? Nad oes rhaid imi ddweud wrth neb?'

'Nac oes,' meddai'r hen ŵr.

'Neb o gwbl?'

'Nac oes, neb o gwbl os nad wyt ti am wneud hynny.' Nid oedd neb wedi mentro rhoi'r cyngor hwn iddo o'r blaen.

'Ydych chi'n *siŵr?*' holodd y gŵr ifanc, gan ddechrau crynu mewn disgwylgarwch. 'A ydy hyn yn iawn?'

'Mae'n iawn i ti,' meddai'r hen ŵr.

Felly aeth y gŵr ifanc adref, penliniodd mewn gweddi ac fe droes at Grist. Ar unwaith y mae'n rhedeg i lawr y grisiau ac i mewn i'r gegin. Yno yr oedd ei wraig, ei dad a thri o'i gyfeillion. 'Ydych chi'n sylweddoli,' meddai, 'y gallwch fod yn Gristion heb ddweud wrth neb arall?'[39]

Pan gawn brofiad o Ysbryd Duw fe fyddwn am ddweud wrth eraill. Wrth inni wneud hynny, y mae'r teulu yn tyfu. Ni ddylai'r teulu Cristnogol fyth aros yn yr unfan. Dylai fod yn tyfu'n gyson ac yn denu pobl newydd, rhai a fydd yn eu tro yn derbyn nerth yr Ysbryd Glân ac yn mynd allan i ddweud wrth eraill am Iesu.

Yr wyf wedi pwysleisio trwy gydol y bennod hon fod yr Ysbryd Glân yn byw ym mhob Cristion. Dywed Paul, 'Pwy bynnag sydd heb Ysbryd Crist, nid eiddo Crist mo hwnnw' (Rhufeiniaid 8.9). Eto nid yw bob Cristion wedi'i lenwi â'r Ysbryd. Y mae Paul yn ysgrifennu at Gristnogion Effesus ac yn dweud, 'Llanwer chwi â'r Ysbryd; (Effesiaid 5.18). Yn y bennod nesaf byddwn yn edrych ar sut y gallwn ni gael ein llenwi â'r Ysbryd.

BETH YW BYWYD?

Dechreuais y bennod flaenorol gyda Genesis 1.1-2 (adnodau cyntaf y Beibl) ac yr wyf am orffen y bennod hon wrth edrych ar Datguddiad 22.17 (un o adnodau olaf y Beibl). Y mae Ysbryd Duw yn gweithio trwy'r Beibl o Genesis i Datguddiad.

'Y mae'r Ysbryd a'r briodferch yn dweud, "Tyrd"; a'r hwn sy'n clywed, dyweded yntau, "Tyrd." A'r hwn sy'n sychedig, deued ymlaen, a'r hwn sydd yn ei ddymuno, derbynied ddŵr y bywyd yn rhad' (Datguddiad 22.17).

Y mae Duw am lenwi bob yr un ohonom â'i Ysbryd. Y mae rhai pobl yn dyheu ac yn hiraethu am hyn. Nid yw eraill mor sicr a ydynt am weld hyn — nid oes ganddynt hwy syched mewn gwirionedd. Os nad oes gennych syched am fwy o lawnder yr Ysbryd pam na weddïwch am syched o'r fath? Y mae Duw yn ein derbyn ni fel yr ydym. Pan fyddwn yn sychedu ac yn gofyn ganddo, fe fydd Duw yn rhoi inni 'ddŵr y bywyd yn rhad.'

9

Sut allaf fi gael fy llenwi â'r Ysbryd Glân?

Yr oedd yr efengylydd J. John yn annerch cynhadledd ar bregethu. Un o'i bwyntiau oedd fod pregethwyr yn aml iawn yn annog pobl i wneud rhywbeth ond byth yn dweud wrthynt *sut* i wneud hynny. Dywedant, 'Darllenwch eich Beibl.' Y mae ef am ofyn, 'Iawn, ond sut?' Dywedant, 'Gweddïwch fwy.' Y mae ef am ofyn, 'Iawn, ond sut?' Dywedant, 'Dywedwch wrth bobl am Iesu.' Y mae ef am ofyn, 'Iawn, ond sut?' Yn y bennod hon yr wyf am edrych ar *sut* y gallwn ni gael ein llenwi â'r Ysbryd.[40]

Y mae gennym hen foeler nwy yn ein tŷ ni. Y mae un fflam (y peilot) yn olau gydol yr amser. Ond nid yw'r boeler yn twymo dŵr gydol yr amser. Dim ond fflam beilot yr Ysbryd Glân sydd yn olau ym mywydau rhai, ond pan fo pobl yn cael eu llenwi â'r Ysbryd Glân y mae pob rhan o'u bywyd yn cael eu tanio a'u twymo. Pan edrychwch arnynt yr ydych bron yn gallu gweld a theimlo'r gwahaniaeth.

Disgrifiwyd Llyfr yr Actau fel Cyfrol I hanes yr Eglwys. Ynddo ceir sawl esiampl o bobl yn cael profiad o'r Ysbryd Glân. Mewn byd perffaith byddai pob Cristion yn llawn o'r Ysbryd Glân o'i dröedigaeth ymlaen. Weithiau mae'n digwydd felly (yn oes y Testament Newydd a nawr) ond nid yw felly bob amser — ddim hyd yn oed yn y Testament Newydd. Yr ydym wedi edrych yn barod ar y tywalltiad cyntaf o'r Ysbryd Glân ar y Pentecost yn Actau 2. Wrth inni fynd drwy Actau fe welwn esiamplau eraill.

Pan weddïodd Pedr ac Ioan gyda'r credinwyr yn Samaria daeth yr Ysbryd Glân arnynt, gwnaeth hyn gymaint o argraff ar Simon y Dewin fel y cynigiodd dalu arian er mwyn gallu gwneud yr un peth (Actau 8.14-18). Rhybuddiodd Pedr ef ei bod yn beth ofnadwy i geisio prynu rhodd Duw ag arian. Ond y mae'r digwyddiad yn dangos fod rhywbeth rhyfeddol iawn wedi digwydd.

Yn y bennod nesaf (Actau 9) gwelwn un o'r tröedigaethau mwyaf rhyfeddol mewn hanes. Pan labyddiwyd Steffan, y merthyr Cristnogol cyntaf, yr oedd Saul yn cydsynio â'i lofruddio (Actau 8.1) ac aeth ati wedyn i ddechrau dinistrio'r eglwys. Aeth o dŷ i dŷ yn llusgo gwŷr a gwragedd i ffwrdd i'r carchar (ad.3). Ar ddechrau pennod 9 gwelwn ef yn parhau 'i chwythu bygythion angheuol yn erbyn disgyblion yr Arglwydd.'

O fewn ychydig ddyddiau yr oedd Paul yn pregethu yn y synagogau mai Mab Duw oedd Iesu (ad.20). Achosodd hyn syndod mawr, gyda phawb yn holi ei gilydd, 'Onid dyma'r dyn a wnaeth ddifrod yn Jerwsalem ar y rhai sy'n galw ar yr enw hwn [enw Iesu]?'

Beth oedd wedi digwydd yn yr ychydig ddyddiau hynny i'w newid ef yn gyfan gwbl? Yn gyntaf, cyfarfu â Iesu ar y ffordd i Ddamascus. Yn ail, yr oedd wedi'i lewni â'r Ysbryd (ad.17). Y foment honno, 'syrthiodd rhywbeth fel cen oddi ar lygaid Paul, a chafodd ei olwg yn ôl' (ad.18). Y mae'n digwydd weithiau fod pobl nad oeddent yn Gristnogion o gwbl, neu hyd yn oed yn chwyrn o wrth-Gristnogol, yn cael tro rhyfeddol yn eu bywydau wrth ddod at Grist ac yn cael eu llenwi â'r Ysbryd Glân. O ganlyniad gallant ddod yn ddadleuwyr nerthol dros y ffydd Gristnogol.

Yn Effesus, daeth Paul ar draws grŵp o bobl oedd 'wedi credu', ond nad oeddynt wedi clywed am yr Ysbryd Glân. Gosododd Paul ei ddwylo arnynt, daeth yr Ysbryd Glân arnynt, a dechreusant lefaru â thafodau a phroffwydo (Actau 19.1-7). Mae llawer o bobl yn debyg i hynny heddiw. Maent 'wedi credu' am beth amser neu hyd yn oed drwy eu bywydau. Mae'n bosibl eu bod wedi'u bedyddio, eu conffyrmio ac wedi mynd i'r eglwys o bryd i'w gilydd neu'n gyson iawn. Eto i gyd nid ydynt yn gwybod y nesaf peth i ddim neu ddim o gwbl am yr Ysbryd Glân.

Ceir digwyddiad arall yn gynnar yn Llyfr yr Actau yr wyf am edrych arno mewn ychydig mwy o fanylder. Dyma'r tro cyntaf i rai nad oeddent yn Iddewon gael eu llenwi â'r Ysbryd. Gwnaeth Duw rywbeth allan o'r cyffredin a dechreuodd y cwbl gyda gweledigaeth dyn o'r enw Cornelius (ac fe'i paratowyd ar gyfer hyn gan y weledigaeth gyntaf). Llefarodd Duw hefyd wrth Pedr drwy weledigaeth a dweud wrtho ei fod am iddo fynd i siarad â rhai nad oeddent yn Iddewon yn nhŷ'r dyn yma o'r enw Cornelius. Ar ganol araith Pedr digwyddodd rhywbeth trawiadol: 'Syrthiodd yr Ysbryd Glân ar bawb oedd yn gwrando'r gair. Synnodd y credinwyr Iddewig, cynifer ag oedd wedi dod gyda Pedr, am fod dawn yr Ysbryd Glân wedi ei dywallt hyd yn oed ar y Cenhedloedd [rhai nad oeddent yn Iddewon]; oherwydd yr oeddent yn eu clywed yn llefaru â thafodau ac yn mawrygu Duw' (Actau 10.44-46). Yng ngweddill y bennod yr wyf am edrych ar dair agwedd o'r hyn a ddigwyddodd yma.

Profasant nerth yr Ysbryd Glân

Yr oedd yn rhaid i Pedr roi'r gorau i'w araith oherwydd ei bod yn amlwg fod rhywbeth yn digwydd. Yn anaml iawn y mae llenwi â'r Ysbryd yn digwydd heb i neb sylweddoli ei fod yn digwydd, er bod profiad pawb yn wahanol.

Yn y disgrifiad o Ddydd y Pentecost (Actau 2) mae Luc yn defnyddio iaith sy'n swnio'n debyg i ddisgrifiad o storm o law trofannol. Darlun yw o nerth yr Ysbryd yn llifo ac yn llenwi eu holl fod. Yr oedd yna arddangosiadau corfforol. Clywsant sŵn 'gwynt grymus' (ad.2) nad oedd yn wynt grymus mewn gwirionedd, dim ond yn debyg iddo. Nerth enfawr ond anweledig *ruach* Duw oedd hyn; yr un gair a welsom am wynt, anadl ac ysbryd yn yr Hen Destament. Weithiau, pan fo pobl yn cael eu llenwi, maent yn crynu fel deilen yn y gwynt. Mae eraill yn cael eu hunain yn anadlu'n ddwfn bron â bod fel petaent yn anadlu'r Ysbryd i mewn yn gorfforol.

Gwelsant hefyd rywbeth oedd yn debyg i dân (ad.3). Mae gwres yn y dwylo neu ran arall o'r corff yn aml iawn yn digwydd wrth gael eich llenwi â'r Ysbryd. Disgrifiodd un person deimlad o fod 'yn gloywi drosto i gyd'. Dywedodd un arall ei bod wedi profi rhywbeth tebyg i 'wres rhedegog'. Dywed un arall ei fod yn teimlo 'fy mreichiau yn llosgi er nad oeddwn yn gynnes'. Gall tân fod yn sumbol o'r nerth, yr angerdd a'r purdeb y mae Ysbryd Duw yn ei ddwyn i'n bywydau.

I eraill, gall y profiad o'r Ysbryd fod yn brofiad anhraethol o gariad Duw. Y mae Paul yn gweddïo dros Gristnogion Effesus ar iddynt gael eu 'galluogi i amgyffred ynghyd â'r holl saint beth yw lled a hyd ac uchder a dyfnder cariad Crist' (Effesiaid 3.18). Y mae cariad Crist yn ddigon llydan i gyrraedd at bob person yn y byd. Mae'n ymestyn ar draws bob cyfandir i bobl o bob cenedl, lliw, llwyth a chefndir. Mae'n ddigon hir i ymestyn ar hyd ein bywyd a hyd dragwyddoldeb. Mae'n ddigon dwfn i'n cyrraedd ni waeth pa mor bell yr ydym wedi syrthio. Mae'n ddigon uchel i'n codi ni i'r nefolion leoedd. Gwelwn y cariad hwn uwchlaw pob man arall yng nghroes Crist. Yr ydym yn gwybod fod Crist yn ein caru oherwydd ei fod yn fodlon marw trosom ni. Gweddïodd Paul ar inni 'amgyffred' maint y cariad hwn.

Ond nid yw'n gorffen fan yna. Â yn ei flaen i weddïo y bydd inni '*wybod* am y cariad hwnnw, er ei fod *uwchlaw gwybodaeth*' — a'n dwyn 'i gyflawnder, hyd at holl gyflawnder Duw' (ad.19). Nid yw'n ddigon i ddeall ei gariad, rhaid inni brofi ei gariad sydd 'uwchlaw gwybodaeth'. Yn aml iawn wrth i bobl gael eu llenwi â'r Ysbryd — 'hyd at gyflawnder Duw' (ad.19) maent yn profi Cariad Crist sy'n trawsnewid eu calonnau.

Rhoes Thomas Goodwin, un o'r Piwritaniaid, ddarlun inni o'r profiad hwn. Y mae dyn yn cerdded i lawr y ffordd law yn llaw a'i fab bychan. Y mae'r bachgen yn gwybod yn iawn taw'r dyn yw ei dad, a bod ei dad yn ei garu'n fawr. Ond yn sydyn y mae'r tad yn dod i stop ac yn cydio yn y bachgen, yn ei fagu yn ei freichiau, ei gofleidio a'i gusanu. Yna y mae'n ei osod i lawr ac yn dechrau cerdded unwaith eto. Mae'n beth hyfryd i gerdded law yn llaw â'ch tad; ond y mae'n beth anhraethol fwy i gael ei freichiau yn cau amdanoch mewn cariad.

'Y mae wedi rhoi ei freichiau amdanom,' meddai Spurgeon ac y mae'n arllwys ei gariad arnom wrth iddo'n cofleidio. Y mae Martyn Lloyd-Jones yn dyfynnu'r esiamplau yma, ymhlith rhai eraill, yn un o'i lyfrau ar Lythyr y Rhufeiniad, ac y mae'n dweud am y profiad o'r Ysbryd:

Gadewch inni sylweddoli felly profiad mor ddwfn ydyw. Nid peth ysgafn ac arwynebol a chyffredin yw; nid yw'n beth y gallwch ddweud amdano, 'Peidiwch â phoeni am eich teimladau.' Poeni am eich teimladau, wir?

Byddwch yn profi y fath ddyfnder o deimlad fel, am ennyd, y mae'n bosib ichi gredu nad ydych wedi 'teimlo' rhywbeth fel 'na erioed yn eich bywyd o'r blaen. Dyma'r profiad dyfnaf y gall neb ei gael na'i adnabod.[41]

Fe'u rhoddwyd yn rhydd i foli

Pan lanwyd y rhai nad oeddent yn Iddewon â'r Ysbryd maent yn dechrau 'mawrygu Duw'. Y mae mawl digymell yn rhan o iaith pobl sy'n llawn gwefr a chyffro oherwydd eu profiad o Dduw. Dylai ein personoliaeth i gyd fod yn rhan o'r addoliad, gan gynnwys ein hemosiwn. Bydd rhai yn fy holi, 'Ydy hi'n iawn i fynegi ein hemosiwn yn yr eglwys? Onid oes perygl y gellir chwarae ar yr emosiwn hwnnw?'

Y perygl i'r rhan fwyaf ohonom yn ein perthynas â Duw yw nid chwarae ar ein hemosiwn, ond diffyg emosiwn yn gyfan gwbl — diffyg teimlad. Gall ein perthynas â Duw fod yn eithaf oeraidd. Wrth gwrs, y mae'n rhaid cael mwy na dim ond emosiwn. Rhaid cael cyfeillgarwch, cyfathrebu, dealltwriaeth a gwasanaeth. Ond heb ddangos unrhyw emosiwn o gwbl tuag at fy ngwraig, byddai rhywbeth ar goll yn fy nghariad tuag ati. Os nad ydym yn profi unrhyw emosiwn yn ein perthynas â Duw, yna nid yw ein personoliaeth gyfan yn rhan o'r berthynas honno. Mae galw arnom i garu, moli ac addoli Duw â'n holl berson.

Gellid dadlau fod emosiwn yn iawn yn breifat; ond beth am ddangos yr emosiwn hwnnw'n gyhoeddus? Yn dilyn cynhadledd yn Brighton lle'r oedd Archesgob Caer-gaint yn bresennol, bu llythyru ym mhapur newydd *The Times* am le emosiwn yn yr eglwys. O dan y pennawd *Carey's charisms* ysgrifennodd un gŵr fel hyn:

> Pan fo comedi yn cynhyrchu chwerthin yn y sinema, mae pobl yn credu fod y ffilm yn un llwyddiannus; os yw trasiedi yn y theatr yn dod â dagrau i lygaid y gynulleidfa, y mae'r cynhyrchiad yn cael ei ystyried fel un sy'n cyffwrdd â phobl; os yw gêm bêl-droed yn llenwi'r dorf â chyffro, gwelir y gêm fel un gyffrous; ond pam os yw cynulleidfa mewn eglwys yn cael ei chymell gan ogoniant Duw i addoli, y maent yn cael eu cyhuddo o chwarae ar emosiwn?

Wrth gwrs, mae yn bosibl chwarae ar emosiwn neu ei ystumio lle mae emosiwn yn cael y blaen ar sylfaen gadarn dysgeidiaeth y Beibl. Ond fel y dywedodd cyn-Esgob Coventry, Cuthbert Bardsley, 'Nid y prif berygl sy'n bygwth yr eglwys Anglicanaidd yw emosiwn afreolus.' Gellid ychwanegu nad yw'n bygwth llawer o eglwysi eraill chwaith. Wrth addoli Duw dylem wneud hynny â'n holl bersonoliaeth, ein meddwl, ein calon, ein hewyllys a'n hemosiwn.

Fe dderbyniasant iaith newydd

Fel ar ddydd y Pentecost a chyda Cristnogion Effesus (Actau 19), pan lanwyd y rhai nad oeddent yn Iddewon â'r Ysbryd fe dderbyniasant ddawn tafodau. Yr un gair yw'r 'tafodau' â'r gair 'ieithoedd', ac y mae'n golygu y gallu i siarad iaith nad ydych wedi'i dysgu. Gall fod yn iaith angylion (1 Corinthiaid 13.1) na ellir ei hadnabod neu'n iaith ddynol y gellir ei hadnabod (fel ar y Pentecost). Yn ein cynulleidfa yr oedd gwraig o'r enw Penny yn gweddïo gyda gwraig arall. Daeth ei geiriau i ben yn ei hiaith ei hun a dechreuodd weddïo mewn tafodau. Gwenodd y wraig arall, agor ei llygaid a dechrau chwerthin, 'Rwyt ti newydd siarad â mi mewn Rwsieg.' Er nad oedd honno'n dod o Rwsia, yr oedd yn siarad yr iaith ac yn ei charu'n fawr. Gofynnodd Penny, 'Beth ydw i wedi bod yn ei ddweud?' Atebodd y wraig ei bod wedi dweud drosodd a throsodd, 'Fy annwyl blentyn.' Nid yw Penny yn siarad yr un gair o Rwsieg. Ond i'r wraig arall yr oedd y geiriau yna'n arwyddocaol iawn. Rhoes iddi sicrwydd ei bod yn annwyl iawn yng ngolwg Duw.

Y mae dawn tafodau wedi dod â bendith i lawer o bobl. Fel y gwelsom yn barod, y mae yn un o ddoniau neu roddion yr Ysbryd. Nid dyma'r unig ddawn, ac nid yw gyda'r pwysicaf. Nid yw pob Cristion yn siarad â thafodau ac nid yw o anghenraid yn arwydd o gael ein llenwi â'r Ysbryd. Mae'n bosibl cael ein llenwi â'r Ysbryd heb siarad mewn tafodau o gwbl. Ond, i lawer yn y Testament Newydd ac ym mywyd yr eglwys, y mae dawn tafodau yn cael ei roi law yn llaw â phrofiad o'r Ysbryd Glân, a gall fod yn brofiad cyntaf o weithgarwch goruwchnaturiol yr Ysbryd. Mae llawer heddiw mewn penbleth am y rhodd. Felly yr wyf wedi rhoi tipyn o ofod yn y bennod hon i drafod y pwnc. Yn 1 Corinthiaid 14 mae Paul yn ymdrin â nifer o gwestiynau sy'n cael eu gofyn yn aml ynglŷn â dawn tafodau.

Beth yn gywir yw siarad mewn tafodau?
Ffurf ar weddi yw siarad mewn tafodau (un o'r nifer o wahanol ffurfiau ar weddi a geir yn y Testament Newydd), yn ôl Paul, 'oherwydd y mae'r sawl sydd yn llefaru â thafodau yn llefaru, nid wrth ddynion, ond *wrth Dduw*' (1 Corinthiaid 14.2, fy mhwyslais i). Mae'n ffurf ar weddi sydd er adeiladu'r Cristion unigol (ad.4). Mae'n amlwg fod doniau sy'n adeiladu'r eglwys gyfan yn fwy pwysig, ond nid yw hyn yn gwneud tafodau yn ddibwys. Y peth mawr am dafodau yw ei fod yn ffurf ar weddi sydd uwchlaw cyfyngiadau iaith ddynol. Dyma beth mae Paul yn ei olygu wrth ddweud, 'Oherwydd os byddaf yn gweddïo â thafodau, y mae fy ysbryd yn gweddïo, ond y mae fy meddwl yn ddiffrwyth' (1 Corinthiaid 14.14).

Mae pawb i ryw raddau neu'i gilydd yn cael eu cyfyngu gan iaith, hyd yn oed y rhai ohonom sy'n rhugl mewn dwy neu dair neu fwy o ieithoedd. Teimlwn yn aml iawn nad ydym yn medru dweud yr hyn y dymunem ei ddweud. Teimlir hyn yn arbennig yn ein perthynas â phobl eraill. Yr ydym yn teimlo rhywbeth tuag atynt, ond nid ydym yn medru rhoi'r peth mewn geiriau o gwbl. Y mae hyn yn wir yn aml iawn am ein perthynas gyda Duw.

Dyna lle gall dawn neu rodd tafodau fod o gymorth mawr. Mae'n ein galluogi i fynegi i Dduw beth yn gywir yr ydym yn ei deimlo heb fynd trwy'r broses o'i gyfieithu i'r Gymraeg. (Dyna pam y dywed Paul, 'Mae fy meddwl yn ddiffrwyth.') Nid yw'n ddifeddwl; y mae'n ddiffrwyth am nad yw'n mynd trwy'r broses o gyfieithu iaith sy'n ddealladwy iddo.

Sut y mae o gymorth?
Y mae pobl sydd wedi derbyn rhodd neu ddawn tafodau wedi ei chael o gymorth arbennig mewn tair agwedd ar eu bywyd ysbrydol.

Yn gyntaf, mewn *mawl ac addoliad*. Cawn ein cyfyngu yn arbennig gan iaith yn yr agwedd yma ar ein bywyd ysbrydol. Pan fo plentyn (neu hyd yn oed oedolyn) yn ceisio ysgrifennu llythyr diolch nid yw'n hir iawn cyn i'r iaith fynd yn brin, gwelwn eiriau ystrydebol fel 'hyfryd', 'ardderchog' a 'gwych' yn cael eu hailadrodd dro ar ôl tro. Wrth foli ac addoli Duw yr ydym yn aml iawn yn darganfod bod iaith yn ein cyfyngu.

Yr ydym yn dyheu i fynegi ein cariad, ein haddoliad a'n mawl i Dduw, a hynny'n arbennig pan fyddwn wedi'n llenwi â'r Ysbryd Glân. Galluoga dawn tafodau inni wneud hynny heb gael ein cyfyngu gan iaith ddynol.

Yn ail, gall fod o gymorth mawr wrth *weddïo dan bwysedd*. Mae rhai adegau yn ein bywydau pan ei bod yn galed i wybod sut yn union yr ydym i weddïo. Gall hyn ddigwydd am ein bod wedi'n caledu gan bwysedd o wahanol ffynonellau, gofidiau neu dristwch. Ychydig yn ôl gweddïais dros ŵr dau ddeg chwech mlwydd oed oedd newydd golli ei wraig i ganser ar ôl ond blwyddyn o fywyd priodasol. Gofynnodd yntau a derbyn dawn tafodau ar unwaith; yr oedd yn ymddangos i mi fod yr holl bethau yr oedd wedi eu gwthio o'r golwg yn ei fywyd am eu bod yn rhy boenus wedi'u harllwys allan bryd hynny. Dywedodd wrthyf wedyn gymaint o ryddhad oedd hi iddo fedru rhannu'r holl feichiau hynny yr oedd wedi bod yn eu cario.

Yr wyf wedi profi hyn fy hun hefyd. Yn 1987, yn ystod cyfarfod staff yn ein heglwys, cefais neges i ddweud bod fy mam wedi cael pwl ar ei chalon a'i bod yn yr ysbyty. Wrth frysio i fyny'r brif stryd a dal tacsi i'r ysbyty nid wyf erioed wedi bod mor ddiolchgar am ddawn tafodau. Yr oeddwn am weddïo'n fawr iawn, ac eto yr oeddwn mewn gormod o sioc i ffurfio un frawddeg. Galluogwyd fi gan ddawn tafodau weddïo yr holl ffordd i'r ysbyty a dod â'r sefyllfa gerbron Duw ar adeg o greisis.

Yn drydydd, y mae'r ddawn wedi bod o gymorth i nifer fawr wrth iddynt *weddïo dros bobl eraill*. Mae'n anodd gweddïo dros eraill — yn enwedig os nad ydych wedi'u gweld neu glywed oddi wrthynt ers tipyn. Wedi peth amser, efallai taw dim ond 'Bendithia hwy, Arglwydd' fydd y weddi amdanynt. Bryd hynny, fe all fod o gymorth i weddïo drostynt mewn tafodau. Yn aml iawn, wrth inni wneud hynny, y mae Duw yn rhoi inni eiriau yn ein hiaith ein hunain i weddïo hefyd.

Nid yw'n hunanol dymuno gweddïo mewn tafodau. Er bod 'y sawl sy'n llefaru â thafodau yn ei adeiladu ei hun' (1 Corinthiaid 14.4), gall yr effeithiau anuniongyrchol fod yn rhai mawr iawn. Y mae Jackie Pullinger yn disgrifio'r trawsnewid a fu yn ei gweinidogaeth hithau pan ddechreuodd arfer y ddawn hon:

> Dywedai'r cloc fy mod wedi gweddïo am 15 munud y dydd yn iaith yr Ysbryd ac eto nid oeddwn yn teimlo dim wrth imi ofyn i'r Ysbryd fy helpu i weddïo dros y rhai yr oeddwn am eu cyrraedd. Ar ôl rhyw chwe wythnos o wneud hyn yr oeddwn yn dechrau arwain pobl at Grist heb ymdrech o gwbl. Byddai gangsters yn syrthio ar eu penliniau ar y stryd ac yn wylo, byddai gwragedd yn cael eu hiacháu, y rhai oedd yn gaeth i heroin yn dod yn rhydd o'i afael yn wyrthiol. A gwyddwn nad oedd yn ddim byd i wneud â mi.

Bu hefyd yn gyfrwng iddi hi dderbyn rhai o ddoniau gwerthfawr eraill yr Ysbryd:

> Gyda fy nghyfeillion dechreuais ddysgu am ddoniau eraill yr Ysbryd ac fe brofwyd rhai blynyddoedd rhyfeddol o weinidogaethu. Gwelwyd dwsinau o gangsters a phobl gyfoethog, myfyrwyr ac eglwyswyr, yn profi tröedigaeth ac yn derbyn iaith newydd i weddïo yn breifat a doniau eraill i'w harfer wrth gyfarfod â'i gilydd. Aethom ati i agor sawl cartref ar gyfer y rhai oedd yn gaeth i heroin ac fe'u rhyddhawyd hwy i gyd o'r caethiwed i gyffuriau yn ddiboen trwy nerth yr Ysbryd Glân.[42]

Ydy Paul yn cymeradwyo hyn?
Cyd-destun 1 Corinthiaid 14 yw gor-ddefnydd cyhoeddus yn yr eglwys o ddawn tafodau. Dywed Paul, '*Yn yr eglwys*, y mae'n well gennyf lefaru pum gair â'm deall, er mwyn hyfforddi eraill, na deng mil o eiriau â thafodau' (ad.19, fy mhwyslais i). Ni fyddai wedi bod o unrhyw werth i Paul ddod i Gorinth a phregethu mewn tafodau. Ni fyddent wedi deall heblaw bod rhywun yno i'w dehongli. Felly y mae Paul yn gosod i lawr ganllawiau ar gyfer defnydd cyhoeddus o dafodau (ad.27).

Ond, y mae Paul yn ei gwneud yn glir na ddylid gwahardd llefaru â thafodau (ad.39). Wrth droi at ddefnydd preifat o'r ddawn (ar ein pennau ein hunain gyda Duw), y mae'n annog gwneud hynny'n gryf iawn. Fe ddywed, 'Mi hoffwn ichwi i gyd lefaru â thafodau' (ad.5) a 'Diolch i Dduw, yr wyf fi'n llefaru â thafodau yn fwy na chwi i gyd' (ad.18). Nid yw hyn yn golygu fod pob Cristion i siarad mewn tafodau neu ein bod yn Gristnogion eilradd os nad ydym yn gwneud. Nid oes y fath beth â Christion dosbarth cyntaf ac ail ddosbarth. Ac ni olyga chwaith fod Duw yn ein caru'n llai am nad ydym yn siarad â thafodau eto. Eto i gyd, y mae dawn tafodau yn fendith oddi wrth Dduw.

Sut yr ydym ni'n derbyn dawn tafodau?
Y mae rhai'n dweud, 'Dydw i ddim am dderbyn dawn tafodau.' Ni fydd Duw byth yn ein gorfodi ni i dderbyn y ddawn. Dim ond un o ddoniau neu roddion hyfryd yr Ysbryd yw tafodau, ac nid dyma'r unig un o bell ffordd, fel y gwelsom yn y bennod ddiwethaf. Fel pob rhodd rhaid ei derbyn, a hynny trwy ffydd.

Nid yw pob Cristion yn siarad â thafodau. Eto y mae Paul yn dweud, 'Mi hoffwn ichwi i gyd lefaru â thafodau,' gan awgrymu nad dim ond ar gyfer rhyw ddosbarth arbennig o Gristnogion y mae. Y mae yn agored i bob Cristion. Nid oes unrhyw reswm pam na all unrhyw un sydd yn dymuno'r ddawn hon ei derbyn. Nid yw Paul yn dweud taw siarad mewn tafodau yw penllanw'r bywyd Cristnogol; ond y mae yn dweud ei fod yn ddawn sydd o help yn y bywyd hwnnw. Os yr ydych am dderbyn y ddawn, yna nid oes reswm yn y byd pam na ddylech wneud.

Fel holl roddion Duw, rhaid inni gydweithio gyda'i Ysbryd. Nid yw Duw yn gorfodi ei roddion arnom ni. Pan ddeuthum yn Gristion yr oeddwn wedi darllen yn rhywle fod doniau'r Ysbryd wedi diflannu gyda'r apostolion (hynny yw, yn y ganrif gyntaf). Nid oeddynt wedi'u bwriadu ar gyfer heddiw o gwbl. Pan glywais am siarad mewn tafodau penderfynais fynd ati i brofi nad oedd y ddawn yn beth a fwriadwyd ar gyfer heddiw, felly gweddïais am y ddawn a chadw fy ngheg yn dynn ar gau! Ni ddechreuais weddïo mewn tafodau a theimlwn fod hyn yn profi heb amheuaeth o gwbl fod y doniau wedi diflannu gyda'r apostolion.

Rhyw ddiwrnod galwodd dau gyfaill heibio i'm gweld. Yr oedd y ddau newydd eu llenwi a'r Ysbryd a derbyn y ddawn i lefaru â thafodau. Dywedais wrthynt yn bendant ac yn ddi-flewyn ar dafod fod doniau'r Ysbryd wedi mynd gydag oes yr apostolion; eto i gyd, gallwn weld y newid ynddynt hwy. Yr oedd rhyw ddisgleirdeb newydd o'u cwmpas, ac y mae'n dal i fod yno flynyddoedd yn ddiweddarach. Penderfynais ofyn i'r rhai oedd wedi gweddïo gyda hwy i weddïo gyda mi er mwyn i mi gael fy llenwi â'r Ysbryd a derbyn dawn tafodau. Wrth iddynt wneud hynny profais nerth yr Ysbryd Glân. Wedyn, gwnaethant esbonio os yr oeddwn am dderbyn dawn tafodau yr oedd yn rhaid imi gydweithredu gydag Ysbryd Duw ac agor fy ngenau a dechrau siarad gyda Duw mewn unrhyw iaith nad oeddwn yn ei gwybod. Wrth imi wneud hynny, derbyniais ddawn tafodau hefyd.

Beth yw'r pethau cyffredin sy'n atal llenwi â'r Ysbryd Glân?
Unwaith, yr oedd Iesu yn siarad gyda'i ddisgyblion am weddi ac am yr Ysbryd Glân (Luc 11.9-13). Yn y darn hwnnw y mae'n delio gyda rhai o'r prif anawsterau

a wynebwn wrth dderbyn oddi wrth Dduw.

Amheuaeth
Y mae gan bobl lawer iawn o amheuon pan yn ymdrin â'r pwnc hwn, y prif un yw, 'Os gofynnaf a fyddaf yn derbyn?'
Y mae ateb Iesu yn un syml: 'Yr wyf fi'n dweud wrthych: gofynnwch ac fe roddir i chwi.'
Mae'n rhaid fod Iesu wedi sylwi eu bod braidd yn anghrediniol yr olwg ac felly mae'n ailadrodd ei hun mewn ffordd ychydig yn wahanol: 'Chwiliwch, ac fe gewch.'
Ac eto mae'n dweud am y trydydd tro: 'Curwch, ac fe agorir i chwi.'
Y mae'n adnabod y natur ddynol felly mae'n dweud am y pedwerydd tro: 'Y mae pawb sy'n gofyn yn derbyn.'
Maent yn dal i fod yn reit ansicr am y peth felly dyma ddweud am y pumed tro: 'Y mae'r hwn sy'n chwilio yn cael.'
Ac eto am y chweched tro y mae'n dweud: 'I'r hwn sy'n curo agorir y drws.'
Pam fod Iesu yn dweud hyn chwech o weithiau i gyd? Oherwydd ei fod yn gwybod sut rai ydym ni. Yr ydym yn ei chael hi'n anodd iawn i gredu fod Duw yn mynd i roi dim i ni — heb sôn am rywbeth mor anarferol a rhyfeddol â'i Ysbryd Glân a'r doniau sy'n dod gyda'r Ysbryd.

Ofn
Hyd yn oed os aethom heibio i'r rhwystr cyntaf, amheuaeth, y mae nifer ohonom yn methu wrth geisio mynd heibio i'r ail rwystr, sef ofn. Yr ydym yn ofni beth fyddwn yn ei dderbyn. Ai rhywbeth da fydd hyn i ni?
Y mae Iesu yn defnyddio darlun o dad daearol i esbonio. Os yw plentyn yn gofyn i'w dad am bysgodyn, does yr un tad yn mynd i roi sarff iddo. Os yw'n gofyn am wy, does yr un tad yn mynd i roi ysgorpion iddo (Luc 11.11-12). Ni fyddem yn meddwl am drin ein plant fel yna. Nawr, y mae Iesu yn mynd yn ei flaen i ddweud ein bod ni yn ddrwg o'n cymharu â Duw! Felly, nid yw Duw yn mynd i'n siomi o gwbl. Os gofynnwn am yr Ysbryd Glân a'r holl roddion y mae ef yn eu rhoi, dyna yn gywir y byddwn yn ei dderbyn ganddo(Luc 11.13).

Anghymwyster
Wrth gwrs mae'n bwysig nad oes diffyg maddeuant neu bechodau eraill yn ein bywyd, a'n bod wedi troi ein cefn ar bob dim yr ydym yn gwybod i fod yn ddrwg. Eto i gyd, ar ôl inni wneud hynny, yr ydym yn dal i deimlo ein bod yn annheilwng neu'n anghymwys. Ni allwn gredu fod Duw am roi dim i *ni*. Gallwn gredu y byddai'n rhoi i rai sydd yn Gristnogion aeddfed ers blynyddoedd, ond nid i ni. Ond ni ddywedodd Iesu, 'Gymaint mwy y rhydd y Tad nefol yr Ysbryd Glân i rai

sy'n Gristnogion aeddfed ers blynyddoedd.' Na, yn hytrach yr hyn a ddywedodd oedd, 'Gymaint mwy y rhydd y Tad nefol yr Ysbryd Glân i'r *rhai sy'n gofyn ganddo*' (Luc 11.13, fy mhwyslais i).

Os yr ydych am gael eich llenwi â'r Ysbryd efallai y byddech yn hoffi gofyn i rywun weddïo gyda chi. Os nad oes gennych neb a allai wneud hynny, does dim yn eich atal rhag gweddïo ar eich pen eich hunan. Y mae rhai wedi'u llenwi â'r Ysbryd heb dderbyn dawn tafodau. Nid yw'r ddau o anghenraid y mynd gyda'i gilydd. Eto yn y Testament Newydd ac ym mhrofiad pobl maent yn aml yn gwneud hynny. Does dim rheswm yn y byd dros beidio â gweddïo am y ddau.

Os ydych yn gweddïo ar eich pen eich hunan:

1. Gofynnwch i Dduw faddau ichi am unrhyw beth a allai fod yn rhwystr ichi dderbyn ganddo.

2. Trowch oddi wrth unrhyw beth yn eich bywyd yr ydych yn gwybod iddo fod yn anghywir.

3. Gofynnwch i Dduw eich llenwi â'i Ysbryd a rhoi ichi ddawn tafodau. Chwiliwch hyd i chi gael. Curwch nes i'r drws agor. Ceisiwch Dduw â'ch holl galon.

4. Agorwch eich ceg a dechrau moli Duw mewn unrhyw iaith nad yw'n wybyddus ichi.

5. Credwch fod yr hyn yr ydych wedi ei dderbyn wedi dod oddi wrth Dduw. Peidiwch â gadael i neb ddweud wrthych eich bod chi eich hun wedi'i greu. (Mae'n weddol annhebyg eich bod.)

6. Dyfalbarhewch. Cymer ieithoedd dipyn o amser i ddatblygu. Y mae'r rhan fwyaf ohonom yn dechrau gyda geirfa gyfyng. Datblyga yn raddol. Dyna sut mae dawn tafodau. Cymer amser i ddatblygu pob dawn. Ond peidiwch ag ildio.

Nid profiad unwaith ac am byth yw cael eich llenwi â'r Ysbryd. Cafodd Pedr ei lenwi â'r Ysbryd deirgwaith ym mhenodau 2-4 o Lyfr yr Actau (Actau 2.4; 4.8,31). Pan fo Paul yn dweud, 'Llanwer chwi â'r Ysbryd' (Effesiaid 5.18), y mae'n defnyddio berf yn yr amser presennol parhaol, felly y mae'n eu hannog hwy yn Effesus a ninnau i fynd ymlaen ac ymlaen yn cael ein llenwi'n barhaus â'r Ysbryd.

10

Sut allaf fi wrthsefyll drwg?

Y mae cysylltiad agos rhwng daioni a Duw, a rhwng drwg a'r diafol. Y tu ôl i nerth daioni y mae'r Daioni ei hun. Yn uniongyrchol, ac yn anuniongyrchol, y tu ôl i'n dymuniadau drwg a themtasiwn y byd y mae un drwg—y diafol.

Oherwydd bod cymaint o ddrwg yn y byd mae rhai'n ei chael hi'n haws credu yn y diafol nag yn Nuw. Fel y dywedodd William Peter Blatty, awdur a chynhyrchydd y ffilm *The Exorcist*: 'Pan mae'n dod at Dduw, rwy'n anghredinwr ... pan mae'n dod at y diafol—wel, mae hynny'n fater gwahanol ... y mae'r diafol yn dal ati i hysbysebu.'[43]

Ar y llaw arall, y mae nifer fawr o bobl y Gorllewin yn ei chael hi'n llawer mwy anodd credu yn y diafol na chredu yn Nuw. Gall hyn fod oherwydd bod gennym syniadau anghywir am sut un yw'r diafol. Os yw'r syniad o Dduw fel hen ddyn â barf wen yn eistedd ar gwmwl yn un dwl ac anghredadwy, felly hefyd y mae'r syniad am y diafol fel un corniog yn ymdeithio trwy "uffern Dante" yr un mor ddwl. Nid ydym yn sôn am un sydd wedi dod o'r gofod ond am nerth drwg personol sy'n weithredol yn y byd heddiw.

Unwaith inni ddod i gredu mewn Duw sydd uwchlaw pob dim, mewn rhai ffyrdd y mae ond yn rhesymegol i gredu mewn diafol hefyd.

> Nid yw credu mewn gallu drwg trosgynnol yn ychwanegu dim at anawsterau credu mewn gallu daionus trosgynnol. Mewn gwirionedd y mae'n gwneud y pethau ychydig yn haws. Oherwydd heb Satan byddai'n anodd iawn peidio â dod i'r canlyniad fod Duw yn ddrwg oherwydd yr hyn y mae yn ei wneud, mewn natur, a'r hyn y mae'n ei ganiatáu, mewn drygioni dynol.[44]

Yn ôl sut mae'r Beibl yn edrych ar y byd, yr hyn sy tu ôl i'r drwg sydd yn y byd yw'r diafol. Y mae'r gair Groeg am y diafol, *diabolos*, yn cyfieithu'r gair Hebraeg, *satan*. Nid ydym yn dysgu ryw lawer am darddiad Satan yn y Beibl. Y mae yna ryw awgrym ei fod yn angel a syrthiodd o'i ogoniant (Eseia 14.12-23). Y mae'n ymddangos ar rai adegau yn llyfrau'r Hen Destament (Job 1; 1 Cronicl 21.1). Nid dim ond gallu yw; y mae'n bersonol.

Ceir darlun llawnach o'i weithgarwch yn y Testament Newydd. Y mae'r diafol yn fod ysbrydol personol sydd mewn gwrthryfel yn erbyn Duw, ac y mae'n ben ar lu o ysbrydion drwg. Y mae Paul yn dweud wrthym i 'sefyll yn gadarn yn erbyn cynllwynion y diafol. Nid â dynion yr ydym yn yr afael, ond â thywysogaethau ac awdurdodau, ... ac â phwerau ysbrydol drygionus yn y nefoedd' (Effesiaid 6.11-12).

Yn ôl Paul, nid ydym i ddiystyried y diafol a'i angylion yntau. Y maent yn gyfrwys ('cynllwynion y diafol', ad.11). Y maent yn nerthol ('tywysogaethau', 'awdurdodau', 'llywodraethau', ad.12). Y maent yn ddrwg ('pwerau ysbrydol drygionus' ad.12). Felly, ni ddylem synnu pan y down o dan ymosodiad nerthol oddi wrth y gelyn.

Pam ddylem ni gredu yn y diafol?

Pam ddylem ni gredu ym modolaeth y diafol? Y mae rhai'n dweud, 'Erbyn heddiw allwch chi ddim credu yn y diafol.' Ond y mae yna nifer o resymau da dros gredu yn ei fodolaeth.

Yn gyntaf, mae'n feiblaidd. Nid yw hynny'n golygu fod y Beibl yn canolbwyntio ar y diafol. Nid oes llawer o sôn am Satan yn yr Hen Destament a dim ond wrth inni droi at y Testament Newydd yr ydym yn gweld y ddysgeidiaeth amdano yn cael ei datblygu'n llawnach. Yr oedd Iesu yn amlwg yn credu ym modolaeth Satan ac fe gafodd ei demtio ganddo. Yn aml fe fyddai'n taflu allan ysbrydion drwg, gan ryddhau pobl oddi wrth nerthoedd drwg a phechod yn eu bywydau, a rhoes awdurdod i'w ddisgyblion i wneud yr un peth. Yng ngweddill y Testament Newydd y mae nifer o gyfeiriadau at weithgaredd y diafol (1 Pedr 5.8-11; Effesiaid 6.1-12).

Yn ail, y mae Cristnogion ar hyd yr oesoedd wedi credu yn y diafol. Yr oedd diwinyddion yr eglwys fore, y diwygwyr, yr efengylwyr mawr fel Wesley a Whitfield, a'r mwyafrif llethol o bobl Duw, yn gwybod fod nerthoedd ysbrydol real a drwg yn bod. Cyn gynted ag yr ydym yn dechrau gwasanaethu'r Arglwydd, y mae ei sylw yn cael ei dynnu atom. 'Dim ond yr eneidiau hynny sy'n ceisio dianc rhag pechod y mae'r diafol yn eu temtio ... y mae'r gweddill yn eiddo iddo'n barod: nid oes angen iddo eu temtio.'[45]

Yn drydydd, y mae synnwyr cyffredin yn ategu bodolaeth y diafol. Y mae unrhyw ddiwinyddiaeth sy'n anwybyddu bodolaeth diafol personol â llawer iawn i'w esbonio; gwladwriaethau drwg a gormesol, poenydio a thrais gan lywodraethau, llofruddiaethau creulon, niweidio bywydau trwy'r diwydiant cyffuriau, ymosodiadau gan derfysgwyr, trais rhywiol a chorfforol yn erbyn plant, gweithgareddau ocwltig a defodau satanaidd. Pwy sydd y tu ôl i'r holl bethau yma?

> "Wedi bod," medd rhai, mae'r diafol,
> "Wedi mynd," medd rhai, mae e;
> Ond mae rhai fel ninnau'n holi,
> "Pwy sy'n creu yr holl ddrygioni
> A'r holl lanast hyd y lle?"

Felly y mae Ysgrythur, traddodiad a rheswm yn ein harwain at gredu ym modolaeth y diafol. Nid yw hyn yn golygu ein bod yn datblygu obsesiwn amdano. Fel y dywedodd C. S. Lewis, 'Y mae dau gamgymeriad cwbl wahanol sydd yr un mor beryglus y gallwn syrthio iddynt wrth sôn am ysbrydion drwg. Ar un llaw fe allwn wrthod â chredu yn eu bodolaeth. Ar y llaw arall fe allwn gredu ynddynt, a bod â diddordeb afiach a gormodol ynddynt. Y maent hwy yr un mor hapus waeth pa gamgymeriad y syrthiwn iddo, y mae'r materolydd a'r dewin yn eu llanw â'r un pleser.'[46]

Fel hyn y dywedodd Michael Green:

> Fel unrhyw gadfridog sy'n medru twyllo'r gelyn i'w ddiystyru, mae'n rhaid bod Satan ... yn hapus iawn gyda sut mae pethau ar hyn o bryd, sefyllfa sy'n ei adael yn rhydd i weithredu yn gwbl hawdd ac effeithiol, yn hyderus nad oes neb yn ei gymryd o ddifrif. Po fwyaf y gall ef annog pobl i amau ei fodolaeth, y gorau i gyd y bydd iddo ef. Po fwyaf y gall ef ddallu meddyliau i'r gwirionedd, y rhwyddaf i gyd y gall ef gyflawni ei fwriadau.[48]

Y mae llawer yn mynd ar hyd y ffordd arall ac yn datblygu diddordeb gormodol ac afiach ynddo. Y mae diddordeb newydd yn codi mewn ysbrydegaeth, darllen dwylo, byrddau ouija, sianelu (cysylltu â'r meirw), astroleg, yr horosgôb, gwrachyddiaeth a phwerau'r ocwlt. Y mae ymwneud â'r pethau hyn yn cael ei gondemnio'n llwyr gan yr Ysgrythur (Deuteronomium 18.10; Lefiticus 19.20 ymlaen; Galatiaid 5.19 ymlaen; Datguddiad 21.8; 22.15). Os yr ydym wedi ymwneud ag unrhyw beth fel hyn fe allwn dderbyn maddeuant. Y mae angen inni edifarhau a dinistrio unrhyw beth oedd yn gysylltiedig â'r pethau hynny megis llyfrau, swynion, fideos a chylchgronau (Actau 19.19).

Gall Cristnogion hefyd fod â diddordeb afiach yn y pethau hyn. Dangosodd Cristion newydd lyfrau i mi yn ddiweddar lle'r oedd pwyslais trwm iawn ar waith y gelyn—gyda llawer o ofod yn cael ei roi i ddyfalu ynglŷn â rhif y bwystfil yn Llyfr Datguddiad a cheisio ei gysylltiad â chardiau credyd! Mae'n rhaid bod y bwriad yn dda, ond yr oedd yr obsesiwn am waith y gelyn yn ymddangos yn afiach imi. Nid yw'r Beibl byth fel hyn. Yno y mae'r sylw i gyd yn cael ei roi i Dduw.

Beth yw cynllwynion y diafol?

Amcan Satan yn y pen draw yw dinistrio pob un byw (Ioan 10.10). Y mae am i ni ddilyn llwybr sy'n arwain i ddistryw. Er mwyn cyflawni hynny y mae'n ceisio atal pawb rhag dod i ffydd yn Iesu Grist. Y mae Paul yn dweud wrthym: 'Dallodd duw'r oes hon [hynny yw, y diafol] eu meddyliau [sef, yr anghredinwyr], rhag iddynt weld goleuni Efengyl gogoniant Crist, delw Duw' (2 Corinthiaid 4.4).

Cyhyd â'n bod ni'n dilyn llwybr Satan a'n llygaid wedi'u dallu, byddwn yn gwbl anymwybodol o'i gynllwynion. Unwaith inni ddechrau cerdded ar hyd y llwybr sydd yn arwain i fywyd ac yr agorir ein llygaid i'r gwirionedd, down yn ymwybodol ein bod yn dioddef ymosodiadau.

Yn aml iawn y mae'n ceisio ymosod i gychwyn trwy hau amheuon. Gwelwn hyn ym mhenodau agoriadol llyfr Genesis, lle mae'r gelyn, ar ffurf sarff, yn dweud wrth y wraig, 'A yw Duw *yn wir* wedi dweud...?' Ei gam cyntaf yw hau amheuon yn ei meddwl.

Gwelwn yr un cynllwyn ar waith yn nhemtiad Iesu. Y mae'r diafol yn dod ato ac yn dweud, '*Os* Mab Duw wyt ti...' (Mathew 4.3, fy mhwyslais i). Yn gyntaf, y mae'n hau amheuon, ac yna daw'r temtasiynau. Nid yw ei gynllwynion wedi newid. Y mae'n dal i hau amheuon yn ein meddyliau ni: 'A wnaeth Duw *mewn gwirionedd* ddweud fod hyn a hyn yn beth anghywir i'w wneud?' neu '*Os* wyt ti'n Gristion...' Y mae'n ceisio tanseilio ein hyder yn yr hyn y mae Duw wedi'i ddweud ac yn ein perthynas ag ef. Y mae'n rhaid inni sylweddoli fod hyn yn rheswm dros lawer o'n hamheuon.

Paratoad ar gyfer ei brif ymosodiad yw hau amheuon. Gwelir hyn yn achos y wraig yng Ngardd Eden ac yn hanes Iesu yn y diffeithwch. Yn Genesis 3, gwelwn yn eglur sut y mae Satan, sy'n cael ei ddisgrifio fel 'temtiwr' (Mathew 4.2), yn gweithio mor aml.

Yn Genesis 2.16-17, rhoes Duw i'r dyn a'r wraig ryddid pell-gyrhaeddol ('Cei fwyta'n rhydd o bob coeden yn yr ardd'), un gwaharddiad ('Ond ni chei fwyta o bren gwybodaeth da a drwg') a rhybudd ynglŷn â chanlyniadau anufudd-dod ('Oherwydd y dydd y bwytei ohono ef, byddi'n sicr o farw').

Y mae Satan yn anwybyddu'r rhyddid ac yn canolbwyntio ar yr un gwaharddiad—ac yn gorliwio hwnnw (Genesis 3.1). Nid yw ei gynllwynio wedi newid. Y mae'n dal i anwybyddu rhyddid. Y mae'n anwybyddu y ffaith fod Duw wedi rhoi inni'n helaeth bob peth i'w fwynhau (1 Timotheus 6.17). Y mae'n anwybyddu y fendith fawr o fedru cerdded mewn perthynas â Duw. Y mae'n anwybyddu cyfoeth priodasau a theuluoedd Cristnogol, gofal a diogelwch cartrefi Cristnogol, y cyfeillgarwch dwfn y gallwn ei brofi fel Cristnogion, a'r pethau dirifedi eraill y mae Duw yn ei gynnig i'r rhai sy'n ei adnabod ac yn ei garu. Nid yw'n sôn wrthym am y pethau hyn. Yn hytrach y mae'n canolbwyntio'n llwyr ar restr gwbl ddiddychymyg o'r hyn a waharddwyd i'r Cristion—gan ein hatgoffa dro ar ôl tro nad ydym i feddwi, rhegi na pheidio â rheoli ein chwantau rhywiol. Y mae nifer cymharol fechan o bethau nad yw Duw yn caniatáu i ni eu gwneud ac y mae rhesymau da iawn pam ei fod wedi'u gwahardd.

Yn olaf, y mae'n gwadu'r canlyniadau. Y mae'n dweud, 'Ni fyddwch farw' (Genesis 3.4). Mewn geiriau eraill, y mae'n dweud, nad yw'n mynd i wneud unrhyw wahaniaeth i ni os ydym yn anufudd i Dduw. Y mae'n awgrymu fod Duw yn un sydd am roi stop ar ein mwynhad, ac nad yw am y gorau i ni mewn bywyd ac y byddwn ar ein colled os na fyddwn yn anufudd. Mewn gwirionedd y gwrthwyneb sy'n wir, fel y profodd y dyn a'r wraig yng Ngardd Eden. Anufudd-dod yw'r achos ein bod yn colli allan ar gymaint y mae Duw wedi'i fwriadu ar ein cyfer.

Yn yr adnodau sy'n dilyn fe welwn beth yw canlyniadau bod yn anufudd i Dduw. Yn gyntaf y mae'r cywilydd a'r embaras. Teimlai'r dyn a'r wraig yn noeth ac y maent yn cuddio (ad.7). Petai popeth yr ydym wedi'i wneud erioed yn cael ei ddangos ar sgrîn, yna'n cael ei ddilyn gan restr gyflawn o bopeth yr ydym wedi meddwl amdano erioed, pa mor hir y byddem ni'n aros yn yr ystafell? Yn y bôn, yn nyfnder ein bodolaeth, y mae gennym gywilydd am ein pechod. Nid ydym am i bobl eraill wybod amdano. Chwaraeodd Syr Arthur Conan Doyle jôc ar ddeuddeg dyn. Yr oeddynt i gyd yn bobl barchus, yn bileri eu cymdeithas. Anfonodd delegram at bob un yn darllen: 'Dihangwch ar unwaith. Mae popeth yn wybyddus.' O fewn pedair awr ar hugain yr oedd bob un wedi gadael y wlad! Y mae gan bob yr un ohonom bethau yr ydym yn cywilyddio o'u plegid; rhai pethau nad ydym am i neb wybod amdanynt. Yn aml iawn fe fyddwn yn codi muriau o'n cwmpas i osgoi'r posibilrwydd y gall rhywun ddod i wybod amdanynt.

Yn nesaf, fe dorrwyd ar gyfeillgarwch y dyn a'r wraig â Duw. Pan glywsant Dduw yn dod, aethant i guddio (ad.8). Y mae llawer o bobl heddiw yn cuddio oddi wrth Dduw. Nid ydynt am wynebu'r posibilrwydd ei fod yn bodoli. Fel y dyn y mae ofn arnynt (ad.10). Y mae gan rai ofn real iawn o fynd i'r eglwys neu o gymysgu gyda Christnogion. Dywedodd gŵr a gwraig o'n cynulleidfa hanes am chwaraewr rygbi cyhyrog o Awstralia yr oeddent wedi'i wahodd i'r eglwys. Aeth mor bell â'r glwyd, ac yna dechreuodd grynu yn y car. 'Alla i ddim. Alla i ddim mynd mewn i'r eglwys achos bod gormod o ofn arnaf fi.' Nid oedd yn medru edrych ar wyneb Duw. Yr oedd rhywbeth wedi dod rhyngddo ef â Duw, yn union fel yr oedd rhwng y dyn a'r wraig â Duw. Ar unwaith fe geisiodd Duw eu tynnu yn ôl i berthynas ag ef. Y mae'n galw, 'Ble'r wyt ti?' (ad.9). Y mae'n dal i wneud hynny.

Yna, y mae rhaniad rhwng y dyn a'r wraig. Y mae'r dyn yn beio'r wraig, a'r wraig yn beio'r diafol. Ond yr oeddynt hwy, fel yr ydym ni i gyd, yn gyfrifol am ein pechod ein hunain. Ni allwn feio Duw na neb arall, nac hyd yn oed y diafol (Iago 1.13-15). Yr ydym yn gweld hyn yn ein cymdeithas heddiw. Pan fo pobl yn troi oddi wrth Dduw, y maent yn dechrau ymladd â'i gilydd. Yr ydym yn gweld perthnasau yn torri ym mha le bynnag yr edrychwn: priodasau yn chwalu, cartrefi yn chwalu, perthynas pobl yn y gwaith yn chwalu, rhyfeloedd cartref, a rhyfeloedd rhwng gwladwriaethau a chenhedloedd.

Yn olaf, wrth i Dduw gosbi y dyn a'r wraig (ad.14 ymlaen) gwelwn sut y twyllwyd hwy gan Satan. Gwelwn sut yr arweiniodd ei dwyll y dyn a'r wraig oddi wrth Dduw i lwybr a fyddai, fel y gwyddai Satan o'r cychwyn, yn arwain i ddistryw.

Gwelwn fod Satan yn un sy'n twyllo, yn un sy'n dinistrio, yn un sy'n temtio ac yn un sy'n hau amheuon. Y mae hefyd yn un sy'n cyhuddo. Y mae'r gair Hebraeg am Satan yn golygu 'cyhuddwr' neu 'celwyddgi'. Y mae'n cyhuddo Duw gerbron pobl. Y mae'n beio Duw am bopeth. Mae'n dweud nad yw Duw yn un i ymddiried ynddo. Yn ail, y mae'n cyhuddo Cristnogion gerbron Duw (Datguddiad 12.10). Y mae'n gwadu gallu marwolaeth Iesu. Y mae'n ein condemnio ac yn ein gwneud ni i deimlo'n euog—nid am unrhyw bechod yn benodol, ond â theimlad cyffredinol o euogrwydd. Ar y llaw arall pan fo'r Ysbryd Glân yn tynnu ein sylw at bechod, y mae'n gwneud hynny'n benodol fel y gallwn ei gydnabod a throi oddi wrtho.

Nid yw temtasiwn yr un peth â phechod. Weithiau y mae'r diafol yn hau rhywbeth yn ein meddwl yr ydym yn gwybod ei fod yn anghywir. Y foment honno y mae gennym ddewis ei dderbyn neu ei wrthod. Os yr ydym yn dewis ei dderbyn yr ydym ar y ffordd i bechu. Os gwrthodwn y peth, yna yr ydym yn dilyn esiampl Iesu. Yr oedd ef 'wedi ei brofi ym mhob peth, yn yr un modd â ni, ac eto heb bechod' (Hebreaid 4.15). Pan roddodd Satan feddyliau drwg yn ei feddwl, fe'u gwrthododd. Ond yn aml iawn cyn inni gael cyfle i ddewis yr un ffordd neu'r llall y mae Satan yn ein cyhuddo. O fewn eiliad y mae'n dweud, 'Edrych arnat ti! Galw dy hun yn Gristion? Beth oeddet ti'n ei feddwl amdano? Elli di ddim bod yn Gristion. Dyna beth ofnadwy i feddwl amdano!' Y mae am i ni gytuno a dweud, 'O na! Alla i ddim bod yn Gristion,' neu, 'O na! Rwyf wedi'i gwneud hi nawr, does dim ots beth wna i nesaf!' Yr ydym ar ein ffordd lawr, a dyna ei fwriad. Tactegau o gondemnio ac o gyhuddo. Os y gall yntau wneud inni deimlo'n euog y mae'n gwybod beth fydd yn digwydd wedyn: 'Does dim ots nawr os rwy'n ei wneud neu beidio. Yr wyf wedi methu'n barod.' Ac felly yr ydym yn ei wneud ac mae temtasiwn wedi troi yn bechod.

Y mae am i fethiant ddod yn batrwm i'n bywydau. Y mae'n gwybod po amlaf y syrthiwn i bechod, po fwyaf y bydd pechod yn dechrau rheoli ein bywydau. Efallai nad yw'r chwistrelliad cyntaf o heroin yn ddigon i'n troi yn ddibynnol, ond wrth chwistrellu dydd ar ôl dydd, wythnos ar ôl wythnos, blwyddyn ar ôl blwyddyn, y mae'n caethiwo ac yr ydym yn gaeth iddo. Os syrthiwn i'r patrwm o wneud pethau y gwyddom eu bod yn anghywir, yna y mae'r pethau yma yn gafael yn ein bywydau. Yr ydym yn gaeth ac ar y llwybr y mae Satan am ein gweld yn ei ddilyn—yr un sy'n arwain i ddistryw (Mathew 7.13).

Ble'r ydym ni'n sefyll?

Fel Cristnogion, y mae Duw wedi'n hachub ni o 'afael y tywyllwch, a'n trosglwyddo i deyrnas ei annwyl Fab' (Colosiaid 1.13). Cyn inni fod yn Gristnogion, y mae Paul yn dweud ein bod o dan reolaeth y tywyllwch. Yr oedd Satan yn ein rheoli ac yr oeddem yng ngafael pechod, caethwasanaeth, marwolaeth a distryw. Dyna beth yw rheolaeth y tywyllwch.

Yn 1992 talodd y clwb pêl droed Lazio £5.5m am Paul Gascoigne i Tottenham Hotspur ei drosglwyddo i Lazio. Dychmygwch Gazza yn derbyn ffôn oddi wrth Terry Venables un dydd (ei gyn-reolwr yn Tottenham), yn gofyn, 'Pam nad oeddet ti yn yr ymarfer y bore 'ma?' Ei ateb fyddai, 'Dwi ddim yn gweithio i ti mwyach. Rwyf wedi cael fy nhrosglwyddo. Dwi'n gweithio i glwb arall nawr' (neu o leiaf dyna fyddai brif bwynt yr hyn fyddai ganddo i'w ddweud!)

Mewn ffordd llawer mwy rhyfeddol, yr ydym ni wedi'n trosglwyddo o deyrnas y tywyllwch lle mae Satan yn rheoli, i deyrnas Dduw lle mae Iesu yn rheoli. Pan fo Satan yn gofyn inni wneud ei waith ein hateb yw, 'Dydw i ddim yn eiddo i ti mwyach.'

Gelyn wedi'i goncro yw Satan (Luc 10.17-20). "Dinoethodd [Iesu] y tywysogaethau a'r awdurdodau, a'u gwneud yn sioe gerbron y byd yng ngorymdaith ei fuddugoliaeth arnynt ar y groes' (Colosiaid 2.15). Maeddwyd Satan a'u holl weision wrth y groes, a dyna pam fod Satan a'i ysbrydion drwg â chymaint o ofn enw Iesu (Actau 16.18). Y maent yn gwybod eu bod wedi cael eu trechu.

Y mae Iesu wedi ein rhyddhau ni oddi wrth euogrwydd, felly nid oes raid inni gael ein condemnio. Torrodd Iesu nerth y pethau hynny a'n gosod ni'n rhydd. Fe dorrodd ofn marwolaeth pan drechodd ef ei hun farwolaeth. Gyda hynny, y mae'n bosibl iddo'n gosod ni'n rhydd oddi wrth bob ofn. Y mae'r holl bethau hyn— euogrwydd, caethiwed ac ofn—yn perthyn i deyrnas y tywyllwch. Y mae Iesu wedi'n trosglwyddo ni i deyrnas newydd.

Yr oedd y groes yn fuddugoliaeth fawr tros Satan a'i weision, ac yr ydym ni'n awr yn byw yn y cyfnod o ddod â phethau i fwcwl. Er nad yw'r gelyn wedi'i ddinistrio'n llwyr a'i fod yn dal i allu gwneud niwed, y mae wedi'i ddiarfogi, wedi'i faeddu ac wedi colli pob hyder. Dyna ein sefyllfa ni, ac y mae'n bwysig inni sylweddoli cryfder ein sefyllfa oherwydd buddugoliaeth Iesu ar y groes er ein mwyn.

Sut ydym i amddiffyn ein hunain?

Gan nad yw'r rhyfel trosodd eto ac nad yw Satan wedi'i ddinistrio eto, y mae'n rhaid inni wneud yn siŵr fod ein hamddiffynfeydd yn eu lle. Y mae Paul yn dweud wrthym 'Gwisgwch amdanoch holl arfogaeth Duw, er mwyn ichwi fedru sefyll yn gadarn yn erbyn cynllwynion y diafol' (Effesiaid 6.11). Yna y mae'n sôn am chwe darn o arfogaeth sydd ei angen arnom. Weithiau fe ddywedir, 'Cyfrinach y bywyd Cristnogol yw ... .' Ond nid un cyfrinach sydd; y mae angen yr *holl* arfau arnom ni.

BETH YW BYWYD?

Yn gyntaf, y mae angen 'gwregys y gwirionedd' (ad.14) arnom ni. Y mae hyn fwy na thebyg yn golygu sylfaen o ddysgeidiaeth a gwirionedd Cristnogol. Y mae'n golygu cael yr holl wirionedd Cristnogol (neu gymaint ag y gallwn) i mewn i'n sustem ni. Yr ydym yn gwneud hyn trwy ddarllen y Beibl, gwrando ar bregethau ac anerchiadau, darllen llyfrau Cristnogol a gwrando ar dâpiau. Bydd hyn yn ein galluogi ni i wahaniaethu rhwng yr hyn sy'n wir a chelwydd Satan, 'oherwydd un celwyddog yw ef, a thad pob celwydd' (Ioan 8.44).

Nesaf, y mae angen 'arfwisg dwyfron cyfiawnder' (ad.14). Dyma'r cyfiawnder sy'n dod oddi wrth Dduw trwy beth mae Iesu wedi'i wneud drosom ni ar y groes. Y mae'n caniatáu inni gael perthynas gyda Duw a byw bywyd cyfiawn. Y mae angen inni wrthsefyll y diafol. Y mae'r Apostol Iago yn dweud, 'Gwrthsafwch y diafol, ac fe ffy oddi wrthych. Neséwch at Dduw, ac fe nesâ ef atoch chwi' (Iago 4.7-8). Yr ydym yn syrthio o bryd i'w gilydd. Pan wnawn hynny y mae angen inni godi ar unwaith. Yr ydym yn gwneud hyn wrth ddweud wrth Dduw fod yn ddrwg gennym am yr hyn yr ydym wedi'i wneud, gan fod mor benodol â phosibl (1 Ioan 1.9). Y mae ef wedi addo adfer ei gyfeillgarwch gyda ni.

Yna, y mae angen 'esgidiau efengyl tangnefedd' (ad.15) arnom ni. Yr wyf yn deall hyn i olygu parodrwydd i siarad am efengyl Iesu Grist. Fel y mae John Wimber yn dweud yn aml iawn, 'Mae'n galed eistedd yn llonydd a bod yn dda.' Os ydym yn ceisio'n gyson am gyfleoedd i rannu y newyddion da, y mae gennym amddiffynfa effeithiol yn erbyn y gelyn. Unwaith inni ddatgan ein ffydd i'n teuluoedd ac yn y gwaith, yr ydym yn cryfhau ein hamddiffynfa. Y mae hi'n galed iawn, gan ein bod y gwybod ein bod yn cael ein gwylio i weld os ydym yn byw i fyny i'n ffydd. Ond y mae hefyd yn sbardun mawr i wneud hynny.

Y pedwerydd peth sydd ei angen arnom yw 'tarian ffydd' (ad.16). Gyda hon fe fyddwn 'yn gallu diffodd holl saethau tanllyd yr Un drwg. Y mae ffydd yn groes i siniciaeth a sgeptigiaeth sy'n dinistrio cynifer o fywydau. Diffiniwyd un agwedd ar ffydd fel 'cymryd addewid oddi wrth Duw a mentro ei gredu.' Bydd Satan yn taflu ei saethau amheuaeth er mwyn ceisio ein tanseilio—ond gyda tharian ffydd fe allwn ei wrthsefyll.

Yn bumed, y mae Paul yn dweud wrthym i gymryd 'helm iachawdwriaeth' (ad.17). Fel y nododd yr Esgob Wescott, Athro Diwinyddiaeth yng Nghaer-grawnt, y mae tri amser i iachawdwriaeth. Yr ydym wedi cael ein hachub rhag *cosb* pechod. Yr ydym yn cael ein hachub rhag *nerth* pechod. Fe fyddwn yn cael ein hachub rhag *presenoldeb* pechod. Rhaid i ni ddal gafael ar y cysyniadau mawr yma yn ein meddwl; eu gwybod a'u deall er mwyn ateb cyhuddiadau ac amheuon y gelyn.

Yn olaf, yr ydym i gymryd cleddyf yr Ysbryd, sef 'gair Duw' (ad.17). Fwy na thebyg y mae Paul yn cyfeirio yma at yr Ysgrythurau. Defnyddiodd Iesu yr Ysgrythurau pan ymosododd Satan. Bob tro y mae Iesu yn ateb gyda gair Duw ac yn y diwedd y mae'n rhaid i Satan adael. Y mae'n werth y byd inni geisio dysgu rhai adnodau o'r Beibl ar ein cof er mwyn inni fedru eu defnyddio i yrru'r gelyn ymaith ac i atgoffa ein hunain o addewidion Duw.

Sut yr ydym i ymosod?

Fel yr ydym wedi gweld yn barod, cafodd Satan a'i weision eu maeddu ar y groes, ac yr ydym ni nawr yn byw yn y cyfnod o ddod â phopeth i fwcwl cyn i Iesu ddychwelyd. Fel Cristnogion, nid oes angen inni ofni Satan; i ddweud y gwir y mae ganddo ef lawer mwy i'w ofni oddi wrth weithgarwch Cristnogion.

Y mae galw arnom ni i weddïo. Yr ydym mewn brwydr ysbrydol, er hynny 'nid arfau gwan cnawd yw arfau ein milwriaeth ni, ond rhai nerthol Duw sy'n dymchwel cestyll' (2 Corinthiaid 10.4). Yr oedd gweddi yn flaenoriaeth bwysig iawn i Iesu, ac fe ddylai fod i ni hefyd. Yng ngeiriau'r emyn, 'Satan trembles when he sees the weakest Christian on his knees.'

Y mae galw arnom ni hefyd i weithredu. Unwaith eto, ym mywyd Iesu, yr oedd gweddi a gweithredu yn mynd law yn llaw. Yr oedd Iesu yn cyhoeddi teyrnas Dduw, iacháu'r claf ac yn taflu allan ysbrydion drwg. Rhoes gomisiwn i'w ddisgyblion i wneud yr un peth. Yn nes ymlaen fe edrychwn yn fanwl ar beth mae hyn yn ei olygu.

Y mae'n bwysig pwysleisio mawredd Duw a diffyg nerth y gelyn. Nid ydym yn credu fod yna ddau allu cyfartal ond mewn gwrthwyneb i'w gilydd—Duw a Satan. Nid dyna'r darlun a gawn yn y Beibl. Duw yw creawdwr y bydysawd. Y mae Satan yn rhan o'i greadigaeth—rhan sydd wedi syrthio. Rhan fechan yw. Ac yn fwy na hynny, y mae'n elyn sydd wedi'i drechu ac fe gaiff ei ddinistrio'n llwyr pan ddaw Iesu yn ôl (Datguddiad 12.12).

Mewn darlun rhagorol gan C. S. Lewis yn ei lyfr *The Great Divorce*, lle mae'n sôn am uffern fel man lle mae Satan a'i gythreuliaid yn gweithredu, y mae dyn yn cyrraedd y nefoedd ac yn cael ei ddangos o gwmpas gan ei 'athro'. Y mae'n disgyn ar ei benliniau, yn cymryd darn o borfa, ac yn ei ddefnyddio i ddangos hollt yn y pridd lle mae uffern gyfan wedi'i guddio.

'Ydych chi'n golygu felly fod Uffern—yr holl dref wag dragwyddol honno—i lawr mewn hollt fach fel hyn?'

'Ydw. Y mae Uffern gyfan yn llai nag un garreg ar y traeth yn eich byd daearol chi: ond yn llai nag un atom yn y byd *hwn*, y Byd Go-Iawn. Edrych ar yr iâr fach yr haf acw. Petai honno yn llyncu Uffern gyfan, ni fyddai Uffern yn ddigon mawr i wneud unrhyw niwed iddi nac i roi blas yn ei cheg.'

'Mae'n edrych yn ddigon mawr pan yr ydych yno, Syr.'

'Ac eto nid yw'r holl unigrwydd, dicllonedd, casineb, eiddigedd, a chwantau sydd ynddo, o'u gwneud yn un profiad a'u gosod yn y glorian yn erbyn yr ennyd leiaf o lawenydd sy'n cael ei brofi gan y lleiaf yn y Nefoedd, yn pwyso dim o gwbl. Nid yw'r drwg hyd yn oed yn medru bod mor ddrwg ag y mae da yn dda. Petai holl dristwch Uffern yn cael ei roi yn un yn yr aderyn bach melyn ar y gangen acw, fe fyddai wedi'i lyncu heb sôn amdano, yn union fel y byddai un diferyn o inc wedi'i ollwng i'r Cefnfor Mawr acw nad yw Cefnfor Tawel eich byd chi ond yn foliciwl yn ei ymyl.'[49]

11

Sut mae Duw yn ein harwain?

Y mae pob yr un ohonom yn gorfod gwneud penderfyniadau mewn bywyd. Wynebwn benderfyniadau ynglŷn â'n perthynas ag eraill, priodas, plant, ddefnyddio'n hamser, swyddi, tai, arian, gwyliau, eiddo, rhoi ac yn y blaen. Y mae rhai o'r penderfyniadau yn rhai mawr iawn; rhai yn llai. Mewn llawer achos, y mae o'r pwysigrwydd mwyaf ein bod yn gwneud y penderfyniad cywir—, er enghraifft, wrth ddewis partner priodas. Y mae angen cymorth Duw arnom ni yn hyn i gyd.

Daw arweiniad yn naturiol o'n perthynas gyda Duw. Y mae'n addo arwain y rhai sydd yn cerdded gydag ef. Fe ddywed, 'Hyfforddaf fi a'th ddysgu yn y ffordd a gymeri' (Salm 32.8). Y mae Iesu yn addo arwain ei ddilynwyr: 'Y mae yntau'n galw ei ddefaid ei hun wrth eu henwau ac yn eu harwain hwy allan, bydd y defaid yn ei ganlyn oherwydd eu bod yn adnabod ei lais ef' (Ioan 10.3-4). Y mae'n dyheu am i ni geisio beth yw ei ewyllys ef (Colosiaid 1.9; Effesiaid 5.17). Mae ganddo ofal dros bob yr un ohonom fel unigolion. Y mae'n ein caru ac mae am siarad gyda ni am yr hyn ddylem ni ei wneud gyda'n bywydau—am y pethau bach yn ogystal â'r pethau mawr.

Y mae gan Dduw gynllun ar gyfer ein bywydau (Effesiaid 2.10). Y mae hyn yn medru achosi gofid i bobl weithiau. 'Nid wyf yn siŵr fy mod am i Dduw gynllunio fy mywyd i. A fydd yr hyn y mae ef wedi'i drefnu yn dda?' yw'r amheuon a ddaw i'w meddwl. Nid oes angen inni ofni. Y mae Duw yn ein caru ac am y gorau inni yn ein bywydau. Dywed Paul wrthym fod ewyllys Duw ar gyfer ein bywydau yn 'dda a derbyniol a pherffaith yn ei olwg ef' (Rhufeiniaid 12.2). Dywedodd wrth ei bobl trwy'r proffwyd Jeremeia: '"Myfi sy'n gwybod fy mwriadau a drefnaf ar eich cyfer," medd yr ARGLWYDD, "bwriadau o heddwch, nid niwed, i roi ichwi ddyfodol gobeithiol"' (Jeremeia 29.11).

Mae'n dweud, 'A ydych yn sylweddoli fod gennyf fwriadau da ar gyfer eich bywyd? Yr wyf wedi paratoi rhywbeth hyfryd ichwi.' Daw'r gri yma o galon Duw oherwydd ei fod wedi gweld y smonach yr oedd y bobl wedi'i greu o bopeth wrth beidio â dilyn ei ffyrdd ef yn eu bywydau. O'n cwmpas yr ydym yn gweld pobl sydd â'i bywydau mewn anhrefn llwyr. Wedi dod at Grist bydd pobl yn dweud wrthyf yn aml, 'O trueni na fyddwn i wedi dod at Grist bum neu ddeng mlynedd yn gynt! Edrychwch ar fy mywyd nawr. Mae'n llanast pur.'

Os ydym i ddarganfod beth yw bwriadau Duw ar ein cyfer, rhaid inni ofyn iddo beth ydynt. Rhybuddiodd Duw ei bobl ynglŷn â chynllunio heb ofyn iddo: '"Gwae chwi blant gwrthryfelgar," medd yr ARGLWYDD, "sy'n gweithio cynllun na ddaeth oddi wrthyf fi, ac yn dyfeisio planiau nad ysbrydolwyd gennyf... ânt i lawr i'r Aifft, *heb ofyn fy marn*"' (Eseia 30.1-2, fy mhwyslais i). Wrth gwrs, Iesu yw'r esiampl berffaith o wneud ewyllys y Tad. 'Arweiniwyd ef gan yr Ysbryd' (Luc 4.1) yn gyson ac ni wnâi ond yr hyn y gwelai y Tad yn ei wneud (Ioan 5.19).

Gwnawn gamgymeriadau oherwydd nad ydym yn ymgynghori â'r Arglwydd. Yr ydym yn gwneud rhyw gynllun neu'i gilydd a meddwl, 'Yr wyf am wneud hyn ond nid wyf yn rhy siŵr a fyddai Duw am i mi ei wneud. Byddai'n well imi beidio â gofyn iddo, rhag ofn nad dyna yw ei ewyllys ar fy nghyfer!'

Y mae Duw yn ein harwain pan ydym yn barod i wneud ei ewyllys ef yn hytrach na mynnu bod ein ffyrdd ni ei hunain yn iawn. Dywed y salmydd, 'Fe arwain y gostyngedig yn yr hyn sy'n iawn, a dysgu ei ffordd i'r gostyngedig' (Salm 25.9) ac fe 'gaiff y rhai sy'n ei ofni [sef, parchu] gyfeillach yr ARGLWYDD' (ad.14). Y mae Duw yn arwain y rhai sydd yn rhannu agwedd Mair Forwyn: 'Dyma lawforwyn yr Arglwydd, bydded i mi yn ôl dy air di' (Luc 1.38). Pan fyddwn yn barod i wneud ei ewyllys ef, y mae'n dechrau dangos inni beth yw ei fwriadau ar gyfer ein bywydau.

Y mae yna adnod yn y Salmau yr wyf yn mynd yn ôl ati dro ar ôl tro: 'Gorchymyn dy ffordd i'r ARGLWYDD ac ymddiried ynddo; ac efe a'i dwg i ben' (Salm 37.5, Cyfieithiad Diwygiedig). Ein rhan ni yw rhoi ein ffyrdd yn llaw yr Arglwydd ac ymddiried ynddo. Pan fyddwn wedi gwneud hynny, gallwn ddisgwyl yn hyderus iddo weithredu.

Tua diwedd ein hamser yn y brifysgol, yr oedd un o'm cyfeillion, a ddaeth yn Gristion yr un adeg â mi, wedi dechrau dod i adnabod merch yn dda iawn nad oedd yn Gristion. Nid oedd yn credu ei bod yn iawn iddo ei phriodi oni bai ei bod yn rhannu ei ffydd yng Nghrist. Nid oedd am roi unrhyw bwysedd arni. Felly fe wnaeth beth ddywedodd y salmydd a rhoi'r peth yn nwylo'r Arglwydd. Yr oedd yn dweud, mewn geiriau eraill, 'Arglwydd, os nad yw'r berthynas hon yn un gywir, yr wyf yn gweddïo y byddi di'n dod â'r peth i ben. Os yw'n berthynas iawn, yna yr wyf yn gweddïo y bydd yn dod yn Gristion erbyn dydd olaf tymor y gwanwyn.' Ni ddywedodd wrthi hi nag wrth neb arall am y dyddiad yma yr oedd wedi'i osod. Fe 'ymddiriedodd ynddo ef' a disgwyl iddo weithredu. Daeth dydd olaf tymor y gwanwyn ac yr oedd yn ddau yn digwydd mynd i barti gyda'i gilydd y noson honno. Ychydig cyn hanner nos dywedodd wrtho ei bod am fynd am dro yn y car. Felly allan â hwy yn y car a hithau yn rhoi iddo restr hir o gyfarwyddiadau ar ble i fynd, a hynny o dop ei phen jyst am sbort: 'Troi teirgwaith i'r chwith, teirgwaith i'r dde, gyrru syth ymlaen am dair milltir ac wedyn stopio.' Gwnaeth yn union fel y gorchmynnodd hi. Dyma nhw yn gorffen mewn mynwent â chroes enfawr yn ei chanol gyda channoedd o groesau llai o'i chwmpas. Cafodd sioc i weld hyn gyda sumbol y groes yn cael effaith ddofn arni, a hefyd am fod Duw wedi defnyddio ei chyfarwyddiadau i gael ei sylw. Dechreuodd wylo. Ychydig funudau yn ddiweddarach yr oedd wedi dod i gredu yng Nghrist. Erbyn hyn mae'r ddau wedi bod yn briod ac yn hapus iawn ers blynyddoedd. Maent yn dal i edrych yn ôl a chofio fod llaw Duw wedi bod arnynt ar yr adeg honno.

O fod yn barod i wneud yr hyn y mae Duw am i ni ei wneud, sut y dylem ddisgwyl i Dduw siarad â ni a'n arwain? Y mae ef yn ein harwain trwy lawer o ffyrdd amrywiol. Weithiau y mae Duw yn siarad gyda ni mewn un o'r pum ffordd a amlinellir isod; weithiau mae'n gyfuniad o ffyrdd. Os yw'n benderfyniad pwysig efallai y bydd yn eu defnyddio i gyd.

Ysgrythurau sy'n gorchymyn

Fel yr ydym wedi gweld, y mae ewyllys gyffredinol Duw ar gyfer pob un ym mhob man ac ym mhob amgylchiad wedi'i ddatguddio yn yr Ysgrythur. Y mae wedi dweud wrthym beth y mae'n ei feddwl am nifer fawr o bynciau. O'r Beibl yr ydym yn gwybod fod rhai pethau yn anghywir. Felly, gallwn fod yn ddigon siŵr na fydd Duw yn ei harwain i wneud y pethau hyn. Weithiau fe glywch rywun sy'n briod yn dweud, 'Yr wyf wedi syrthio mewn cariad gyda dyn/menyw arall. Yr ydym yn caru ein gilydd cymaint. Yr wyf yn teimlo fod Duw yn fy arwain i adael fy mhartner a dechrau perthynas newydd.' Ond y mae Duw wedi gwneud ei ewyllys yn eglur. Dywedodd, 'Na wna odineb' (Exodus 20.14). Gallwn fod yn eithaf siŵr na fydd Duw yn ein harwain i odinebu.

Weithiau y mae pobl yn teimlo eu bod yn cael eu harwain i arbed arian trwy beidio â thalu treth incwm! Ond y mae Duw wedi'i gwneud yn ddigon clir ein bod i dalu unrhyw drethi sy'n ddyledus (Rhufeiniaid 13.7). Yn y meysydd yma a llawer o rai eraill y mae Duw wedi datguddio ei ewyllys gyffredinol. Nid oes angen inni ofyn am ei arweiniad; y mae wedi gwneud hynny'n barod. Os nad ydym yn siŵr, efallai y bydd angen inni holi rhywun sy'n adnabod y Beibl yn well nag yr ŷn ni yn ei wneud er mwyn gwybod a oes arweiniad yno ar y pwnc. Unwaith inni ddarganfod beth sydd gan y Beibl i'w ddweud, nid oes angen inni chwilio ymhellach.

Er bod ewyllys gyffredinol Duw wedi'i datguddio yn y Beibl, nid ydym bob amser yn medru dod o hyd i'w ewyllys benodol ar gyfer ein bywydau yno. Fel y gwelsom, y mae'r Beibl yn dweud wrthym taw ei ewyllys gyffredinol ef yw i bobl briodi. Er bod aros yn ddibriod yn alwad aruchel, eithriad yw yn hytrach na pheth cyffredinol i bawb (ee. 1 Corinthiaid 7.2) Yr ydym yn gwybod fod Cristnogion ond yn rhydd i briodi â Christnogion eraill (2 Corinthiaid 6.14). Ond nid yw'r Beibl yn dweud wrthym pwy yn gywir y dylem briodi!

Gwelsom yn ein pennod ar y Beibl fod Duw yn dal i siarad trwy'r Ysgrythurau heddiw. Gall siarad wrth inni ddarllen. Dywed y salmydd, 'Y mae dy farnedigaethau ... yn gynghorwyr imi' (Salm 119.24). Nid yw hynny'n golygu ein bod i ddarganfod ewyllys Duw wrth agor y Beibl unrhyw le ar fympwy a gweld beth sydd i'w weld yno. Yn hytrach, wrth inni ddatblygu'r arfer o ddarllen y Beibl yn rheolaidd ac yn sustematig dechreuwn weld pa mor berthnasol yw pob darlleniad dyddiol i'n sefyllfa arbennig ni.

Weithiau mae'n edrych fe petai un adnod yn sefyll mas yn fwy na'r lleill wrth inni ddarllen, ac yr ydym yn teimlo fod Duw yn siarad â ni trwy'r adnod honno. Dyna oedd fy mhrofiad i, er enghraifft, pan deimlwn fod Duw yn fy ngalw i newid swydd. Bob tro yr oeddwn yn teimlo fod Duw yn siarad â mi wrth imi ddarllen y Beibl fe fyddwn yn gwneud nodyn o hynny. Nodais o leiaf bymtheg gwahanol achlysur pan gredais i Dduw lefaru wrthyf trwy'r Beibl am ei alwad arnaf i adael fy ngwaith fel cyfreithiwr a hyfforddi ar gyfer gweinidogaeth yr Eglwys Anglicanaidd.

Ysbryd sy'n rheoli
Y mae arweiniad yn beth cwbl bersonol. Pan ddown yn Gristnogion y mae Ysbryd Duw yn dod i fyw ynom. Pan wna hynny mae'n dechrau cyfathrebu gyda ni. Y mae angen clywed ei lais arnom ni. Dywedodd Iesu y byddai ei ddefaid (ei ddilynwyr) yn adnabod ei lais (Ioan 10.4-5). Ar y ffôn yr ydym yn adnabod llais cyfaill da ar unwaith. Os nad ydym yn adnabod person cystal â hynny y mae'n cymryd mwy o amser inni ei adnabod. Wrth ddod i adnabod Iesu yn well, y mae'n dod yn haws inni adnabod ei lais.

Cawn hanes Paul a'i gyfeillion yn cynllunio mynd i mewn i Bithyna, 'ond ni chaniataodd Ysbryd Iesu iddynt' (Actau 16.7). Felly fe aethant ffordd arall. Ni wyddom sut yn union y llefarodd yr Ysbryd wrthynt, ond fe allai fod mewn un o nifer o wahanol ffyrdd.

Dyma dair esiampl o'r ffordd y mae Duw yn llefaru trwy ei Ysbryd.

1. Y mae Duw yn aml yn siarad â ni wrth inni weddïo
Y mae siarad yn beth sy'n digwydd o'r ddwy ochr mewn gweddi. Petawn i'n mynd at y doctor a dweud, 'Doctor, mae gennyf nifer o broblemau; mae 'na ffwngws yn tyfu o dan ewin bys fy nhroed, mae fy llygaid yn cosi, mae angen brathiad ffliw arnaf; mae fy nghefn yn boenus iawn ac mae fy nghlust yn boenus.' Yna wedi rhestru'r holl bethau hynny, yr wyf yn edrych ar fy oriawr a dweud, 'Diar mi, mae'r amser yn hedfan. Wel, rhaid imi fynd. Diolch yn fawr am wrando.' Mae'n ddigon posibl y byddai'r doctor yn dweud, 'Arhoswch eiliad. Pam na wnewch chi wrando arnaf fi?' Pan yn gweddïo os treuliwn yr holl amser yn siarad â Duw heb gymryd peth amser i wrando, fe wnawn yr un camgymeriad. Yn y Beibl fe welwn Dduw yn siarad gyda'i bobl. Er enghraifft, ar un achlysur wrth i'r Cristnogion addoli Duw ac ymprydio, fe lefarodd yr Ysbryd Glân, '"Neilltuwch yn awr i mi Barnabas a Saul, i'r gwaith yr wyf wedi eu galw iddo." Yna, wedi ymprydio a gweddïo a rhoi eu dwylo arnynt, gollyngasant hwy' (Actau 13.2-3).

Unwaith eto, nid ydym yn gwybod sut yn union y llefarodd yr Ysbryd Glân. Efallai, wrth iddynt weddïo, y daeth y peth i'w meddwl. Dyna ffordd gyffredin y mae Duw yn llefaru. Weithiau y mae pobl yn disgrifio hyn fel 'argraff' neu 'deimlad'. Y mae'n bosibl i'r Ysbryd Glân siarad ym mhob un o'r ffyrdd hyn. Wrth gwrs rhaid profi yr hyn sy'n 'argraff' neu 'deimlad' o'r fath (1 Ioan 4.1). A yw'n gyson â'r Beibl? A yw'n hyrwyddo cariad? Os nad yw, yna ni all ddod oddi wrth Dduw sy'n gariad (1 Ioan 4.16). A yw'n adeiladu, calonogi ac yn cysuro (1 Corinthiaid 14.3)? Wedi inni wneud ein penderfyniad, a ydym yn profi tangnefedd Duw (Colosiaid 3.15)?

2. Y mae Duw weithiau yn siarad â ni wrth roi dyhead cryf inni i wneud rhywbeth arbennig
'Duw yw'r un sydd yn gweithio ynoch i beri ichwi *ewyllysio* a gweithredu i'w amcanion daionus ef' (Philipiaid 2.13, fy mhwyslais i). Wrth inni ildio ein hewyllys i Dduw, y mae ef yn gweithio ynom ac yn aml iawn yn newid ein dyheadau. Unwaith eto, a siarad o'm profiad fy hun, cyn imi ddod yn Gristion y peth diwethaf yn y byd y buaswn i wedi dewis bod fyddai gweinidog yn yr Eglwys Anglicanaidd. Eto i gyd, pan ddes at Grist a dweud fy mod yn barod i wneud ei ewyllys ef, fe brofais fod fy nymuniadau wedi newid. Nawr, ni allaf ddychmygu braint fwy na swydd well na'r un yr wyf yn ei gwneud ar hyn o bryd.

Weithiau bydd pobl yn ceisio dychmygu beth y buasent yn hoffi ei wneud leiaf ac yna ei gymryd yn ganiataol taw dyna yw ewyllys Duw ar eu cyfer! Nid wyf yn credu fod Duw yn un fel hyn. Felly peidiwch ag ofni a dweud, 'Os fyddai'n dod yn Gristion bydd Duw yn fy ngwneud i'n genhadwr.' Os dyna beth y mae ef am i chi ei wneud, ac yr ydych wedi ildio eich ewyllys, fe fydd yn rhoi i chi'r dyhead neu'r awydd cryf i wneud hynny.

3. Weithiau y mae'n ein harwain mewn ffyrdd mwy anarferol
Y mae llawer o esiamplau yn y Beibl o Dduw yn arwain unigolion mewn ffyrdd

dramatig. Llefarodd wrth Samuel pan oedd yn fachgen bach mewn ffordd y gallai ei glywed gyda'i glustiau (1 Samuel 3.4-14). Arweiniodd Abraham (Genesis 18), Joseff (Mathew 2.19) a Phedr (Actau 12.7) trwy ei angylion. Llefarodd yn aml trwy ei broffwydi yn yr Hen Destament a'r Newydd (ee. Agabus—Actau 11.27-28; 21.10-11). Arweiniodd trwy weledigaethau (yn aml heddiw fe fyddem ni'n eu galw'n 'ddarluniau'). Er enghraifft, llefarodd Duw wrth Paul mewn gweledigaeth. Gwelodd ŵr o Facedonia yn sefyll ac yn erfyn arno, 'Tyrd drosodd i Facedonia, a chymorth ni.' Nid yw'n syndod i Paul a'i gyfeillion weld hyn fel arweiniad fod Duw wedi eu galw i bregethu'r efengyl ym Macedonia (Actau 16.9-10).

Cawn hefyd esiamplau o Dduw yn arwain trwy freuddwydion (ee. Mathew 1.20; 2.12-13,22). Yr oeddwn yn gweddïo am bâr a oedd yn gyfeillion da i ni. Yr oedd y gŵr wedi dod i gredu yn Iesu yn ddiweddar. Yr oedd ei wraig yn berson galluog iawn, ond yr oedd yn wrthwynebus iawn i'r hyn oedd wedi digwydd i'w gŵr. Daeth yn amheus iawn ohonom. Un noson cefais freuddwyd lle gwelais hi â'i hwyneb wedi newid yn llwyr, yr oedd ei llygaid yn llawn o lawenydd yr Arglwydd. Calonogwyd ni gan hyn i barhau i weddïo a chadw yn agos atynt. Ychydig fisoedd yn ddiweddarach fe ddaeth hi i gredu yng Nghrist hefyd. Cofiaf edrych arni a gweld yr wyneb yr oeddwn wedi'i weld yn fy mreuddwyd rai misoedd yn gynt.

Dyna'r ffyrdd y mae Duw wedi arwain pobl yn y gorffennol ac y mae'n dal i'w defnyddio i arwain heddiw.

Synnwyr cyffredin

Wrth ddod yn Gristnogion nid oes galw arnom i ymwrthod yn llwyr â synnwyr cyffredin. Rhybuddia'r salmydd: 'Paid â bod fel march neu ful direswm y mae'n rhaid wrth ffrwyn a genfa i'w dofi cyn y dônt atat' (Salm 32.9).

Y mae awduron y Testament Newydd yn aml iawn yn ein hannog i feddwl ac nid ydynt byth yn ein hannog rhag defnyddio ein meddyliau (ee. 2 Timotheus 2.7).

Os ydym yn ymwrthod â synnwyr cyffredin, yna yr ydym yn ein cael ein hunain mewn sefyllfaoedd twp iawn. Yn ei lyfr *Knowing God* y mae J. I. Packer yn dyfynnu esiampl o wraig oedd bob bore, ar ôl neilltuo'r dydd i'r Arglwydd wedi dihuno, 'yn gofyn iddo a oedd i godi ai peidio', ac ni fyddai'n symud nes i'r 'llais' ddweud wrthi beth i'w wisgo.

> Wrth iddi wisgo byddai'n gofyn i'r Arglwydd ynglŷn â phob dilledyn, a oedd i'w wisgo ai peidio, ac yn aml iawn fe fyddai'r Arglwydd yn dweud wrthi i wisgo'r esgid dde ond i beidio â gwisgo'r llall; weithiau yr oedd i wisgo ei sanau ond nid ei hesgidiau; weithiau ei hesgidiau a dim sanau. Ac felly yr oedd gyda bob dilledyn...[49]

Mae'n wir dweud na roddwyd addewidion Duw i'n arwain er mwyn inni osgoi'r straen o feddwl. Yn wir, dywedai John Wesley, tad Methodistiaeth yn Lloegr, fod Duw yn ei arwain ef *fel arfer* wrth roi rhesymau yn ei feddwl dros weithredu mewn ffordd arbennig. Y mae hyn yn bwysig ym mhob maes—yn enwedig ym maes priodas a swyddi.

Y mae synnwyr cyffredin yn ffactor bwysig pan ddaw at ddewis cymar ar gyfer bywyd. Y mae'n synnwyr cyffredin i edrych ar dri pheth pwysig iawn.

Yn gyntaf, *a ydym yn siwtio'n gilydd yn ysbrydol?* Dylai Cristion briodi Cristion. Y mae Paul yn rhybuddio am beryglon priodi rhywun nad yw'n Gristion (2 Corinthiaid 6.14). Yn ymarferol, os nad yw un o'r partneriaid yn Gristion, y mae hyn bron yn wastad yn arwain at densiwn mewn priodas. Y mae'r Cristion yn cael ei dynnu rhwng yr awydd i wneud y gorau i'w bartner a gwneud y gorau i'r Arglwydd. Ond y mae siwtio eu gilydd yn ysbrydol yn golygu mwy na dim ond bod y ddau yn Gristion. Y mae'n golygu fod y ddau i barchu ysbrydolrwydd y llall, yn hytrach na dim ond dweud, 'O leiaf y mae'n Gristion ac mae hynny'n ddigon.'

Yn ail, *a ydym yn siwtio'n gilydd mewn personoliaeth?* Mae'n amlwg y dylai ein partner priodasol fod yn gyfaill da iawn ac yn rhywun y mae gennym lawer yn gyffredin gydag ef neu hi. Un o'r llawer iawn o fanteision sy'n dod o beidio â chysgu gyda'ch gilydd cyn priodi yw ei bod yn haws meddwl am y pethau yma a gweld a ydych yn siwtio eich gilydd mewn personoliaeth. Yn aml iawn gall rhyw gymryd ein holl sylw ar ddechrau perthynas. Ond os nad yw'r berthynas wedi'i seilio a'i hadeiladu ar gyfeillgarwch dwfn yna wedi i'r cyffro rhywiol dechreuol ddiflannu gall y berthynas gael ei hun ar sylfaen digon ansicr.

Yn drydydd, *a ydym yn siwtio'n gilydd yn gorfforol?* Wrth hyn yr wyf yn golygu a ydym yn cael ein denu at ein gilydd. Nid yw'n ddigon i siwtio ein gilydd yn ysbrydol ac mewn personoliaeth, y mae'n rhaid i'r 'cemeg' fod yn iawn hefyd. Yn y byd seciwlar y mae hyn yn dod gyntaf, ond yr ydym yn ei roi'n olaf o ran blaenoriaeth. Y mae'r byd yn aml iawn yn dweud ei bod yn angenrheidiol inni i gysgu gyda'n gilydd i weld a ydym yn siwtio'n gilydd yn rhywiol. Y mae hyn yn anghywir. Yn yr ystyr fiolegol, y mae unrhyw brawf ar fod yn gymharus a ellir ei brofi trwy gyfathrach rywiol mor anghyffredin fel y gellid ei anwybyddu.

Unwaith eto, y mae synnwyr cyffredin yn bwysig pan yn ystyried arweiniad Duw mewn swyddi a gyrfaoedd. Y canllaw cyffredinol yw aros yn y swydd yr ydym yn ei gwneud yn barod hyd nes bod Duw yn ein galw i wneud rhywbeth arall (1 Corinthiaid 7.17-24). Wedi dweud hynny, wrth geisio ewyllys Duw ar gyfer ein gyrfa, synnwyr cyffredin yw cymryd golwg tymor hir. Mae'n ddoeth edrych ymlaen deg, pymtheg, ugain mlynedd a holi: 'I ble mae fy swydd bresennol yn mynd â fi? Ai dyna lle'r wyf i am fynd yn y tymor hir? Neu a oes gennyf weledigaeth dymor-hir ar gyfer rhywbeth cwbl wahanol? Os felly, ble ddylwn i fod nawr er mwyn cyrraedd hynny?'

Cyngor y saint[50]

Y mae Llyfr y Diarhebion yn llawn cyfarwyddyd ynglŷn â cheisio cyngor doeth. Y mae'r awdur yn dweud 'gwrendy'r doeth ar gyngor' (Diarhebion 12.15). Y mae'n rhybuddio hefyd 'drysir cynlluniau pan nad oes ymgynghori', ond ar y llaw arall 'daw llwyddiant pan geir llawer o gynghorwyr' (Diarhebion 15.22). Felly, y mae'n annog ei ddarllenwyr wrth ddweud, 'sicrheir cynlluniau trwy gyngor' (Diarhebion 20.18).

Tra bod ceisio cyngor yn bwysig iawn, rhaid inni gofio yn y pendraw taw rhywbeth rhyngom ni a Duw yw ein penderfyniadau. Ein cyfrifoldeb ni ydyw. Ni allwn roi'r cyfrifoldeb ar neb arall na cheisio beio eraill pan nad yw pethau'n gweithio allan yn iawn. Y mae 'cyngor y saint' yn rhan o arweiniad - ond nid dyna'r unig ran. Weithiau y mae'n iawn mynd yn ein blaen er gwaethaf cyngor eraill.

Wrth wynebu penderfyniad lle mae angen cyngor arnom, at bwy ddylem ni droi? I awdur y Diarhebion, 'ofn yr ARGLWYDD yw dechrau doethineb'. Felly, mae ond yn naturiol inni gymryd ei fod yn sôn am gyngor oddi wrth y rhai sy'n 'ofni'r ARGLWYDD'. Y cynghorwyr gorau fel arfer yw Cristnogion duwiol sydd â doethineb a phrofiad; rhai yr ydym yn eu parchu. (Y mae'n ddoeth hefyd ceisio cyngor y rhai yr ydym i'w hanrhydeddu, hyd yn oed os yr ydym yn ddigon hen i wneud ein penderfyniadau ein hunain. Hyd yn oed os nad ydynt yn Gristnogion, y maent yn ein hadnabod ni yn dda iawn ac yn aml iawn yn deall sefyllfaoedd yn dda iawn hefyd.)

Yr wyf wedi ei gael yn gymorth mawr trwy fy mywyd fel Cristion i fod â Christion aeddfed yr wyf yn medru troi ato neu ati am gyngor, a hynny ar bob math o bynciau. Ar adegau gwahanol yr wyf wedi troi at bobl wahanol. Yr wyf yn ddiolchgar iawn i Dduw am eu doethineb a'u cymorth mewn cynifer o feysydd. Weithiau y mae'r arweiniad wedi dod oddi wrth Dduw wrth inni drafod materion gyda'n gilydd.

Gyda phenderfyniadau mawr iawn yr wyf wedi'i chael yn beth da i gael cyngor oddi wrth fwy nag un person. Wrth feddwl am gael fy ordeinio cefais gyngor gan Gristion aeddfed, dau o'm cyfeillion agosaf, fy ficer a'r rhai oedd yn rhan o'r broses swyddogol o ddethol.

Ni ddylai'r bobl yr ydym yn troi atynt am gyngor gael eu dewis am eu bod yn siŵr o gytuno gyda beth yr ydym ni wedi penderfynu ei wneud yn barod! Weithiau gwelir rhai yn ymgynghori â nifer fawr o bobl yn y gobaith o ddod o hyd i rywun sy'n cytuno gyda hwy a'u cynlluniau. Nid oes llawer o bwys i'w roi ar gyngor felly, gan nad yw ond yn galluogi'r person i ddweud, 'Ymgynghorais gyda x ac fe gytunodd ef neu hi gyda fi.'

Dylem ymgynghori â phobl ar sail eu hawdurdod ysbrydol neu eu perthynas gyda ni, waeth beth y credwn ni fydd eu cyngor ar ryw fater. Pan ddaeth cyfaill i mi yn Gristion yr oedd yn holi a oedd hi'n iawn iddo gadw ymlaen â'r berthynas gyda'i gariad, er bod y ddau ohonynt yn caru ei gilydd yn fawr iawn yr oeddent yn dal i fod yn ifanc iawn ac nid oedd unrhyw obaith y byddent yn priodi am dipyn o amser.

Yr oedd fy nghyfaill yn adnabod ac yn parchu Cristion doeth. Gwyddai hefyd beth oedd barn y Cristion hwnnw ar bwnc perthynas, ei fod yn credu nad peth doeth iawn oedd cael perthynas mor agos tra yn y brifysgol. Eto i gyd, penderfynodd fy nghyfaill ofyn cyngor y Cristion hwn.

Holodd yntau fy nghyfaill, 'Wyt ti wedi rhoi dy berthynas gyda dy gariad i ofal yr Arglwydd?' Atebodd fy nghyfaill yn ansicr ond yn onest, 'Dwi'n credu fy mod i, ond weithiau dwi ddim yn rhy siŵr.' Sylw'r dyn oedd, 'Rwy'n gweld dy fod yn ei charu yn fawr iawn, a chredaf y dylet ti aros yn y berthynas.' Oherwydd bod y cyngor hwn wedi dod oddi wrth ffynhonnell mor annhebygol yr oedd yn cario mwy o awdurdod. Yr oedd yn gyngor da iawn, y maent nawr wedi bod yn briod yn hapus am flynyddoedd lawer.

Arwyddion yn deillio o amgylchiadau

Duw sy'n rheoli; y mae awdur y Diarhebion yn nodi hyn: 'Y mae meddwl dyn yn cynllunio'i ffordd, ond yr ARGLWYDD sy'n trefnu ei gamre' (Diarhebion 16.9). Weithiau y mae Duw yn agor drysau (1 Corinthiaid 16.9) ac weithiau'n eu cau (Actau 16.7). Ar ddau achlysur yn fy mywyd y mae Duw wedi cau drws, a hynny ar bethau yr oeddwn i am eu gwneud yn fawr iawn, ac yr oeddwn yn credu eu bod ar y pryd yn rhan o ewyllys Duw ar fy nghyfer. Ceisiais orfodi'r drysau i agor. Gweddïais ac ymdrechais a brwydrais, ond nid oeddent yn fodlon agor o gwbl. Ar y ddau achlysur yr oeddwn yn siomedig iawn iawn. Ond yr wyf yn deall nawr, flynyddoedd yn ddiweddarach, pam y gwnaeth ef gau'r drysau hynny. Mewn gwirionedd yr wyf yn ddiolchgar iddo am wneud hynny. Ond, nid wyf yn siŵr y byddwn byth yn gwybod y rheswm pam fod Duw yn cau rhai drysau yn ein bywydau yr ochr hon i'r nefoedd.

Weithiau y mae'n agor drysau mewn ffordd ryfeddol hefyd. Y mae'r amgylchiadau a'r amseriad yn dweud wrthym yn eglur fod llaw Duw yn y peth (ee. Genesis 24). Y mae Michael Bordeaux yn bennaeth Keston College, sefydliad ymchwil ar gyfer cynnig cymorth i gredinwyr yn y gwledydd a oedd yn rhai comiwnyddol. Perchir ei waith a'i ymchwil gan lywodraethau drwy'r byd. Astudiodd Rwsieg yn Rhydychen ac anfonodd ei athro Rwsieg, Dr Zernov, lythyr ato gan y credai y byddai o ddiddordeb iddo. Yr oedd y llythyr yn adrodd hanes y

BETH YW BYWYD?

KGB yn cam-drin mynachod ac yn eu gorfodi i dderbyn archwiliadau meddygol dychrynllyd cyn cael eu cludo mewn lorïau a'u gadael gannoedd o filltiroedd o'u cartrefi. Ysgrifennwyd y llythyr yn syml, heb unrhyw addurn, ac wrth iddo ddarllen teimlai Michael Bordeaux ei fod yn clywed gwir lais eglwys oedd yn cael ei herlid. Llofnodwyd y llythyr gan Varavva a Pronina.

Yn Awst 1964 aeth ar ymweliad â Moskva (Moscow), ac ar ei noson gyntaf yno cyfarfu â hen gyfeillion a ddywedodd wrtho fod yr erlid yn gwaethygu. Yr oedd un hen eglwys arbennig, Eglwys Pedr a Paul, wedi'i dymchwel yn llwyr. Awgrymodd ei gyfeillion y dylai fynd a gweld drosto'i hunan.

Felly dyma gymryd tacsi a chyrraedd wrth iddi nosi. Pan ddaeth i'r sgwâr lle'r oedd yn cofio'r eglwys brydferth, ni welodd ddim ond ffens deuddeg troedfedd yn cuddio'r adfeilion lle'r oedd yr eglwys wedi sefyll. Ar ochr arall y sgwâr, gwelodd ddwy wraig yn dringo dros y ffens, i weld beth oedd yno. Gwyliodd hwy am ychydig ac yna eu dilyn wrth iddynt fynd o'r sgwâr. O'r diwedd fe wnaeth eu dal i fyny. 'Pwy ydych chi?' holodd y ddwy. Atebodd yntau, 'Rwy'n dod o dramor. Yr wyf wedi dod er mwyn gweld beth sy'n digwydd yma yn yr Undeb Sofietaidd.'

Aethant ag ef yn ôl i dy gwraig arall, ac fe holodd hi hefyd pam ei fod wedi dod. Felly dyma ddweud ei fod wedi derbyn llythyr o'r Wcrain trwy Baris. Pan ofynnodd hi pwy oedd wedi anfon y llythyr, atebodd, 'Varavva a Pronina.' Roedd yna dawelwch llethol. Meddyliodd ei fod wedi gwneud rhywbeth ofnadwy. Yna fe ddechreuodd y wraig wylo'n afreolus. A dyma'r wraig yn dweud wrtho, 'Dyma Varavva, a dyma Pronina.'

Y mae dros 140 miliwn o bobl yn byw yn yr Undeb Sofietaidd. Yr oedd y llythyr wedi'i ysgrifennu o'r Wcrain, sydd 1,300 kilometr o Moskva. Hedfanodd Michael Bordeaux i Moskva chwe mis wedi i'r llythyr gael ei ysgrifennu. Nid fyddai'r un ohonynt wedi cyfarfod â'i gilydd o gwbl o fod awr yn gynt neu awr yn hwyrach wrth yr eglwys a ddymchwelwyd. Dyma un o'r ffyrdd y galwodd Duw Michael Bordeaux i sefydlu gwaith ei fywyd.[51]

Peidiwch â bod ar frys
Weithiau y mae y mae'n ymddangos fod arweiniad Duw yn dod yn syth wedi gofyn amdano (ee. Genesis 24), ond yn aml iawn y mae'n cymryd llawer mwy o amser; misoedd neu flynyddoedd. Efallai ein bod yn ymwybodol fod Duw yn mynd i wneud rhywbeth yn ein bywydau, ond ein bod yn gorfod aros am amser hir i weld ei gyflawni. Ar yr achlysuron yma y mae angen inni feithrin amynedd fel un Abraham: 'wedi hirymaros, a gafodd yr hyn a addawyd' (Hebreaid 6.15). Wrth aros fe gafodd ei demtio ar un adeg i geisio cyflawni addewidion Duw trwy ei nerth ei hun - yr oedd y canlyniadau yn drychinebus (Genesis 16 a 21).

Weithiau yr ydym yn clywed Duw yn iawn, ond yn cael yr amseru yn anghywir. Llefarodd Duw wrth Joseff mewn breuddwyd am beth fyddai'n digwydd iddo ef a'i deulu. Yr oedd ef yn disgwyl cyflawniad ar unwaith, ond yr oedd yn rhaid iddo aros am flynyddoedd. Mewn gwirionedd, pan yr oedd yn y carchar mae'n rhaid ei bod wedi bod yn galed iawn iddo gredu y byddai'i freuddwydion yn cael eu gwireddu. Ond tair blynedd ar ddeg wedi'r breuddwydion gwreiddiol, fe welodd Dduw yn eu cyflawni. Yr oedd y disgwyl wedi bod yn rhan o'r paratoad (gweler Genesis 37-50).

Wrth geisio arweiniad yr ydym ni i gyd yn gwneud camgymeriadau. Weithiau, fel Abraham, yr ydym yn ceisio cyflawni cynlluniau Duw trwy ein dulliau anghywir ni. Fel Joseff yr ydym yn cael yr amseriad yn anghywir. Weithiau yr ydym yn teimlo ein bod wedi gwneud gormod o annibendod o'n bywydau cyn dod at Grist i Dduw wneud dim gyda ni. Ond y mae Duw yn fwy na hynny. Y mae ef yn medru ad-dalu i ni 'am y blynyddoedd a ddifaodd y locust' (Joel 2.25). Y mae ef yn medru gwneud rhywbeth da allan o'r hyn sydd yn weddill o'n bywydau—boed hynny'n amser byr neu amser hir—os offrymwn ni iddo ef yr hyn sydd gennym a chyd-weithio gyda'i Ysbryd.

Yr oedd yr Arglwydd Radstock yn aros mewn gwesty yn Norwy yng nghanol yr 1920au. Clywodd ferch fach yn canu'r piano. Yr oedd yn gwneud sŵn ofnadwy: 'Plinc ... plonc ... plinc ...' Yr oedd ei sŵn yn ei hala'n ddwl. Daeth dyn ac eistedd wrth ei hochr a dechrau canu'r piano gyda hi, gan lenwi i mewn rhwng ei nodau hithau. Y canlyniad oedd cerddoriaeth brydferth iawn. Yn ddiweddarach fe ddaeth i wybod taw'r dyn yn canu'r piano gyda'r ferch oedd ei thad, Aleksander Borodin, cyfansoddwr yr opera *Prince Igor*.

Dywed Paul, 'Gwyddom fod Duw, ym mhob peth, yn gweithio er daioni gyda'r

BETH YW BYWYD?

rhai sy'n ei garu, y rhai sydd wedi eu galw yn ôl ei fwriad' (Rhufeiniaid 8.28). Wrth i ni yn betrusgar wneud ein rhan i geisio ei ewyllys ar gyfer ein bywyd drwy ddarllen (Ysgrythurau sy'n gorchymyn), gwrando (Ysbryd sy'n rheoli), meddwl (synnwyr cyffredin), trafod (cyngor y saint), gwylio (arwyddion yn deillio o amgylchiadau) a disgwyl - daw Duw i eistedd wrth ein hochr a bydd 'ym mhob peth yn gweithio er daioni'. Fe gymer ein 'plinc ... plonc ... plonc' a gwneud rhywbeth prydferth o'n bywydau.

12

Pam a sut y dylem ddweud wrth eraill?

Pam ddylem ni siarad am ein ffydd Gristnogol? Onid rhywbeth personol a phreifat yw hyn? Onid y Cristion gorau yw'r un sy'n byw bywyd Cristnogol yn syml? Weithiau mae pobl yn dweud wrthyf, 'Rwy'n adnabod rhywun (fel arfer mam neu gyfaill) sy'n Gristion da. Y mae ganddynt ffydd gref—ond nid ydynt yn siarad am y peth. Onid dyna'r math gorau o Gristnogaeth?'

Yr ateb byr yw ei bod yn rhaid fod rhywun wedi dweud wrthynt *hwy* yn y lle cyntaf am y ffydd Gristnogol. Yr ateb hirach yw fod yna nifer o resymau da dros ddweud wrth eraill am Iesu.' Yn gyntaf, y mae'n orchymyn oddi wrth Iesu ei hun. Y mae Tom Forrest, yr offeiriad Catholig Rhufeinig a awgrymodd i'r Pab i alw'r 1990au yn 'Ddegawd Efengylu', yn nodi fod 'ewch' yn digwydd rhyw 1,500 o weithiau yn y Beibl, dros 200 o weithiau yn y Testament Newydd, dros 50 o weithiau yn efengyl Mathew. Gorchymyn Iesu i ni yw 'ewch':

'Ewch at ddefaid colledig ...'
'Ewch a dweud wrth Ioan ... '
'Ewch a gwahodd pawb ...'
'Ewch a gwnewch ddisgyblion ...'

Mewn gwirionedd dyna eiriau olaf Iesu yn yr efengyl yn ôl Mathew:

> Daeth Iesu atynt a llefaru wrthynt: 'Rhoddwyd i mi,' meddai, 'bob awdurdod yn y nef ac ar y ddaear. Ewch, gan hynny, a gwnewch ddisgyblion o'r holl genhedloedd, gan eu bedyddio hwy yn enw'r Tad a'r Mab a'r Ysbryd Glân, a dysgu iddynt gadw'r holl orchmynion a roddais ichwi. Ac yn awr yr wyf gyda chwi bob amser hyd ddiwedd y byd' (Mathew 29.18-20).

Yn ail, yr ydym yn dweud wrth bobl am fod angen dybryd ar bobl i glywed y newyddion da am Iesu Grist. Petaem ni yn Anialwch Sahara ac wedi darganfod gwerddon, byddai'n ofnadwy o hunanol peidio â dweud wrth y bobl o'n cwmpas yn sychedu lle y gellid torri eu syched. Iesu yw'r unig Un a all ddigoni calonnau sychedig dynion a gwragedd. Weithiau yr ydym yn sylweddoli fod syched arnom yn y lle cyntaf trwy ffyrdd rhyfedd. Dywedodd y gantores, Sinead O'Connor, 'Fel hil yr ydym yn teimlo'n wag. Mae hyn oherwydd bod ein hysbrydolrwydd wedi'i ddileu'n llwyr ac nid ydym yn gwybod sut i fynegi ein hunain yn iawn. O ganlyniad yr ydym yn cael ein hannog i lenwi'r gwacter hwnnw gydag alcohol, cyffuriau, rhyw neu arian... Y mae pobl allan fan'na yn gweiddi am y gwirionedd.'

Yn drydydd, yr ydym yn dweud wrth eraill oherwydd, ar ôl darganfod y newyddion da trosom ein hunain, yr ydym yn teimlo dyhead mawr i'w rannu ag eraill. Os ydym wedi derbyn newyddion da yr ydym am ddweud wrth eraill. Pan anwyd ein plentyn cyntaf, rhoes fy ngwraig restr i mi o ryw ddeg o bobl yr oeddwn i'w ffônio. Y person cyntaf i mi ei ffônio oedd ei mam. Dywedais wrthi ei bod hi wedi cael mab bach a'i bod hi a'r plentyn yn iawn. Yna ceisiais ffônio fy mam i, ond roedd y ffôn yn brysur. Y trydydd person ar y rhestr oedd chwaer fy ngwraig. Erbyn i mi ei ffônio hi yr oedd hi wedi clywed y newyddion yn barod gan fy mam-yng-nghyfraith ac felly pawb arall ar fy rhestr. Yr oedd ffôn fy mam yn brysur am fod fy mam-yng-nghyfraith yn ei ffônio hi gyda'r newyddion da. Y mae newyddion da teithio'n gyflym iawn. Nid oedd angen imi ymbil ar fy mam-yng-nghyfraith i rannu'r neges. Yr oedd yn dyheu am gael gwneud hynny. Pan yr ydym yn gwerthfawrogi cymaint o newyddion da yw'r efengyl, fe fyddwn ni'n dyheu am gael dweud wrth eraill.

Ond sut ydym i fynd ati i ddweud wrth eraill? Y mae dau begwn o berygl i'w hosgoi. Yn gyntaf y mae perygl o ansensitifrwydd. Yr oeddwn i'n euog o hyn pan oeddwn newydd ddod yn Gristion. Yr oeddwn wedi fy nghyffroi cymaint gyda'r hyn oedd wedi digwydd fel yr oeddwn am ddweud wrth bawb arall i wneud yr un peth â mi. Wedi imi fod yn Gristion am ychydig ddiwrnodau es i i barti yn benderfynol o ddweud wrth bawb yno. Gwelais ffrind yn dawnsio a phenderfynu taw'r cam cyntaf fyddai dangos iddi ei hangen. Felly i fyny â fi ati a dweud, 'Rwyt ti'n edrych yn ofnadwy. Mae gwir angen Iesu arnat ti.' Yr oedd hi'n meddwl fy mod wedi mynd yn wallgof. Nid dyna'r ffordd fwyaf effeithiol o ddweud y newyddion da wrth rywun! (Ond, fe ddaeth yn Gristion - heb fod hynny'n ddim i wneud â mi, ac erbyn hyn y mae'n wraig i mi!)

Penderfynais y dylwn arfogi'n llawn ar gyfer y parti nesaf. Felly dyma gasglu llyfrynnau, llyfrau Cristnogol ar wahanol bynciau a Thestament Newydd a'u stwffio i bob poced oedd gennyf. Gofynnais i ferch ddawnsio gyda fi. Roedd yn waith caled gyda phob poced yn llawn llyfrau, felly dyma ofyn am gael eistedd. Nid oeddwn yn hir iawn cyn troi'r drafodaeth i Gristnogaeth. Am bob cwestiwn oedd ganddi hi yr oeddwn yn medru tynnu llyfr neu lyfryn o fy mhocedi i'w hateb ar yr union destun. Aeth hi i ffwrdd gyda llond côl o lyfrau. Trannoeth yr oedd yn mynd i Ffrainc ac yn darllen un o'r llyfrau a roddais iddi ar fwrdd y llong. Yn sydyn fe sylweddolodd wirionedd yr hyn y roedd Iesu wedi ei wneud drosti, gan droi at ei chyd-deithiwr fe ddywedodd, 'Yr wyf wedi dod yn Gristion.' Bu farw mewn damwain farchogaeth pan ond yn un ar hugain oed. Yr oedd yn beth hyfryd ei bod wedi dod yn Gristion cyn ei marwolaeth—er nad oeddwn i wedi mynd ynglŷn â'r gwaith yn y ffordd iawn o gwbl.

Os yr ydym yn mynd i ruthro o gwmpas y lle yn ddifeddwl yn y diwedd yr ydym yn mynd i gael niwed. Hyd yn oed wrth wneud hyn gyda sensitifrwydd, y mae'n dal yn bosibl inni gael niwed. A phan fo hynny'n digwydd yr ydym yn dueddol o fynd i guddio. Wedi ychydig o flynyddoedd fe syrthiais i'r perygl arall, sef ofn. Yn eironig ddigon digwyddodd hyn pan yr oeddwn yn y coleg diwinyddol. Dechreuais fod ag ofn siarad am Iesu gyda'r rhai nad oeddynt yn Gristnogion. Ar un achlysur aeth grŵp ohonom o'r coleg i genhadaeth blwyfol ar gyrion Lerpwl, i rannu'r newyddion da gyda phobl yno. Un nos yr oeddwn i a chyfaill wedi mynd i swper at bâr nad oeddynt yng nghanol bywyd yr eglwys (yn hytrach, yr oedd y wraig ar y cyrion a doedd y gŵr ddim yn mynd i'r eglwys o gwbl!). Hanner ffordd trwy'r pryd dyma'r dyn yn fy holi beth yr oeddwn yn ei wneud yno. Petrusais, oedais a methais ddweud. Dyma'r dyn yn holi eto ac eto. Yn y diwedd dyma fy nghyfaill yn dweud y peth ar ei ben, 'Yr ydym wedi dod yma i ddweud wrth bobl am Iesu.' Yr oedd cywilydd arnaf a roeddwn am ddianc ar unwaith! Yr oeddwn yn sylweddoli fod ofn arnaf, ofn hyd yn oed crybwyll enw Iesu.

Er mwyn osgoi'r ddau begwn o ansensitifrwydd ac ofn, y mae'n rhaid inni sylweddoli fod dweud wrth eraill am Iesu yn deillio o'n perthynas ni gyda Duw. Y mae'n rhan naturiol o'r berthynas honno. Wrth inni fyw ein bywydau yng nghwmni Duw dylai ddod yn naturiol inni siarad gyda phobl am y berthynas honno wrth inni gydweithredu gydag Ysbryd Duw.

Presenoldeb
Dywedodd Iesu wrth ei ddisgyblion:

> Chwi yw halen y ddaear; ond os cyll yr halen ei flas, â pha beth yr helltir ef? Nid yw'n dda i ddim ond i'w luchio allan a'i sathru dan draed gan ddynion. Chwi yw goleuni'r byd. Ni ellir cuddio dinas a osodir ar fryn. Ac nid yw pobl yn cynnau cannwyll ac yn ei dodi dan lestr, ond yn hytrach ar ganhwyllbren,

a bydd yn rhoi golau i bawb sydd yn y tŷ. Felly boed i'ch goleuni chwithau lewyrchu gerbron dynion, nes iddynt weld eich gweithredodd da chwi a gogoneddu eich Tad, yr hwn sydd yn y nefoedd (Mathew 5.13-16).

Y mae Iesu yn ein galw i fod yn bobl o ddylanwad mawr ('halen y *ddaear*' a 'goleuni'r *byd*'). Er mwyn bod yn ddylanwad y mae gofyn i ni fod 'yn y byd' (yn y gwaith, yn ein cymuned, gyda'n teulu a'n cyfeillion) a pheidio ag encilio i'r hyn y mae John Stott ei alw yn ein 'pot halen bach neis eglwysig'. Eto i gyd y mae galw arnom i fod yn wahanol - i fyw mewn ffordd sy'n gwbl wahanol i'r byd, er mwyn i ni fod yn effeithiol fel halen a goleuni ynddo.

Gelwir ni yn gyntaf i fod yn halen. Yn y canrifoedd cyn y rhewgell, halen oedd yn cael ei ddefnyddio er mwyn cadw cig yn iawn i'w fwyta ac i atal pydredd. Fe'n galwyd ni fel Cristnogion i atal y pydredd sydd mewn cymdeithas. Gwnawn hyn drwy ein geiriau, wrth inni siarad am safonau a phynciau moesol, ac wrth inni ddefnyddio ein dylanwad i ddod â safonau Duw i'r gymdeithas o'n cwmpas. Gwnawn hyn hefyd trwy ein gweithredoedd wrth inni chwarae ein rhan fel dinasyddion, gan weithio i sefydlu strwythurau cymdeithasol sy'n fwy cyfiawn, gweithio dros gyfiawnder, rhyddid a pharch i'r unigolyn, ac wrth ymgyrchu i ddileu gwahaniaethu. Yr ydym yn gwneud hyn wrth inni weithredu yn uniongyrchol ac yn ymarferol i helpu'r rhai sydd yn dioddef yn ein cymdeithas. Er mwyn gwneud hyn y mae rhai Cristnogion yn cael eu galw i weithredu'n wleidyddol yn lleol ac yn genedlaethol. Y mae eraill yn cael ei galw fel y Fam Teresa a Jackie Pullinger i dreulio eu bywydau yn 'gweinidogaethu *gyda'r* tlawd' (fel y mae Jackie Pullinger yn ei ddweud). Y mae galw arnom ni i gyd i chwarae rhan yn y gwaith yma i raddau mwy neu lai.

Yn ail y mae Iesu yn ein galw i fod yn oleuni—i adael i oleuni Crist i lewyrchu trwom ni. Gwnawn hyn trwy'r hyn y mae Iesu yn ei alw yn 'eich gweithredoedd da'—popeth yr ydym yn ei wneud neu ddweud o achos ein bod yn Gristnogion. Gellir crynhoi'r peth fel 'caru ein cymydog fel ni ein hunain'.

Byw y bywyd Cristnogol yw'r ffordd fwyaf addas o rannu'r newyddion da gyda'r rhai sy'n byw yn agos inni. Y mae hyn yn bendant yn wir am ein teuluoedd, cyd-weithwyr a chyd-letywyr. Os ydynt yn gwybod ein bod yn Gristnogion, y mae hynny'n unig yn eu rhoi o dan bwysedd o ryw fath. Gall siarad am ein ffydd yn ddi-stop fod yn wrthgynhyrchiol. Y mae ein consyrn a'n cariad yn mynd i fod yn llawer mwy o ddylanwad arnynt. Yn y gwaith dylai pobl sylwi ar ein cysondeb, gonestrwydd, geirwiredd, gwaith caled; ein bod yn bobl y gellir dibynnu arnynt a'n bod yn osgoi cleber a hel straeon ac yn dymuno calonogi a helpu pobl. Yn y cartref, bydd rhieni, teulu a chyd-letywyr yn cael eu dylanwadu gan ein gwasanaeth i eraill, ein hamynedd a'n caredigrwydd, a hynny'n llawer mwy na'n geiriau.

Y mae hyn yn bwysig iawn os nad yw partner mewn priodas yn Gristion.

Calonogodd Pedr wragedd Cristnogol â chanddynt wŷr nad oeddynt yn credu gair Duw â'r geiriau 'fe'u henillir hwy trwy ymarweddiad eu gwragedd, *heb i chwi ddweud yr un gair*, wedi iddynt weld eich ymarweddiad pur a duwiolfrydig' (1 Pedr 3.1, fy mhwyslais i).

Yn ei lyfr *The Taste of New Wine* y mae Keith Miller, ymgynghorydd busnes o America, yn dweud pa mor wir oedd hyn am ei briodas ef ei hun. Pan oedd ef â'i wraig newydd briodi yr oeddent yn dadlau pwy ddylai fynd â'r sbwriel mas. Teimlai hi mai ei waith ef oedd gwneud hynny; teimlai ef taw dyna oedd ei gwaith hi. Cynigiodd Keith dalu i rywun arall i wneud y peth, ond yn bendant nid oedd ef ei hun am wneud y gwaith. Pan ddaeth yn Gristion, ceisiodd ei orau i'w chael hi hefyd i ddod i gredu, ond heb lwyddiant. Yr oedd hi'n teimlo nad oedd yn ei charu fel yr oedd, ac na fyddai yn ei derbyn nes ei newid hi i fod yn rhyw fath o ffanatig crefyddol. Yn y diwedd sylweddolodd ef ei bod yn llawer pwysicach iddo ddangos pa wahaniaeth roedd Iesu wedi'i wneud i'w fywyd:

> Wrth edrych am ryw ffordd arall i argyhoeddi fy ngwraig fy mod wedi newid mewn gwirionedd, sylwais ar y bin sbwriel gorlawn wrth y drws cefn. 'Na, Arglwydd!' ochneidiais wrthyf fy hun yn dawel, 'nid y bin sbwriel. Cer â'm harian i gyd!' Ond yn sydyn sylweddolais taw i mi y bin sbwriel oedd hi i fod. Heb ddweud gair dyma fynd ag ef allan, ac ni wnes sylw o gwbl wrth fy ngwraig am y peth... Dechreuais wneud ymdrech i fynd â'r sbwriel allan bob dydd ... a dyna pryd rwy'n credu i Mary Allen sylweddoli fod rhywbeth wedi digwydd yn fy enaid mewn gwirionedd.[52]

Dywedodd ef wrthi, 'Pan wnaethom briodi wnes i ddim addewid i dy newid di o gwbl, dim ond i dy garu ... ac yr wyf yn dy garu, jyst fel yr wyt ti.' Tynnodd hyn y pwysedd oddi arni, ac o fewn ychydig wythnosau yr oedd wedi rhoi ei bywyd i Grist ar ei phen ei hun, yn y ffordd oedd yn iawn iddi hi.

Ond, mae bod yn 'oleuni'r byd' yn golygu mwy na dim ond sut yr ydym yn byw. Y mae'n cynnwys ein gwefusau hefyd. Bydd ein teulu, ein cyd-letywyr a'n cyd-weithwyr i gyd yn holi cwestiynau am ein ffydd rywbryd neu'i gilydd. Gwell aros fel arfer nes eu bod hwy'n gwneud hynny. Os ydym yn cael ein holi, dylem fod yn barod bob amser i roi ateb. Ysgrifennodd Pedr: 'Byddwch yn barod bob amser i roi ateb i bob un fydd yn ceisio gennych gyfrif am y gobaith sydd ynoch. Ond gwnewch hynny gydag addfwynder a pharchedig ofn' (1 Pedr 3.15).

Pan ydym yn cael cyfle i siarad, sut ydym yn gwneud hynny?

Perswâd

Y mae gan lawer o bobl heddiw wrthwynebiad i'r ffydd Gristnogol, neu o leiaf gwestiynau y maent am atebion iddynt, cyn eu bod yn barod i ddod i gredu yng Nghrist. Y mae'n rhaid eu perswadio hwy ynglŷn â'r gwirionedd. Yr oedd Paul yn fodlon ceisio perswadio pobl. Gwelai hyn fel ei ddyletswydd o'i gariad tuag atynt: 'O wybod beth yw ofn yr Arglwydd, yr ydym yn *perswadio* dynion' (2 Corinthiaid 5.11, fy mhwyslais i).

Pan aeth i Thesalonica, bu'n '*ymresymu* â hwy ar sail yr Ysgrythurau, gan *esbonio* a *phrofi* fod yn rhaid i'r Meseia ddioddef a chyfodi oddi wrth y meirw, ... credodd rhai ohonynt ...' (Actau 17.2-4, fy mhwyslais i). Yng Nghorinth, tra'n gweithio ar wneud pebyll yn ystod yr wythnos, 'byddai'n *ymresymu* yn y synagog bob Saboth, a cheisio *argyhoeddi* Iddewon a Groegiaid' (Actau 17.4, fy mhwyslais i).

Wrth siarad gyda phobl am y ffydd Gristnogol, bydd llawer o wrthwynebiadau yn codi a rhaid i ni fod yn barod i ddelio â hwy. Ar un achlysur yr oedd Iesu yn siarad gyda gwraig am yr annibendod yr oedd hi wedi'i wneud o'i bywyd (Ioan 4). Yna mae ef yn cynnig bywyd tragwyddol iddi. A'r foment honno y mae hi'n codi cwestiwn diwinyddol am y man iawn i addoli. Fe atebodd Iesu'r cwestiwn, ond fe ddaeth â'r drafodaeth yn ôl yn gyflym at y peth pwysig. Dyna esiampl dda i ni ei dilyn.

Fel arfer pan fo pobl yn codi cwestiynau a gwrthwynebiadau diwinyddol, y maent yn chwilio am ateb mewn gwirionedd. Y cwestiynau cyffredin yr wyf fi yn eu derbyn yw, 'Pam fod Duw yn caniatáu dioddefaint?' a 'Beth am grefyddau eraill?' Ond y mae llawer iawn o gwestiynau eraill. Gallant fod yn rhai difrifol, ac fe allant olygu ateb ysgrifenedig. Weithiau, fodd bynnag, gall y cwestiynau fod yn ysgwarnog er mwyn osgoi'r pwnc pwysig. Mewn achosion felly'n aml iawn nid yw pobl am ddod yn Gristnogion oherwydd rhesymau moesol. Nid ydynt yn fodlon ildio eu bywydau i Iesu oherwydd eu bod yn ofni'r newid ffordd o fyw y byddai Cristnogaeth yn ei olygu.

Ar y genhadaeth y soniais amdani yn gynt yn y bennod, es i a fy nghyfaill i siarad mewn cyfarfod am ein ffydd Gristnogol. Wedi inni siarad, cododd darlithydd prifysgol nifer fawr o gwestiynau a gwrthwynebiadau. Nid oeddwn yn gwybod ble i ddechrau eu hateb nhw i gyd. Dywedodd fy nghyfaill wrtho yn syml, 'Petawn ni'n medru ateb eich cwestiynau i gyd, a fyddech chi'n dod yn Gristion?' Atebodd y darlithydd yn onest, 'Na fyddwn.' Felly doedd dim llawer o bwynt ceisio ateb beth oedd iddo ef ond yn ymholiad academaidd. Ond pan fo'r cwestiynau yn rhai go iawn, y mae rhesymu, esbonio a phrofi yn rhan bwysig o ddweud wrth eraill am Iesu.

Cyhoeddi
Calon dweud wrth eraill yw cyhoeddi'r newyddion da am Iesu Grist. Sef datgan, cyfathrebu a chyhoeddi'r ffydd Gristnogol i'r rhai sydd y tu allan i'r ffydd. Y mae llawer o ffyrdd i wneud hynny. Un o'r mwyaf effeithiol yw dod â phobl i wrando ar rywun arall yn esbonio'r efengyl. Gall hyn fod yn syniad da pan ydym newydd ddod yn Gristnogion, yn hytrach na cheisio esbonio'r efengyl ein hunain.

Y mae gan nifer helaeth sy'n dod i ffydd yng Nghrist lawer iawn o ffrindiau heb fawr neu ddim cysylltiad â'r eglwys o gwbl. Y mae hyn yn rhoi cyfle arbennig i ddweud wrth y cyfeillion hyn, fel y gwnaeth Iesu ei hun unwaith, 'Dewch i weld' (Ioan 1.39). Daeth gwraig yn ei hugeiniau yn Gristion yn ddiweddar a dechrau mynd i'r eglwys. Ar y penwythnosau byddai'n mynd adref i aros gyda'i rhieni, ond byddai'n mynnu eu gadael hwy ganol brynhawn dydd Sul er mwyn bod nôl erbyn gwasanaeth yr hwyr. Un noson fe gafodd ei hun mewn atalfa draffig enfawr a methodd gyrraedd mewn pryd. Yr oedd hyn wedi'i bwrw cymaint fel y dechreuodd wylo'n chwerw. Galwodd i weld rhai ffrindiau, nad oeddynt hyd yn oed yn gwybod ei bod wedi dod yn Gristion. Maent yn ei holi beth oedd yn bod. A thrwy ei dagrau mae'n ateb, 'Collais i'r gwasanaeth yn yr eglwys.' Nid oeddynt yn deall y peth o gwbl, yr oedd y cyfan yn ddirgelwch iddynt. Y Sul canlynol dyma nhw i gyd yn dod i'r eglwys i weld beth oeddynt yn ei golli! Yn fuan wedyn fe ddaeth un ohonynt at Grist.

Nid oes braint na llawenydd mwy na helpu rhywun i ddod i wybod am Iesu Grist. Ysgrifennodd cyn-Archesgob Caer-gaint, William Temple, ei esboniad ar Efengyl Ioan tra ar ei liniau yn gofyn i Dduw lefaru wrth ei galon. Pan ddaeth at y geiriau, 'Daeth [Andreas] ag ef [Simon] at Iesu' (Ioan 1.42) ysgrifennodd frawddeg fer ond arwyddocaol iawn: 'Y gwasanaeth mwyaf y gall un ei wneud i arall.'

Nid ydym yn clywed llawer am Andreas ond ei fod yn dod â phobl at Iesu (Ioan 6.8; 12.22). Ond daeth ei frawd Simon Pedr i fod yn un o'r arweinwyr mwyaf yn hanes Cristnogaeth. Ni all bob un ohonom fod yn Simon Pedr, ond fe allwn i gyd fod yn Andreas—gallwn ni ddod â rhywun at Iesu.

Ffermwr pedair ar hugain mlwydd oed oedd Albert McMakin a oedd newydd ddod i gredu yng Nghrist. Yr oedd mor frwdfrydig fel y llanwodd dryc â phobl a'u cludo i gyfarfod i glywed am Iesu. Yr oedd yna un mab ffarm yr oedd yn arbennig o awyddus i'w gael i ddod i'r cyfarfod. Ond yr oedd hwnnw yn ddyn golygus iawn ac yn un anodd iawn i'w berswadio gan nad oedd ganddo amser— yr oedd yn treulio hwnnw'n syrthio mewn ac allan o gariad gyda gwahanol ferched, ac nid oedd ganddo ddiddordeb mewn Cristnogaeth. Yn y pendraw, fe lwyddodd Albert i'w gael i ddod i'r cyfarfod trwy ofyn iddo yrru'r tryc. Wedi iddynt gyrraedd penderfynodd gwestai Albert fynd i'r cyfarfod i glywed beth oedd yn digwydd a chafodd ei 'ddal' gan y neges a dechreuodd feddwl am bethau nad oedd erioed wedi meddwl amdanynt o'r blaen. Aeth nôl dro ar ôl tro, ond un noson fe aeth ymlaen a rhoi ei fywyd i Iesu Grist. Y dyn hwnnw, gyrrwr y tryc, oedd Billy Graham. Y flwyddyn oedd 1934. Ers hynny y mae Billy Graham wedi arwain miloedd i ffydd yn Iesu Grist. Ni allwn ni i gyd fod yn debyg i Billy Graham, ond fe allwn ni i gyd fod fel Albert McMakin - gallwn ddod â'n cyfeillion at Iesu.

Weithiau yr ydym yn cael cyfle i esbonio'r efengyl ein hunain. Un ffordd dda o wneud hyn yw dweud beth sydd wedi digwydd i ni. Gwelwn batrwm Beiblaidd yn nhystiolaeth Paul yn Actau 26.;9-23. Y mae'n rhannu'n dair rhan: y mae'n sôn am sut un yr oedd cynt (ad.9-11), beth mae'n ei olygu i gyfarfod â Iesu (ad.12-15) a beth mae wedi ei olygu iddo ers hynny (ad.19-23). Wrth esbonio beth mae'n rhaid i rywun wneud i ddod yn Gristion mae'n help i gael patrwm i'w ddilyn. Y mae nifer o wahanol ffyrdd o gyflwyno'r efengyl. Yr wyf i wedi gosod allan fy null i yn y llyfryn *Pam Iesu?* Yna yr wyf yn arwain pobl i weddïo'r weddi sydd ar ddiwedd pennod 3 yn y llyfr hwn.

Dywedodd un gŵr yn yr eglwys wrthyf yn ddiweddar sut y daeth ef at Grist. Yr oedd yn cael trafferthion yn ei fusnes ac wedi mynd i'r Taleithiau Unedig ar drip busnes. Nid oedd yn teimlo'n arbennig o hapus wrth iddo deithio yn y tacsi i'r maes awyr. Yn nhu blaen y tacsi sylwodd ar luniau o blant y gyrrwr. Ni allai weld wyneb y gyrrwr ei hun, ond fe ofynnodd iddo am ei deulu. Teimlai fod llawer o gariad yn llifo oddi wrth y dyn. Wrth i'r sgwrs fynd yn ei blaen, dywedodd y gyrrwr, 'Rydw i'n rhyw deimlo nad ydych yn rhyw hapus iawn. Os ydych yn credu yn Iesu y mae'n gwneud gwahaniaeth.'

Dywedodd y dyn busnes wrthyf fi, 'Dyna ichi ddyn yn siarad ag awdurdod. Yr oeddwn yn meddwl taw fi oedd yr un ag awdurdod gennyf. Wedi'r cyfan, fi oedd yn talu.' Yn y pendraw dywedodd y gyrrwr tacsi wrtho, 'On'd yw hi'n bryd ichi roi trefn ar bethau a derbyn Crist?' Dyma nhw'n cyrraedd y maes awyr. Am y tro cyntaf dyma'r gyrrwr tacsi yn troi rownd a gwelodd y dyn busnes ei wyneb— yr oedd yn llawn caredigrwydd. Dywedodd wrtho, 'Beth am inni weddïo? Os ydych am Grist yn eich bywyd, gofynnwch iddo.' Dyma'r ddau yn gweddïo gyda'i gilydd a rhoes y gyrrwr lyfryn am y ffydd Gristnogol i'r dyn busnes. Dyn diymhongar syml oedd y gyrrwr tacsi, yr oedd yno un funud ac wedi diflannu'r funud nesaf, ond yr oedd wedi cymryd mantais o'r cyfle i gyhoeddi'r newyddion da am Iesu Grist. Newidiodd hyn fywyd y dyn yn llwyr.

Nerth

Yn y Testament Newydd y mae cyhoeddi'r efengyl yn gysylltiedig yn aml iawn ag arddangosiad o nerth Duw. Daeth Iesu yn cyhoeddi: 'Y mae teyrnas Dduw wedi dod yn agos. Edifarhewch a chredwch yr Efengyl!' (Marc 1.15). Aeth Iesu yn ei flaen i arddangos nerth yr efengyl wrth yrru allan y drwg (Marc 1.21-28) a thrwy iacháu'r claf (Marc 1.29-34, 40-45).

Dywedodd Iesu wrth ei ddisgyblion i wneud yr hyn yr oedd ef wedi bod yn ei wneud. Dywedodd wrthynt i weithio gwaith y deyrnas—'iachewch y cleifion a dywedwch wrthynt "Y mae teyrnas Dduw wedi dod yn agos atoch"' (Luc 10.9). Wrth i ni ddarllen yr Efengylau a'r Actau yr ydym yn gweld mai dyna a wnaethon nhw. Ysgrifennodd Paul at Gristnogion Thesalonica: 'nid ar air yn unig y daeth yr Efengyl yr ydym yn ei phregethu atoch, ond mewn nerth hefyd...' (1 Thesaloniaid 1.5).

Y mae cyhoeddi ac arddangos yn mynd law yn llaw. Y mae un yn aml iawn yn arwain at y llall. Un tro yr oedd Pedr ac Ioan ar y ffordd i'r eglwys. Y tu allan yr oedd gŵr oedd wedi bod yn anabl i gerdded ers ei eni. Yr oedd wedi bod yn eistedd yno ers blynyddoedd. Gofynnodd am arian. Dywedodd Pedr wrtho, 'Mae'n ddrwg gen i ond nid oes arian gennyf fi, ond fe wna i roi i ti beth sydd gennyf i'w roi. Yn enw Iesu Grist o Nasareth, cod a cherdda.' Dyma'r dyn yn gafael yn ei law er mwyn cael help. Ar unwaith fe gododd ar ei draed a dechrau cerdded. Pan sylweddolodd ei fod wedi'i iacháu fe neidiodd a llamu a moli Duw (Actau 3.1-10).

Yr oedd pawb yn gwybod fod y dyn wedi bod yn anabl i gerdded ers blynyddoedd, a dyma dorf fawr yn casglu o'i gwmpas. Wedi'r arddangosiad o nerth Duw cyhoeddwyd y newyddion da. Yr oedd pobl yn holi, 'Sut ddigwyddodd hyn?' Yr oedd Pedr yn medru dweud wrthynt am Iesu: 'Ar sail ffydd yn enw Iesu y cyfnerthwyd y dyn yma yr ydych yn ei weld a'i adnabod, a'r ffydd sydd drwyddo ef a roddodd iddo'r llwyr wellhad hwn...' (Actau 3.16). Yn y bennod nesaf edrychwn ar y pwnc yma yn fwy manwl wrth edrych ar natur teyrnas Dduw a lle iacháu yn y deyrnas honno.

Gweddi

Yr ydym wedi gweld yn barod pa mor bwysig oedd gweddi ym mywyd Iesu. Tra'r oedd yn cyhoeddi ac yn arddangos yr efengyl yr oedd hefyd yn gweddïo (Marc 1.35-37). Y mae gweddi yn hanfodol wrth ddweud y newyddion da wrth eraill.

Mae angen inni weddïo am i lygaid dall gael eu hagor. Y mae llawer yn ddall i'r efengyl (2 Corinthiaid 4.4). Y maent yn medru gweld yn gorfforol, ond nid ydynt yn gweld yn ysbrydol. Mae angen inni weddïo y bydd Ysbryd Duw yn agor llygaid y dall er mwyn iddynt ddeall y gwirionedd am Iesu.

BETH YW BYWYD?

Mae llawer ohonom, pan ddown i gredu yng Nghrist, y darganfod fod rhywun wedi bod yn gweddïo drosom ni. Efallai ei fod yn aelod o'r teulu, mam neu dad bedydd, neu gyfaill. Bydd rhywun, bron â bod ym mhob achos, wedi bod yn gweddïo y bydd ein llygaid yn cael eu hagor. Cafodd James Hudson Taylor, dyn a gyffyrddodd â bywydau miliynau gyda'r newyddion da am Iesu ac a sefydlodd y *China Inland Mission*, ei fagu yn Swydd Efrog ac yr oedd yn dipyn o rebel yn ei arddegau. Un diwrnod, pan oedd ei fam a'i chwaer allan, fe estynnodd am lyfr Cristnogol, gan fwriadu ei ddarllen ond gan osgoi'r wers foesol ar ei ddiwedd. Gwnaeth ei hun yn gyfforddus yn y sgubor tu ôl i'r t a dechrau darllen.

Wrth iddo ddarllen yr oedd un frawddeg wedi dal ei sylw 'gwaith gorffenedig Crist.' Yr oedd ef yn credu taw ymdrech ddiflas oedd Cristnogaeth i dalu am ddyledion drwg gyda daioni. Yr oedd yntau yn ormod o ddyledwr i feddwl am ddechrau talu, felly man a man iddo jyst fwynhau ei hun. Ond yr oedd y frawddeg hon wedi agor ei feddwl i sicrwydd fod Crist, trwy ei farwolaeth ar y groes, wedi talu holl ddyled ei bechodau ef: 'A chyda hyn dyma'r argyhoeddiad llawen yn gwawrio, wrth i oleuni'r Ysbryd Glân lewyrchu i mewn i'm henaid, nad oedd dim yn y byd i'w wneud ond syrthio ar fy ngliniau a derbyn y Gwaredwr hwn a'i Iachawdwriaeth, ac i'w foli ef yn dragywydd.' Ni phrofodd yr un Luther, Bunyan neu Harris fwy o ryddhad oddi wrth feichiau, o oleuni yn gwasgar y tywyllwch, o enedigaeth newydd a chyfeillgarwch â Christ, nag y gwnaeth Hudson Taylor ar y prynhawn Mehefin yna yn 1849 pan yn ddwy ar bymtheng mlwydd oed.

Deng niwrnod yn ddiweddarach fe ddaeth ei fam adref. Rhedodd i'w chyfarfod 'i ddweud wrth fod gennyf newyddion braf ar ei chyfer.' Wrth iddi ei gofleidio dyma hi'n dweud, 'Rwy'n gwybod, fy mab annwyl, yr wyf wedi bod yn llawenhau ers pythefnos yn y newyddion braf sydd gennyt ar fy nghyfer.' Synnwyd Hudson. Yr oedd hi wedi bod rhyw wyth deg milltir i ffwrdd, ac ar union ddydd y digwyddiad yn y sgubor yr oedd hi wedi profi'r fath ddymuniad i weddïo dros Hudson fel ei bod wedi treulio oriau ar ei gliniau, ac wedi codi yn argyhoeddedig fod ei gweddïau wedi'u hateb. Ni anghofiodd Hudson fyth ar ôl hynny pa mor bwysig yw gweddi.[53]

Pan ddaeth cyfaill i mi o'r enw Ric yn Gristion fe ffoniodd gyfaill iddo yr oedd yn gwybod ei fod yn Gristion. Atebodd y cyfaill hwnnw, 'Rydw i wedi bod yn gweddïo drosot ti ers pedair blynedd.' Dechreuodd Ric weddïo dros un o'i gyfeillion yntau ac o fewn deg wythnos yr oedd hwnnw hefyd wedi dod yn Gristion.

Y mae angen i ni weddïo dros ein cyfeillion. Y mae angen i ni weddïo dros ein hunain hefyd. Pan ydym yn siarad gyda phobl am Iesu, yr ydym weithiau yn cael ymateb negyddol. Y temtasiwn yw ildio. Pan iachawyd y dyn cloff ac y cyhoeddwyd yr efengyl trwy weinidogaeth Pedr ac Ioan, cawsant eu harestio a'u bygwth gyda gwaeth canlyniadau o barhau i wneud y fath bethau. Weithiau yr oeddynt yn derbyn ymateb negyddol iawn iawn; ond nid oeddynt am ildio. Yn hytrach, y maent yn gweddïo—nid am amddiffynfa, ond am hyder i bregethu'r efengyl ac am i Dduw wneud arwyddion a rhyfeddodau trwy enw Iesu (Actau 4.29-31).

Y mae'n hollbwysig i bob un ohonom fel Cristnogion ddyfalbarhau wrth ddweud wrth eraill am Iesu—trwy ein presenoldeb, perswâd, cyhoeddi, nerth a gweddi. Os gwnawn hynny, yn ystod ein bywyd fe welwn lawer o fywydau yn newid.

Yn ystod y rhyfel cafodd dyn ei saethu ac yr oedd yn gorwedd yn y ffosydd. Dyma gyfaill yn plygu drosto ac yn holi, 'Oes unrhyw beth y gallaf ei wneud drosot?'

Atebodd, 'Nac oes, rwy'n marw.'

'A allaf fi roi neges i rywun?'

'Gelli, rho neges i'r dyn sy'n byw yn y cyfeiriad hwn. Dwed wrtho yn fy munudau olaf fod yr hyn wnaeth ef ei ddysgu i mi pan yn blentyn wedi bod yn help imi wrth farw.'

Y dyn oedd ei hen athro Ysgol Sul. Pan ddaeth y neges ato, dywedodd, 'Boed i Dduw faddau i mi, oherwydd rhois y gorau i ddysgu yn yr Ysgol Sul flynyddoedd yn ôl am nad oeddwn yn credu fy mod yn cyflawni dim. Roeddwn yn credu nad oedd dim pwynt iddo o gwbl.'

Pan ddywedwn wrth bobl am Iesu, does byth 'dim pwynt'. Oherwydd 'gallu Duw yw'r efengyl ar waith er iachawdwriaeth i bob un sy'n credu' (Rhufeiniaid 1.16).

13

Ydy Duw yn iacháu heddiw?

Rhai blynyddoedd yn ôl, gofynnodd gwraig ifanc o Japan i mi a'm gwraig weddïo am iachâd i'w phroblem gyda'i chefn. Gosododd y ddau ohonom ein dwylo arni a gofyn i Dduw ei hiacháu. Wedyn, ceisiais fy ngorau i'w hosgoi oherwydd nid oeddwn yn siŵr o gwbl sut i esbonio iddi pam nad oedd wedi cael iachâd. Un dydd daeth hi rownd y cornel i'm cwrdd fel na allwn ei hosgoi. Tybiais taw'r peth gorau oedd bod yn barchus a holi'r cwestiwn yr oeddwn yn ofni'i holi, 'Sut mae dy gefn?'

'O,' meddai, 'y mae wedi gwella'n llwyr wedi ichi weddïo amdano.'

Wn i ddim pam y cefais y fath syndod, ond synnu wnes i.

Pan ddaeth John Wimber i'n heglwys ni gyda thîm o'i eglwys yntau (The Vineyard Christian Fellowship), pregethodd un Sul ar bwnc iachâd. Ddydd Llun fe ddaeth i gyfarfod o arweinwyr. Yr oedd rhyw chwe deg i saith deg ohonom yn yr ystafell pan siaradodd eto am iachâd. Yr oeddem wedi clywed anerchiadau ganddo o'r blaen ar y pwnc, ac yr oeddwn yn hapus iawn gyda'r hyn yr oedd wedi ei ddweud. Ond wedi'r egwyl i gael paned o goffi roedd am gynnal 'gweithdy iacháu." Nawr yr oeddem ar dir dieithr iawn. Dywedodd John Wimber fod ei dîm wedi cael 'geiriau o wybodaeth' am ryw ddeuddeg o bobl yn yr ystafell. Dywedodd wrthym fod 'y ddawn i lefaru gwybodaeth' (1 Corinthiaid 12.8) yn golygu datguddiad goruwchnaturiol o ffeithiau am berson neu sefyllfa, ffeithiau nad ydynt i'w dirnad trwy'r meddwl naturiol, ond trwy Ysbryd Duw. Gall hyn fod ar ffurf darlun, neu air wedi ei weld neu ei glywed gan y meddwl, neu drwy deimlad wedi'i brofi'n gorfforol. Yna fe roes restr ohonynt a dweud ei fod am wahodd y bobl i ddod ymlaen i'r tîm gael gweddïo drostynt. Yr oeddwn i, am un, yn weddol amheus o'r holl beth.

Ond, wrth i'r bobl ymateb un wrth un i'r rhai o'r disgrifiadau reit fanwl (yr wyf yn cofio fod un ohonynt am 'ddyn oedd wedi gwneud niwed i'w gefn yn torri coed pan yn bedair ar ddeng mlwydd oed'), dechreuodd ffydd gynyddu yn yr ystafell. Cafwyd ymateb i bob 'gair o wybodaeth' a dderbyniwyd. Yr oedd un ohonynt am anffrwythlondeb. Yr oeddem i gyd yn adnabod ein gilydd yn reit dda ac yn siŵr nad oedd hynny ar gyfer neb yn y grŵp. Ond daeth gwraig ddewr, oedd yn methu â chael plant, i'r tu blaen. Gweddïwyd drosti a chafodd y cyntaf o'i phum plentyn naw mis union yn ddiweddarach!

Yr oedd fy agwedd i yn ystod y cyfarfod yn adlewyrchu'r ofn a'r amheuon sydd gan y rhan fwyaf ohonom o'r ugeinfed ganrif wrth feddwl am bwnc iacháu. Penderfynais ail-ddarllen y Beibl er mwyn ceisio deall mwy am beth sydd ganddo i'w ddweud am iachâd. Po fwyaf yr wyf yn ei ddarllen, y mwy argyhoeddedig ydwyf y dylem ddisgwyl i Dduw iacháu yn wyrthiol heddiw. Wrth gwrs, y mae hefyd yn iacháu trwy gydweithredu â doctoriaid, nyrsys a'r holl broffesiwn meddygol.

Iacháu yn y Beibl

Yn yr Hen Destament yr ydym yn gweld Duw yn addo dod â iachâd ac iechyd i'w bobl ond iddynt ufuddhau iddo (ee. Exodus 23.25-26; Deuteronomium 28; Salm 41). Yn wir, y mae'n rhan o'i gymeriad i iacháu, gan ei fod yn dweud, 'Myfi yw'r Arglwydd sy'n dy iacháu [dy iachawdwr]' (Exodus 15.26). Yr ydym hefyd yn gweld sawl esiampl o iacháu gwyrthiol (ee. 1 Brenhinoedd 13.6; 2 Brenhinoedd 4.8-37; Eseia 38).

Un o'r esiamplau mwyaf trawiadol o iacháu yw iachâd Naaman, capten byddin Brenin Syria, a oedd yn ŵr gwahanglwyfus. Iachaodd Duw Naaman wedi iddo ymolchi seithwaith yn afon Iorddonen. 'Daeth ei gnawd yn lân eto fel cnawd bachgen bach' (2 Brenhinoedd 5.14), ac fe gydnabyddodd Duw Israel i fod yr unig wir Dduw. Gwrthododd Eliseus, a oedd wedi rhoi cyfarwyddyd iddo, y taliad yr oedd Namaan yn ei gynnig (er bod ei was Gehasi wedi gwneud y camgymeriad o geisio, trwy dwyll, gymryd yr arian ei hun fel canlyniad i'r iacháu). Gwelwn, yn gyntaf, o'r hanes hwn sut y mae iachâd yn medru cael effaith ar fywyd person—nid yn unig yn gorfforol, ond hefyd yn ei berthynas gyda Duw. Gall iachâd a ffydd fynd law yn llaw. Yn ail, yr ydym yn gweld fod iachâd goruwchnaturiol yn rhodd oddi wrth Dduw ac na ddylid talu amdani. Yn ychwanegol, os oedd Duw yn gweithredu fel hyn yn yr Hen Destament, lle cawn ond cipolwg ar deyrnas Dduw a thywalltiad yr Ysbryd, gallwn fod yn hyderus y bydd yn gwneud hyn, hyd yn oed yn fwy, yn awr fod Iesu wedi dod â theyrnas Dduw yn agos ac agor oes yr Ysbryd.

Geiriau cyntaf Iesu yn Efengyl Marc yw, 'Y mae'r amser wedi ei gyflawni ac y mae teyrnas Dduw wedi dod yn agos. Edifarhewch a chredwch yr Efengyl' (Marc 1.15). Y mae'r thema o deyrnas Dduw yn ganolog i weinidogaeth Iesu. Y mae'r termau 'teyrnas Dduw' a 'theyrnas nefoedd' yn cael eu defnyddio fwy nag wyth deg o weithiau, er bod y term olaf ond yn cael ei ddefnyddio yn Efengyl Mathew. Mae'r ddau derm yn gyfystyr. 'Nefoedd' oedd un o ffyrdd cyffredin yr Iddewon o sôn am Dduw heb ddefnyddio'r enw dwyfol.

Y mae'r gair Groeg am deyrnas, *basileia*, yn gyfieithiad o'r Aramaeg *mulkuth*, y gair y mae'n debyg a ddefnyddiwyd gan Iesu. Mae'n golygu nid yn unig 'teyrnas' yn yr ystyr wleidyddol neu ddaearyddol, ond y mae hefyd yn cynnwys elfen o weithgarwch—y gweithgarwch o lywodraethu neu deyrnasu. Felly gall 'teyrnas Dduw' olygu 'llywodraeth a theyrnasiad Duw.'

Yn nysgeidiaeth Iesu, y mae i deyrnas Dduw wedd ddyfodol na fydd ond yn cael ei chyflawni 'yn niwedd y byd' (Mathew 13.49). Er enghraifft, yn un o'r damhegion, y mae'n sôn am gynhaeaf fydd yn digwydd ar ddiwedd y byd pan fydd 'Mab y Dyn ... yn casglu allan o'i deyrnas ef bopeth sy'n peri tramgwydd, a'r rhai sy'n gwneud anghyfraith ... yna bydd y rhai cyfiawn yn disgleirio fel haul yn nheyrnas eu Tad' (Mathew 13.24-43) Bydd diwedd y byd yn dod pan fydd Iesu yn dychwelyd. Pan ddaeth y tro cyntaf, fe ddaeth yn wan; pan fydd yn dychwelyd, fe fydd yn dod 'gyda nerth a gogoniant mawr' (Mathew 24.30).

Y mae hanes yn mynd rhagddo tuag at yr uchafbwynt yma pan ddaw Iesu Grist yn ei ogoniant (Mathew 25.32). Y mae dros 300 o gyfeiriadau i gyd at ail ddyfodiad Crist yn y Testament Newydd. Pan ddaw yn ôl fe fydd yn amlwg i bawb. Fe fydd hanes, fel yr ydym ni'n gyfarwydd ag ef, yn dod i ben. Bydd pawb yn atgyfodi ac yna ceir Dydd Barn. I rai (rhai sy'n gwrthod yr efengyl), bydd yn ddydd dinistr (2 Thesaloniaid 1.8-9); i eraill, bydd yn ddydd o dderbyn eu hetifeddiaeth yn nheyrnas Dduw (Mathew 25.32). Bydd nefoedd newydd a daear newydd (2 Pedr 3.13; Datguddiad 21.1). Bydd Iesu ei hun yno (Datguddiad 21.22-23) a phawb sy'n ei garu ac yn ufudd iddo. Bydd yn lle o lawenydd mawr a fydd yn dragwyddol (1 Corinthiaid 2.9). Byddwn yn derbyn cyrff newydd anllygredig a gogoneddus (1 Corinthiaid 15.42-43). Nid fydd marwolaeth mwyach na galar na llefain na phoen (Datguddiad 21.4). Fe fydd pawb sy'n credu yn cael eu hiacháu'n llwyr ar y dydd hwnnw.

Ar y llaw arall, mae gwedd bresennol i deyrnas Dduw yn nysgeidiaeth a gweithgarwch Iesu. Gwelwn yr arwyddion, gwawrio a blaguro'r deyrnas sydd yn dod yn agos. Dywedodd Iesu wrth y Phariseaid. 'Y mae teyrnas Dduw yn eich plith chwi' (Luc 17.20-21). Yn ei ddameg am y trysor cuddiedig a'r perl gwerthfawr (Mathew 13.44-46), y mae Iesu yn awgrymu fod y deyrnas yn rhywbeth y gellir ei ddarganfod a'i phrofi yn y byd hwn. Trwy'r Efengylau y mae'n glir fod Iesu yn gweld ei weinidogaeth fel cyflawniad o broffwydoliaethau'r Hen Destament. Yn synagog Nasareth ddarllenodd Iesu y broffwydoliaeth o Eseia 61.1-2 a dweud, 'Heddiw yn eich clyw chwi y mae'r Ysgrythur hon wedi ei chyflawni' (Luc 4.21). Aeth yn ei flaen i brofi realiti presennol y deyrnas trwy bob peth a wnaeth yn ystod ei weinidogaeth, wrth faddau pechodau, wrth drechu'r drwg ac wrth iacháu'r claf.

Y mae'r deyrnas yn 'nawr' ac yn 'nid eto'. Yr oedd yr Iddewon yn disgwyl i'r Meseia ddod â theyrnas yn ei chyflawnder perffaith, fel y dengys y llun isod:

YR OES HON   YR OES I DDOD

Yr oedd dysgeidiaeth Iesu yn addasiad o hyn ac fe ellid ei grynhoi fel yn y llun isod:

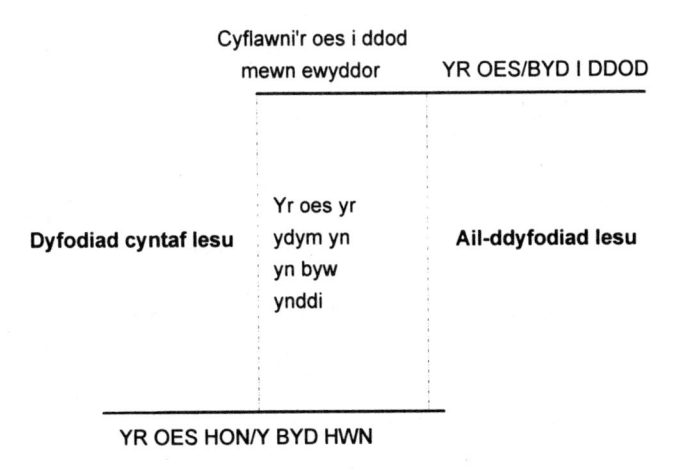

	Cyflawni'r oes i ddod mewn ewyddor	YR OES/BYD I DDOD
Dyfodiad cyntaf Iesu	Yr oes yr ydym yn yn byw ynddi	**Ail-ddyfodiad Iesu**

YR OES HON/Y BYD HWN

Yr ydym yn byw rhwng yr amseroedd, pan mae'r oes i ddod wedi torri i mewn i hanes. Y mae'r oes hon yn dal i fynd yn ei blaen, ond y mae nerthoedd yr oes sydd i ddod wedi torri i mewn i'r oes hon. Y mae teyrnas y dyfodol wedi torri i mewn i hanes. Pregethodd Iesu deyrnas Dduw. Y mae hefyd wedi arddangos ei fod wedi torri i mewn i hanes trwy iacháu'r cleifion, codi'r meirw a gyrru allan gythreuliaid.

Y mae chwarter y deunydd yn yr Efengylau yn ymwneud ag iacháu. Er na wnaeth Iesu iacháu pawb oedd yn glaf yn Jwdea, yr ydym yn darllen amdano yn iacháu unigolion neu grwpiau o bobl (Mathew 4.23; 9.35; Marc 6.56; Luc 4.40; 6.19; 9.11). Yr oedd yn rhan o weithgarwch naturiol y deyrnas.

Nid yn unig yr oedd ef ei hun yn gwneud y gwaith hwn, ond fe roes gomisiwn i'w ddisgyblion i wneud yr un peth. Yn gyntaf, rhoes gomisiwn i'r deuddeg. Gwelir hyn yn glir yn Efengyl Mathew. Y mae Mathew yn dweud wrthym 'Yr oedd [Iesu] yn mynd o amgylch Galilea gyfan, dan ddysgu yn eu synagogau hwy a phregethu efengyl y deyrnas, ac iacháu pob afiechyd a phob llesgedd ymhlith y bobl' (Mathew 4.23). Yna y mae'n rhoi peth o ddysgu a phregethu Iesu ym Mathew 5-7 (Y Bregeth ar y Mynydd) ac yna naw gwyrth (iacháu yn bennaf) ac y mae'n gorffen gyda'r hyn sydd bron yn ailadrodd Mathew 4.23: 'Yr oedd Iesu'n mynd o amgylch yr holl drefi a'r pentrefi, dan ddysgu yn eu synagogau hwy, a phregethu efengyl y deyrnas, ac iacháu pob afiechyd a phob llesgedd' (Mathew 9.35). Y mae Mathew yn defnyddio ffurf o ailadrodd llenyddol, a elwir *inclusio*, a ddefnyddid yn lle paragraffau er mwyn dynodi dechrau a diwedd adran arbennig. Wedi dweud beth yr oedd Iesu ei hunan yn ei wneud, y mae Mathew yn dweud wrthym fod Iesu wedi anfon y deuddeg allan i wneud yr un peth. Dywedodd wrthynt i fynd a phregethu'r un neges: '"Y mae teyrnas nefoedd wedi dod yn agos." Iachewch y cleifion, cyfodwch y meirw, glanhewch y gwahanglwyfus, bwriwch allan gythreuliaid...' (Mathew 10.7-8).

Nid dim ond y deuddeg a gafodd y comisiwn hwn. Yr oedd grŵp pellach o saith deg dau a apwyntiwyd ganddo. Rhoes iddynt orchmynion wrth iddynt fynd: 'Iachewch y cleifion... a dywedwch wrthynt, "Y mae teyrnas Dduw wedi dod yn agos atoch"' (Luc 10.9). Dychwelodd y saith deg dau yn llawen, gan ddweud, 'Arglwydd, y mae hyd yn oed y cythreuliaid yn ymddarostwng inni yn dy enw di' (ad.17).

Ac ni chyfyngwyd ei gomisiynau ond i'r deuddeg a'r saith deg dau. Yr oedd Iesu yn disgwyl i'w *holl* ddisgyblion i fynd a gwneud yr un peth. Dywedodd wrth ei ddisgyblion 'Ewch, gan hynny, a gwnewch ddisgyblion o'r holl genhedloedd, gan eu bedyddio hwy yn enw'r Tad a'r Mab a'r Ysbryd Glân, a dysgu iddynt gadw'r *holl orchmynion* a roddais i chwi' (Mathew 28.18-20, fy mhwyslais i). Ni ddywedodd, 'Yr holl orchmynion, heblaw y rhai am iacháu.'

Yr ydym yn gweld yr un peth yn niweddglo hir i Efengyl Marc (sydd, o leiaf, yn dystiolaeth i sut y deallai'r eglwys fore gomisiwn Iesu). Dywedodd Iesu wrth ei ddisgyblion, '"Ewch i'r holl fyd a phregethwch yr Efengyl i'r greadigaeth i gyd ... A bydd yr arwyddion hyn yn dilyn *i'r sawl a gredodd*: bwriant allan gythreuliaid yn fy enw i ... rhoddant eu dwylo ar gleifion, ac iach fyddant." Ac aethant hwy allan a phregethu ym mhob man, a'r Arglwydd yn cydweithio â hwy yn cadarnhau'r gair trwy'r arwyddion oedd yn dilyn. (Marc 16.15-20, fy mhwyslais i). Dywed Iesu, 'bydd yr arwyddion hyn yn dilyn *i'r sawl a gredodd*'—hynny yw i'r 'sawl a gredodd' yn Iesu Grist, sef pob Cristion.

Gwelwn yr un peth yn Efengyl Ioan. Dywedodd Iesu, wrth sôn am wyrthiau, 'Yn wir, yn wir, 'rwy'n dweud wrthych, bydd yr hwn sy'n credu ynof fi yntau hefyd yn gwneud y gweithredoedd yr wyf fi'n eu gwneud; yn wir, bydd yn gwneud rhai mwy na'r rheini, oherwydd fy mod i'n mynd at y Tad' (Ioan 14.12). Mae'n amlwg nad oes neb wedi gwneud gwyrthiau gwell nag Iesu o ran ansawdd, ond y mae llawer mwy o wyrthiau wedi'u cyflawni ers i Iesu ddychwelyd at y Tad. Nid yw wedi peidio â gwneud gwyrthiau, ond nawr y mae'n defnyddio dynion a gwragedd gwan ac amherffaith. Un waith eto 'yr hwn sy'n credu ynof fi' sy'n gwneud y gwyrthiau. Hynny yw, chi a fi. Nid yw'r gorchmynion na'r addewidion yma wedi'u cyfyngu yn unman i ryw fath arbennig o Gristion.

Yr oedd Iesu yn iacháu; dywedodd wrth ei ddisgyblion i wneud yr un peth a dyna a wnaethant. Yn llyfr Actau'r Apostolion fe welwn y gorchymyn yma yn cael ei weithredu. Y mae'r disgyblion yn dal ati i bregethu ac i ddysgu, ond hefyd i iacháu'r cleifion, codi'r meirw a bwrw allan gythreuliaid (Actau 3.1-10; 4.12; 5.12-16; 8.5-13; 9.32-43; 14.3, 8-10; 19.11-11; 20.9-12; 28.8-9). Y mae'n amlwg o 1 Corinthiaid 12-14 nad oedd Paul yn credu taw rhywbeth a gyfyngwyd i'r apostolion yn unig oedd y galluoedd yma. Yn yr un modd y mae awdur y llythyr at yr Hebreaid yn dweud fod Duw yn tystio i'w neges 'drwy arwyddion a rhyfeddodau, a thrwy amrywiol rymusterau, a thrwy gyfraniadau'r Ysbryd Glân' (Hebreaid 2.4).

Nid yw'r Beibl mewn un man yn dweud fod iacháu wedi'i gyfyngu i adeg arbennig mewn hanes. I ddweud y gwir, iacháu yw un o arwyddion y deyrnas y daeth Iesu i'w chychwyn ac sy'n parhau hyd at heddiw. Felly fe allwn ddisgwyl fod Duw yn dal i iacháu'n wyrthiol heddiw fel rhan o weithgarwch y deyrnas.

Iacháu yn hanes yr eglwys

Yn ei llyfr *Christian Healing* y mae Evelyn Frost yn edrych yn fanwl ar rannau o ysgrifeniadau arweinwyr yr eglwys fore, fel Quadratus, Iestyn Ferthyr, Theoffilus o Anitoch, Irenaeus, Tertwlian ac Origen, gan ddod i'r casgliad fod iacháu yn rhan arferol o weithgarwch yr eglwys honno.

Fel hyn yr ysgrifennodd Irenaeus (tua 130-200), Esgob Lyons, ac un o ddiwinyddion yr eglwys fore:

> Y mae'r rhai sy'n wir ddisgyblion iddo, gan dderbyn gras oddi wrtho, yn gwneud [gwyrthiau] yn ei enw, er lles dynion eraill, yn ôl y ddawn y mae pob un wedi'i derbyn ganddo ef. Yn sicr ac yn wir mae rhai yn gyrru allan gythreuliaid, fel bod y rhai sydd wedi ei glanhau felly oddi wrth ysbrydion aflan yn dod i gredu [yng Nghrist], ac i ymuno â'r eglwys. Y mae eraill yn cael rhagwybod y pethau sydd i ddod: y maent yn gweld gweledigaethau, ac yn llefaru geiriau proffwydol. Y mae eraill eto, sy'n iacháu'r claf wrth osod eu dwylo arnynt ac maent yn cael iachâd. Yn wir, fel yr wyf wedi dweud yn barod, y mae'r meirw wedi eu cyfodi ac wedi bod yn ein plith am flynyddoedd.[54]

Dywedodd Origen (tua 185-254), diwinydd arall, ysgolhaig beiblaidd ac awdur o gyfnod yr eglwys fore, am Gristnogion: 'Y maent yn gyrru allan ysbrydion drwg, yn iacháu ac yn rhagweld rhai digwyddiadau ... gall enw Iesu ... gymryd i ffwrdd heintiau.'

Dau can mlynedd yn ddiweddarach yr oedd disgwyl y byddai Duw yn iacháu pobl yn uniongyrchol. Yn ei lyfr *Ynglŷn â Dinas Dduw*, dywed Awstin o Hippo (354-430), un y mae llawer yn ei gyfrif yn ddiwinydd mwyaf y pedair canrif gyntaf, '*hyd yn oed nawr* fe wneir gwyrthiau yn enw Crist.' Ac y mae'n dyfynnu esiampl o ddyn dall o Milano a gafodd ei olwg yn ôl pan yr oedd ef yno. Yna y mae'n

BETH YW BYWYD?

disgrifio iachâd dyn yr oedd ef yn aros gydag ef, dyn o'r enw Innocentius. Yr oedd yn cael ei drin gan y meddygon am *fistulæ*, ac yr oedd ganddo 'nifer fawr yn eistedd yn ddestlus yn ei *rectum*'! Yr oedd wedi cael llawdriniaeth boenus iawn, ac nid oedd disgwyl y byddai'n medru dioddef mwy. Wrth iddynt weddïo drosto fe syrthiodd i'r llawr gan wylo ac ochain, yn union fel petai rhywun wedi ei daflu lawr ac yr oedd ei holl gorff yn crynu fel nad oedd yn medru siarad o gwbl. Daeth diwrnod yr ail lawdriniaeth. 'Y mae'r llawfeddygon yn cyrraedd ... tynnir yr offerynnau dychrynllyd allan ... dadorchuddir y rhan; y mae'r llawfeddyg ... gyda'i gyllell yn ei law, yn chwilio'n eiddgar am y sinws sydd i'w dorri. Y mae'n chwilio amdano gyda'i lygaid; yn teimlo amdano gyda'i fys; yn mae'n edrych ac yn edrych.' Yr hyn a ddaeth o hyd iddo oedd craith lle'r oedd clwyf wedi'i iacháu. 'Nid oes gennyf eiriau i ddisgrifio'r llawenydd, a'r mawl, a'r diolchgarwch i Dduw hollalluog a ddaeth o wefusau pawb, ynghyd â dagrau o lawenydd a gorfoledd. Bydded ichi ddychmygu'r peth oherwydd ni allaf ei ddisgrifio!'

Wedyn y mae'n disgrifio iacháu Innocentia—gwraig dduwiol o'r dosbarth uchaf—yr oedd y meddygon wedi dweud fod ganddi ganser ar y fron nad oedd yn bosib gwneud dim ag ef. Yr oedd y meddyg am wybod sut yr oedd hi wedi cael iachâd. Pan ddywedodd fod Iesu wedi ei hiachau, yr oedd yn gynddeiriog. Yna dywedodd Innocentia, 'Pa beth mawr oedd hi i Grist iacháu canser, ac yntau wedi codi un oedd wedi bod yn farw am bedwar diwrnod?'

Yna y mae'n mynd yn ei flaen i adrodd hanes meddyg oedd yn dioddef o'r gowt a gafodd iachâd 'wrth iddo gael ei fedyddio' a hen gomedïwr a gafodd iachâd mewn bedydd hefyd, nid yn unig oddi wrth y parlys ond hefyd o dorlyngil. Dywed Awstin ei fod yn gwybod am gynifer o achosion o iacháu gwyrthiol eraill fel ei fod yn ysgrifennu, 'Beth a wnaf fi? Y mae pwysau'r addewid o orffen y gwaith hwn mor drwm, fel na allaf gofnodi'r holl wyrthiau yr wyf yn gwybod amdanynt ... hyd yn oed nawr, felly y mae llawer o wyrthiau'n cael eu gwneud, yr un Duw, a wnaeth y rhai yr ydym yn darllen amdanynt, sy'n dal i'w gwneud hwy, trwy'r rhai yr ewyllysia fel yr ewyllysia.'

Trwy hanes yr eglwys y mae Duw wedi parhau i iacháu pobl yn uniongyrchol. Ni ddiflannodd iacháu o gwbl - y mae wedi bod yn iacháu hyd at ein dyddiau ni.

Yn ei hanes enwog *The History of the Decline and Fall of the Roman Empire* (1776-1788) y mae'r hanesydd, ysgolhaig a'r rhesymolwr o Sais, Edward Gibbon, yn rhestru pum rheswm am dwf rhyfeddol a chyflym Cristnogaeth. Un ohonynt yw 'nerthoedd gwyrthiol yr Eglwys gyntefig'. Dywed, 'Y mae'r Eglwys Gristnogol o amser yr apostolion a'u disgyblion cyntaf wedi honni cyfres ddi-dor o nerthoedd gwyrthiol, dawn tafodau, gweledigaethau a phroffwydo, y gallu i daflu allan cythreuliaid, iacháu'r claf ac o godi'r meirw.' Y mae Gibbon yn mynd yn ei flaen i ddangos anghysonderau ei ddyddiau yntau pan oedd 'sgeptigiaeth guddiedig ac anorfod eto'n dal wrth arferion mwyaf duwiol'. Yn gwbl wahanol i'r eglwys fore, meddai, yn eglwys ei oes ef yr oedd 'derbyn gwirioneddau goruwchnaturiol yn fwy o gydsynio oer a digyffro yn hytrach na derbyn brwdfrydig. Wedi arfer cyhyd â sylwi a pharchu trefn ddigyfnewid Natur, nid yw ein rheswm, neu o leiaf ein dychymyg, yn ddigon parod i gynnal gweithredu gweledol y Duwdod.' Gellid dweud hynny gymaint yn fwy am ein dyddiau ni.

Iacháu heddiw

Y mae Duw yn dal i iacháu pobl heddiw. Y mae cynifer o hanesion fel ei bod hi'n anodd gwybod pa un i'w roi fel esiampl. Adroddodd Ajay Gohill ei hanes mewn gwasanaeth bedydd a chonffyrmasiwn diweddar yn ein heglwys. Cafodd ei eni yn Kenya a dod i Loegr yn 1971. Yr oedd wedi'i fagu fel Hindŵ ac yn gweithio ym musnes gwerthu papurau newydd ei deulu. Pan yn un ar hugain mlwydd oed fe gafodd ei daro gan afiechyd croen ofnadwy, *erythrodermic psoriasis*. Aeth ei bwysau o 11.5 stôn i 7.5 stôn. Cafodd driniaeth dros y byd i gyd—y Taleithiau Unedig, yr Almaen, y Swistir, Israel a Lloegr, gan gynnwys Harley Street. Dywedodd ei fod yn gwario 80% o'i arian yn chwilio am wellhad. Cymerodd gyffuriau cryfion a effeithiodd ar ei arennau. Yn y diwedd, roedd yn rhaid iddo roi'r gorau i weithio. Lledodd yr afiechyd dros ei gorff i gyd, o'i gorun i'w sawdl. Yr oedd yn ofnadwy i edrych arno, nid fedrai nofio na gwisgo crys-T hyd yn oed. Collodd ei gyfeillion i gyd. Aeth ei wraig a'i fab a'i adael. Yr oedd am farw. Ar 20 Awst 1987 yr oedd ar Ward Elizabeth yn Ysbyty St Thomas, Llundain. Treuliodd dros saith wythnos yn yr ysbyty yn derbyn gwanhaol driniaethau. Ar 14 Hydref yn oedd yn gorwedd ar ei wely yn dyheu am gael marw. Gwaeddodd yn ei anobaith, 'Dduw, os wyt ti'n gwylio, gad imi farw—mae'n ddrwg gennyf os wyf wedi gwneud rhywbeth sy'n anghywir.' Dywedodd ei fod wedi teimlo rhyw 'bresenoldeb' wrth iddo weddïo. Edrychodd yn y cwpwrdd wrth ymyl y gwely a thynnu allan y Beibl oedd yno. Y mae'n ei agor a dod ar draws Salm 38:

> O ARGLWYDD, na cherydda fi yn dy lid, ac na chosba fi yn dy ddig. Suddodd dy saethau i mi; y mae dy law yn drwm arnaf. Nid oes rhan o'm cnawd yn gyfan gan dy ddicllonedd, nid oes iechyd yn fy esgyrn oherwydd fy mhechod. Aeth fy nghamweddau dros fy mhen, y maent yn faich rhy drwm imi ei gynnal. Aeth fy mriwiau'n ffiaidd a chrawni oherwydd fy ffolineb. Yr wyf wedi fy mhlygu a'm darostwng yn llwyr, ac yn mynd o amgylch yn galaru drwy'r dydd. Y mae fy llwynau'n llosgi gan dwymyn, ac nid oes iechyd yn fy nghnawd. Yr wyf wedi fy mharlysu a'm llethu'n llwyr, ac yn gweiddi oherwydd griddfan fy nghalon. O ARGLWYDD, y mae fy nyhead yn amlwg i ti, ac nid yw fy ochenaid yn guddiedig oddi wrthyt. Y mae fy nghalon yn curo'n gyflym, fy nerth yn pallu, a'r golau yn fy llygaid hefyd wedi mynd. Cilia fy nghyfeillion a'm cymdogion rhag fy mhla, ac y

mae fy mherthnasau yn cadw draw...Paid â'm gadael, O ARGLWYDD; paid â mynd yn bell oddi wrthyf, O fy Nuw. Brysia i'm cynorthwyo, O ARGLWYDD fy iachawdwriaeth. (Salm 38.1-12, 21-22)

Yr oedd fel petai pob un adnod yn berthnasol iddo. Gweddïodd ar i Dduw ei iacháu a syrthiodd i gysgu. Pan ddihunodd fore trannoeth edrychai popeth oedd o'i gwmpas yn newydd. Aeth i'r ystafell ymolchi a gorffwys mewn bath. Wrth edrych ar y dŵr yn y bath fe welodd fod ei groen wedi dod i ffwrdd ac yn nofio ar wyneb y dŵr. Galwodd ar y nyrsys a dweud wrthynt fod Duw yn ei iacháu. Roedd ei holl groen fel croen baban bach. Yr oedd wedi'i iacháu o'i gorun i'w sawdl. Ers hynny y mae ei fab wedi dod yn ôl ato. Dywed fod yr iachâd mewnol yn ei fywyd wedi bod yn llawer mwy na'r iachâd corfforol. Y mae'n dweud, 'Yr wyf yn byw bob dydd er mwyn Iesu. Yr wyf yn was iddo heddiw.'

Y mae Duw yn Dduw sy'n iacháu. Y mae'r gair Groeg sy'n golygu 'achub' hefyd yn golygu 'iacháu'. Nid dim ond ein hiachawdwriaeth ysbrydol sydd o gonsyrn i Dduw, ond hefyd ein holl fod. Un diwrnod bydd gennym gorff newydd perffaith. Pan fo Duw yn iacháu rhywun yn wyrthiol heddiw y mae'n rhoi inni gipolwg o'r dyfodol pan fydd ein cyrff yn cael eu rhyddhau o gaethiwed (Rhufeiniad 8.23). Ni fydd pawb fyddwn yn gweddïo trostynt o anghenraid yn cael eu hiacháu, ac wrth gwrs, ni all yr un person byw osgoi marwolaeth. Y mae'n cyrff yn dadfeilio. Ar adegau fe fydd yn iawn paratoi rhywun ar gyfer marw yn hytrach na gweddïo am iachâd. Rhaid inni fod yn sensitif i arweiniad yr Ysbryd Glân.

Ni ddylai hyn ein danto a'n hatal rhag gweddïo am i bobl gael eu hiacháu. Po fwyaf o bobl y gweddïwn amdanynt, mwyaf i gyd y gwelwn Duw yn iacháu. Y mae'r rhai nad ydynt yn derbyn iachâd yn aml iawn yn cyfeirio at y fendith o gael rhywun yn gweddïo drostynt—os yw'r gweddïo cael ei wneud mewn cariad ac yn sensitif. Rwy'n cofio grŵp ohonon ni yn y coleg diwinyddol yn gweddïo dros ddyn â chefn tost. Ni chredaf iddo gael ei iacháu, ond fe ddywedodd wrthyf yn ddiweddarach, 'Dyna'r tro cyntaf ers bod yn y coleg diwinyddol imi deimlo fod pobl â chonsyrn a gofal amdanaf fi.' Dywedodd dyn arall wrthyf yn ddiweddar, er nad oedd wedi cael ei iacháu pan weddïwyd amdano, iddo gael y profiad dyfnaf o Ysbryd Duw yn y ei fywyd, ac roedd ei fywyd wedi cael ei drawsnewid o ganlyniad.

Y mae rhai yn derbyn dawn arbennig i iacháu (1 Corinthiaid 12.9). Heddiw, drwy'r byd i gyd, yr ydym yn gweld esiamplau o rai sydd â'r ddawn ryfeddol i iacháu. Nid yw hyn yn golygu y gellir gadael y gwaith i gyd iddynt hwy. Y mae'r comisiwn i iacháu yn gomisiwn i bob yr un ohonom. Er nad ydym i gyd wedi derbyn dawn arbennig i efengylu, ond yr ydym i gyd wedi ein galw i ddweud wrth eraill am Iesu, felly er nad ydym ni wedi derbyn daw arbennig i iacháu, yr ydym wedi ein galw i weddïo dros y claf.

Sut yn ymarferol y dylem weddïo dros y claf? Mae'n hollbwysig inni gofio taw Duw sydd yn iacháu, ac nid nyni. Nid oes rhyw dechneg arbennig i'w defnyddio. Yr ydym yn gweddïo yn syml ac mewn cariad. Yr hyn oedd yn ysgogi Iesu oedd ei gariad tuag at bobl (Marc 1.41; Mathew 9.36). Os ydym yn caru pobl fe wnawn ni eu trin hwy bob amser gyda pharch ac urddas. Os credwn taw Iesu sydd yn iacháu byddwn yn gweddïo'n syml, oherwydd nid ein gweddi ni ond nerth Duw sy'n dod ag iachâd.

Dyma batrwm syml:

Ble mae'r boen?
Yr ydym yn holi'r person sydd am weddi am iachâd beth sy'n bod a beth hoffen nhw inni weddïo amdano.

Pam fod y person yn dioddef o hyn?
Wrth gwrs mae torri coes mewn damwain car yn amlwg, ond ar adegau eraill efallai y bydd yn rhaid inni ofyn i Dduw ddangos inni beth yw gwir achos y broblem. Yr oedd un wraig yn ein heglwys wedi dechrau cael poenau yn ei chefn ac yn ei chlun chwith, poen oedd yn ei hatal rhag cysgu, symud a gweithio. Rhoes y meddyg dabledi iddi ar gyfer gwynegon. Un noson fe ofynnodd am weddi. Dywedodd y ferch oedd wedi gweddïo gyda hi fod y gair 'maddeuant' wedi dod i'w meddwl. Ar ôl ymdrech fawr yr oedd y wraig yn medru maddau o'r diwedd i rywun oedd wedi ei phoeni'n fawr iawn, ac fe gafodd esmwythdra. Cafodd iachâd llawn pan bostiodd y llythyr o faddeuant i'w chyfaill.

Sut ddylwn i weddïo?
Y mae sawl patrwm gwahanol wedi eu rhoi yn y Testament Newydd inni eu dilyn. Y maent yn syml. Weithiau gweddïwn ar Dduw i iacháu yn enw Iesu a gofynnwn am i'r Ysbryd Glân ddod ar y person. Weithiau fe fydd y person yn cael ei eneinio ag olew wrth inni weddïo (Iago 5.14). Fel arfer bydd arddodi dwylo ar y person wrth inni weddïo (Luc 4.40).

Sut maen nhw'n teimlo?
Wedi inni weddïo yr ydym yn arfer gofyn i'r person sut maent yn teimlo. Ar adegau nid ydynt yn teimlo dim—ac yn yr achosion hynny yr ydym yn parhau i weddïo. Ar adegau eraill y maent yn teimlo eu bod wedi eu hiacháu, er taw dim ond amser a ddengys hynny. Ar adegau eraill eto y maent yn teimlo'n well ond heb fod wedi'u hiacháu'n llwyr, ac yn yr achosion hynny yr ydym yn parhau fel y gwnaeth Iesu gyda'r dyn dall (Marc 8.22-25). Yr ydym yn parhau i weddïo nes ein bod yn credu ei bod yn iawn i orffen.

Beth nesaf?
Wedi gweddïo mae'n bwysig sicrhau pobl fod Duw yn eu caru os ydynt yn cael eu hiacháu ai peidio. Rhaid tawelu eu meddwl a rhoi iddynt y rhyddid i ddod yn ôl a derbyn gweddi eto. Rhaid inni osgoi llwytho neb â beichiau, fel awgrymu fod rhywun heb gael ei iacháu am fod ei ffydd yn rhy wan. Byddwn yn annog pobl bob amser i barhau i weddïo am iachâd ac i wneud yn siŵr eu bod yn byw eu bywydau fel rhan o gymuned iachus yr eglwys—y fan lle bydd iacháu tymor-hir yn digwydd mor aml.

Yn olaf y mae'n bwysig inni ddyfalbarhau mewn gweddi dros iachâd i bobl. Y mae'n hawdd digalonni, yn enwedig os nad ydym yn gweld canlyniadau dramatig yn y fan a'r lle. Yr ydym yn parhau mewn gweddi oherwydd ein hufudd-dod i Iesu Grist i bregethu'r deyrnas ac i arddangos ei dyfodiad trwy, ymhlith pethau eraill, iacháu'r claf. Wrth ddyfalbarhau dros y blynyddoedd gwelwn Dduw yn iacháu pobl.

Es i weld gwraig unwaith yn Ysbyty Brompton. Yr oedd hi yn ei thridegau, roedd ganddi dri o blant ac yn disgwyl un arall. Roedd ei phartner wedi ei gadael ac yr oedd ar ei phen ei hun. Roedd ei thrydedd plentyn, a oedd yn dioddef o Sindrom Down's, â thwll yn y galon ac wedi derbyn llawdriniaeth. Ni fu'r llawdriniaeth yn llwyddiannus ac, yn naturiol, yr oedd y staff meddygol am ddiffodd y peiriannau. Yr oeddynt wedi'i holi hi deirgwaith am gael diffodd y peiriannau a gadael i'r baban farw. Roedd hi wedi ateb 'na'; yr oedd hi am wneud un peth arall. Yr oedd hi am i rywun weddïo drosto. Felly fe ddes i ati. Dywedodd wrthyf nad oedd hi'n credu mewn Duw, ond fe ddangosodd ei mab i mi. Roedd yn dibwiau i gyd a'i gorff yn gleisiau ac wedi chwyddo. Dywedodd fod y meddygon wedi rhyw awgrymu y byddai, hyd yn oed o ddod yn well, yn dioddef o niwed i'r ymennydd am fod ei galon wedi stopio am gymaint o amser. 'Wnewch chi weddïo?' holodd hi. Felly gweddïais yn enw Iesu ar i Dduw ei iacháu. Yna fe esboniais iddi sut y gallai hi roi ei bywyd i Iesu Grit ac fe wnaeth hynny. Yna fe es i, ond gan ddychwelyd ymhen deuddydd. Daeth hi ataf yn rhedeg. 'Rydw i wedi bod yn ceisio fy ngorau i gael gafael arnoch chi: mae rhywbeth anhygoel wedi digwydd. Y noson wnaethoch chi weddïo fe ddechreuodd pethau newid. Mae e wedi gwella.' O fewn ychydig ddiwrnodau yr oedd wedi cael mynd adref. Ceisiais gadw mewn cysylltiad gyda hi. Yr oedd hi'n gadael negeseuon imi ar y ffôn ond doedd dim syniad gen i ble'r oedd hi'n byw. Rhyw chwe mis yn ddiweddarach yr oeddwn mewn lifft mewn ysbyty arall pan welais fam a'i phlentyn. Nid oeddwn yn ei hadnabod ar unwaith. 'Chi yw Nicky?', holodd y fam. 'Ie,' atebais innau. 'Dyma'r crwt bach wnaethoch chi weddïo drosto. Mae'n rhyfeddol. Nid yn unig y mae wedi dod dros y llawdriniaeth, ond mae ei glyw, oedd yn wael cyn hynny, wedi gwella hefyd. Mae'n dal i fod â Sindrom Down's, ond mae'n llawer gwell nag o'r blaen.'

Ers hynny yr wyf wedi arwain gwasanaethau claddedigaeth ar gyfer dau aelod o'r teulu hwnnw. Ym mhob un y mae pobl wedi dod ataf fi, pobl nad ydynt yn mynychu eglwys o gwbl, gan ddweud, 'Chi wnaeth weddïo i Craig gael iachâd ac fe wnaeth Duw ei iacháu.' Y maent i gyd yn credu taw Duw sydd wedi ei iacháu, oherwydd eu bod i gyd yn gwybod ei fod ar farw. Mae'r newid yn Vivienne, mam y crwt, hefyd wedi gwneud argraff fawr ar bobl. Yr oedd hi wedi newid cymaint ers dod at Grist fel y bu iddi benderfynu priodi'r un oedd hi'n byw gydag ef. Yr oedd ef wedi dod nôl ar ôl gweld y newid ynddi hi. Maent nawr yn briod ac y mae hi wedi ei thrawsnewid yn llwyr. Ar yr ail achlysur, aeth Vivenne o gwmpas ei pherthnasau a'i chyfeillion i gyd yn dweud, 'Nid oeddwn i'n arfer credu, ond rwy'n credu nawr.' Ychydig amser yn ddiweddarach daeth modryb ac ewythr Craig i'r eglwys, ac eistedd yn y rhes flaen, a rhoi eu bywydau i Iesu Grist. Fe wnaethant hynny oherwydd eu bod hwy yn gwybod eu bod wedi gweld nerth Duw yn iacháu.

14

Beth am yr Eglwys?

Dywedodd Abraham Lincoln unwaith, 'Wrth osod pawb sy'n cysgu yn yr eglwys ar ddydd Sul allan ben wrth gynffon ... byddent yn llawer mwy cyfforddus!' Seddau caled, tonau na all neb eu canu'n iawn, tawelwch di-alw-amdano a diflastod digyffelyb - dyna beth yw'r darlun cyffredin o'r eglwys ar y Sul. Gwelir y peth fel profiad i'w ddioddef hyd nes bod gwynt grefi yn dod ag ychydig o liw i'r dydd.

Y mae rhai yn cysylltu'r gair 'eglwys' gyda chlerigwyr. Dywedir bod rhywun sy'n mynd i'r weinidogaeth lawn-amser wedi 'mynd mewn am yr eglwys'. Yn aml iawn edrychir ar rai felly gydag amheuaeth, a'r casgliad cyffredin yw eu bod yn anabl i wneud dim byd arall. Dim rhyfedd felly fod hysbyseb diweddar yn un o'r papurau enwadol wedi'i eirio fel hyn: 'Ydych chi'n bedwar-deg-pum blwydd oed ac yn mynd i unman? Pam na wnewch chi ystyried y weinidogaeth Gristnogol?' Weithiau ystyrir clerigwyr fel rhai 'Anweledig am chwe diwrnod, ac annealladwy am un diwrnod!'

Y mae eraill yn cysylltu y gair 'eglwys' gydag enwad arbennig. Er enghraifft, Eglwys Loegr, yr Eglwys Gatholig Rufeinig, y Bedyddwyr neu'r Methodistiaid. Y mae eraill sy'n cysylltu'r gair 'eglwys' gydag adeiladau eglwysig. Y maent yn cymryd yn ganiataol fod gan glerigwr ddiddordeb mewn pensaernïaeth eglwysig, a phan fyddant yn mynd ar eu gwyliau y maent yn anfon cerdyn post o ryw adeilad eglwysig hynafol at y ficer. Clywais un clerigwr yn ymbil ar ei gynulleidfa i beidio â danfon cardiau post o eglwysi ato, gan ddweud nad oedd ganddo lawer o ddiddordeb mewn pensaernïaeth eglwysi!

Y mae rhai yn gwneud 'eglwys' fel rhan o'u dyletswyddau blynyddol, rhwng mynd i weld Anti Leusa yn Aberystwyth ac mynd â theisen i fore coffi'r ysgol feithrin. Mae agwedd rhai yn cael ei grynhoi yn y pennill bach hwn:

So when I've nothing else to do,
I think I'll pay a visit,
So when at last I'm carried in,
The Lord won't say, 'Who is it?'

Mae'n bosibl bod elfen o wirionedd yn rhai o'r agweddau hyn. Ond, y mae nifer o Gristnogion yn ceisio newid delwedd yr eglwys gan ei bod yn gwbl annigonol o'i chymharu â'r darlun o'r eglwys yn y Testament Newydd. Y mae nifer o eglwysi erbyn hyn yn deuluoedd Cristnogol croesawgar a rhyfeddol o gynnes sy'n llawer nes at y darlun beiblaidd. Yn y Testament Newydd y mae dros 100 delwedd neu gymhariaeth i'r eglwys, ac yn y bennod hon yr wyf am edrych ar bump sy'n ganolog i'n dealltwriaeth o'r eglwys.

Pobl Dduw

Pobl yw'r eglwys. Ystyr y gair Groeg am eglwys, *ekklesia*, yw 'cyfarfod' neu 'cymanfa'. Weithiau yn y Testament Newydd mae'r gair yn cyfeirio at yr eglwys fyd-eang (ee, Effesiaid 3.10, 21; 5.23, 25, 27, 29, 32). Y mae'r eglwys fyd-eang yn cynnwys yr holl bobl hynny drwy'r byd sy'n proffesu enw Iesu.
   Nod gweledol bod yn aelod o'r eglwys yw bedydd. Y mae hefyd yn arwydd gweledol o'r hyn y mae'n ei olygu i fod yn Gristion. Y mae'n arwyddo glanhau oddi wrth bechod (1 Corinthiaid 6.11), marw a chyfodi gyda Christ i fywyd newydd (Rhufeiniaid 6.3-5; Colosiaid 2.12) a'r dŵr bywiol y mae'r Ysbryd Glân yn ei ddwyn i'n bywydau (1 Corinthiaid 12.13). Gorchmynodd Iesu ei hun ei ddilynwyr i fynd ac i wneud disgyblion a'u bedyddio hwy (Mathew 28.19).
   Mae'r eglwys Gristnogol gyffredinol yn enfawr. Yn ôl yr *Encylopaedia Britannica*, y mae'n cynnwys yn agos i 1,700,000,000 o aelodau mewn 254 o wledydd, sef 32.9% o boblogaeth y byd. Mewn llawer rhan o'r byd, lle mae llywodraethau eithafol a gormesol, mae'r eglwys yn cael ei herlid. Yn y llefydd hyn y mae'r eglwys yn danddaearol, ac eto i gyd y mae yn gryf iawn. Yn y Trydydd Byd mae'r eglwys yn tyfu'n gyflym. Mewn rhai gwledydd, fel Kenya, credir bod rhyw 80% o'r boblogaeth yn Gristnogion. Ar y llaw arall, yn y gorllewin lle mae rhyddid i addoli, gwelwyd dirywiad. Yn ôl y *British Christian Handbook*, rhwng 1980 a 1985 collodd eglwysi Prydain bron i hanner miliwn o aelodau. Ar un adeg yr oedd y Gorllewin yn danfon cenhadon i wledydd y Trydydd Byd. Ond erbyn hyn, hyd yn oed yng Nghymru, yr ydym wedi gweld cenhadol yn dod o wledydd y Trydydd Byd i weithio gyda Christnogion yma yn y gwaith o rannu'r efengyl. Dyna newid a welwyd mewn cyfnod o 150 o flynyddoedd.

Yn y Testament Newydd y mae Paul yn siarad am eglwysi lleol, er enghraifft 'eglwysi Asia' (1 Corinthiaid 16.19) a 'holl eglwysi Crist' (Rhufeiniaid 16.16). Ac mae'n debyg fod hyd yn oed yr eglwysi lleol hynny wedi'i rhannu'n gyfarfodydd llai fyddai'n cyfarfod mewn tai a chartrefi (Rhufeiniaid 16.5; 1 Corinthiaid 16.19).

Mewn gwirionedd, mae'n ymddangos fod tri math o gynulliad yn y Testament Newydd: y mawr, y canolig, a'r bychan. Mae awduron sy'n ysgrifennu am dŵf eglwysig weithiau'n siarad am drefn driphlyg o ddathliad, cynulleidfa a chell. Mae'r dair yn bwysig ac yn gwneud gwaith penodol.

Cynulliad mawr o Gristnogion yw'r dathliad. Gallai hyn ddigwydd bob Sul mewn eglwysi mawr, neu pan fo nifer o eglwysi llai yn dod at ei gilydd i addoli. Yng nghyfnod yr Hen Destament byddai pobl Dduw yn dod at ei gilydd ar gyfer dathlu gwyliau arbennig adeg y Pasg, Pentecost a'r Flwyddyn Newydd. Heddiw, y mae cyfarfodydd mawrion o Gristnogion yn ysbrydiaeth. Trwy gyd-gyfarfod felly gellir ail-afael mewn gweledigaeth o fawredd Duw ac ymdeimlad dwfn o addoliad. Gall cyfarfodydd fel hyn o gannoedd o Gristnogion adfer hyder y rhai sydd wedi mynd i deimlo'n unig a bod yn gyfrwng i ddangos presenoldeb yr eglwys mewn cymuned. Ond, ar eu pennau'u hunain nid yw cyfarfodydd fel hyn yn ddigon. Nid ydynt yn llefydd lle gall cyfeillgarwch Cristnogol ddatblygu.

Cyfarfod o faint canolig yw'r gynulleidfa. Oherwydd ei maint y mae'n bosibl adnabod y rhan fwyaf sydd yn bresennol, a chael eich adnabod gan y rhai eraill. Mae'n fan lle gellir gwneud a chynnal cyfeillgarwch Cristnogol. Gall hefyd fod yn fan ar gyfer ymarfer doniau a gweinidogaethau'r Ysbryd mewn awyrgylch o gariad, lle mae pobl yn rhydd i fentro gwneud camgymeriad. Yn ein heglwys ni, y mae grwpiau o ddeuddeg i wythdeg o bobl yn mynychu cyfarfodydd ganol wythnos, ac ynddynt fe all pobl ddysgu, er enghraifft, sut i annerch, arwain addoliad, gweddïo dros y claf, datblygu dawn proffwydo a dysgu gweddïo'n gyhoeddus.

Y trydydd math o gyfarfod yw'r "gell"; byddwn ni'n ei galw yn "grŵp bychan". Y mae'r grwpiau yma yn cynnwys dau i ddeuddeg o aelodau sy'n cyd-gyfarfod i astudio'r Beibl ac i weddïo gyda'i gilydd. Yn y grwpiau yma y mae'r cyfeillgarwch dyfnaf yn datblygu. Eu nodwedd yw cyfrinachedd (sef ein bod yn medru siarad yn agored heb ofni cleber na chlecs), agosatrwydd (hynny yw, yn y grŵp gallwn siarad am bethau sy'n wirioneddol bwysig i'n bywydau) ac atebolrwydd (sef ein bod yn barod i wrando a dysgu oddi wrth ein gilydd).

Teulu Duw

Pan fyddwn yn derbyn Iesu Grist i'n bywydau, yr ydym yn dod yn blant i Dduw (Ioan 1.12). Dyna sy'n rhoi i'r eglwys ei hundeb. Y mae gennym Duw yn Dad,

Iesu Grist yn Waredwr a'r Ysbryd Glân yn byw yn ein calonnau. Yr ydym ni i gyd yn aelodau o'r un teulu. Er ei bod yn bosibl i frodyr a chwiorydd ddadlau a chwympo mâs a pheidio â gweld ei gilydd am gyfnodau hir, y maent yn dal i fod yn frodyr ac yn chwiorydd i'w gilydd. Ni all un dim dorri'r berthynas honno. Felly y mae'r eglwys yn un, er gwaetha'r ffaith ei bod yn ymddangos yn rhanedig.

Nid yw hynny yn golygu y dylem fodloni ar ddiffyg undod yn ein plith. Gweddïodd Iesu am ei ddilynwyr '... am iddynt fod yn un' (Ioan 17.11). Meddai Paul, 'Ymrowch i gadw yr undod y mae'r Ysbryd yn ei roi' (Effesiaid 4.3). Fel teulu sydd wedi'i rannu dylem bob amser geisio cymod â'n gilydd. Mae'r ymgnawdoliad yn mynnu ein bod yn rhoi gwedd weladwy i'n hundod anweladwy. Wrth gwrs, nid yw'r undod yma i'w ennill ar draul gwirionedd, ond fel y dywedodd yr awdur canoloesol, Robertus Maldenius, 'Undeb yn yr hanfodion, rhyddid yn y pethau nad ydynt yn hanfodol, a chariad ymhob dim.'

Dylem geisio undod ar bob lefel—yn y grŵp bach, y gynulleidfa a'r dathliad ac o fewn i'n henwad a rhwng enwadau. Gwireddir yr undod hwn wrth i ddiwinyddion ac arweinwyr eglwysig ddod at ei gilydd i drafod ac i ystyried gwahaniaethau sy'n bod rhyngddynt. Ond y mae'n cael ei wireddu hefyd, a hynny'n aml iawn yn fwy effeithiol, wrth i Gristnogion cyffredin ddod at ei gilydd i addoli a gweithio. Wrth inni ddod yn fwy agos at Grist, byddwn yn dod yn fwy agos at ein gilydd. Defnyddiodd David Watson ddarlun trawiadol.

> Wrth hedfan mae'r awyren yn codi oddi ar y ddaear, ac mae'r waliau a'r cloddiau oedd yn ymddangos yn fawr pan ar y llawr, yn troi'n beth dibwys wrth ddringo i'r awyr. Yn yr un modd, pan fo nerth yr Ysbryd Glân yn ein codi ni gyda'n gilydd i sylweddoli presenoldeb Iesu, mae'r rhaniadau sydd rhyngom yn troi'n ddibwys. Wrth eistedd gyda Christ yn nefoedd, gall y gwahaniaethau rhwng Cristnogion â'i gilydd ymddangos yn bitw a disylwedd.[55]

Gan fod gennym yr un Tad, yr ydym yn frodyr ac yn chwiorydd ac wedi'n galw i garu ein gilydd. Fel hyn y mae Ioan yn dweud y peth yn eglur iawn:

> Os dywed rhywun, '"Rwy'n caru Duw", ac yntau'n casáu ei frawd, y mae'n gelwyddog; oherwydd ni all neb nad yw'n caru'r brawd y mae wedi ei weld, garu Duw nad yw wedi ei weld. A dyma'r gorchymyn sydd gennym oddi wrtho ef: bod i'r hwn sy'n caru Duw garu ei frawd hefyd. Pob un sy'n credu mai Iesu yw'r Meseia, y mae ef wedi ei eni o Dduw; ac y mae pawb sy'n caru tad yn caru ei blentyn hefyd (1 Ioan 4.20—5.1).

Wrth annerch tyrfa o filoedd o lawer o enwadau gwahanol, dywedodd cyffeswr y Pab, y Tad Raniero Cantalmessa, 'Pan fo Cristnogion yn cwympo mas yr ydym yn dweud wrth Dduw: "Rhaid iti ddewis rhyngom ni â hwy." Ond y mae'r Tad yn caru ei *holl* blant. Fe ddylem ddweud, "Yr ydym yn derbyn fel brodyr a chwiorydd bawb yr wyt ti yn eu derbyn fel plant."'

Yr ydym yn cael ein galw i gymdeithas neu gymundeb â'n gilydd. Ystyr y gair Groeg *koinonia* yw 'bod â phethau yn gyffredin' neu 'rannu'. Dyma'r gair a ddefnyddir am y berthynas briodasol, y berthynas agosaf bosibl rhwng pobl â'i gilydd. Y mae ein cymundeb ni gyda Duw (Tad, Mab ac Ysbryd Glân—1 Ioan 1.3; 2 Corinthiaid 13.14) a chyda'n gilydd (1 Ioan 1.7). Y mae cymdeithas Gristnogol yn torri ar draws hil, lliw, addysg, cefndir a phob rhwystr diwylliannol arall. Y mae yna lefel o gyfeillgarwch mewn eglwys nad wyf wedi'i weld mewn unrhyw le arall.

Dywedodd John Wesley, 'Nid yw'r Testament Newydd yn gwybod dim am grefydd unigolyddol.' Yr ydym yn cael ein galw i gymdeithas â'n gilydd. Nid rhywbeth dewisol, ychwanegol yw hyn. Y mae dau beth na allwn eu gwneud ar ein pennau ein hunain. Ni allwn briodi ar ein pennau ein hunain, ac ni allwn fod yn Gristion ar ein pennau ein hunain chwaith. Fel hyn y dywedodd yr Athro C.E.B. Cranfield y peth, 'Mae'r Cristion llaw rydd, un sydd am fod yn Gristion ond sy'n rhy "dda" i berthyn i'r Eglwys weledig ar y ddaear mewn rhyw ffurf, yn wrthddywediad.'

Y mae awdur y llythyr at yr Hebreaid yn annog ei ddarllenwyr, 'Gadewch inni ystyried sut y gallwn ennyn yn ein gilydd gariad a gweithredoedd da, heb gefnu ar ein cydgynulliad ein hunain, yn ôl arfer rhai, ond annog ein gilydd, ac yn fwy felly yn gymaint â'ch bod yn gweld y Dydd yn dod yn agos.' (Hebreaid 10.24-25). Y mae Cristnogion yn aml iawn yn colli eu cariad tuag at yr Arglwydd a'u brwdfrydedd am eu ffydd am eu bod yn esgeuluso cymdeithas â'i gilydd.

Pan gafodd un dyn ei hun yn y fath sefyllfa fe gafodd ymweliad gan Gristion hyn a doeth. Dyma eistedd o flaen tân glo yn yr ystafell fyw. Ni ddywedodd yr hen ŵr yr un gair, ond fe aeth at y tân a chymryd colsyn coch allan ohono. Ni ddywedodd ddim wrth ei roi ar yr aelwyd, ond ymhen ychydig funudau yr oedd y colsyn yn ddu ac wedi colli ei holl wres. Yna mae'n cydio yn y colsyn eto ac yn ei ddychwelyd i'r tân. O fewn ychydig yr oedd yn goch unwaith eto gyda'r gwres. Ni ddywedodd yr hen ŵr yr un gair, ond yr oedd y gŵr arall yn gwybod yn iawn pam ei fod wedi colli ei frwdfrydedd—mae Cristion allan o gymdeithas yr un fath â'r colsyn allan o'r tân. Dyma a ysgrifennodd Martin Luther yn ei ddyddiadur, 'Adref yn fy nhŷ nid oes gwres na bywyd mewn dyn, ond yn yr eglwys pan fo'r dorf wedi dod ynghyd, ennynir tân yn fy nghalon ac y mae'n lledu drwy fy mywyd.'

Corff Crist

Yr oedd Paul wedi bod yn erlid yr eglwys Gristnogol pan gyfarfu â Iesu ar y ffordd i Damascus. Dywedodd Iesu wrtho, 'Saul, Saul, pam yw wyt yn fy erlid i?' (Actau 9.4). Nid oedd Paul wedi cyfarfod â Iesu o'r blaen, felly mae'n rhaid ei fod yn deall fod Iesu yn dweud ei fod wrth erlid Cristnogion, yn erlid Iesu ei hun. Mae'n bosibl mai o'r cyfarfod yma y deilliodd ymwybyddiaeth Paul fod yr eglwys, mewn gwirionedd, yn gorff Crist. Fel hyn y dywedodd John Calfin, y diwygiwr o'r unfed ganrif ar bymtheg, 'Mae'n galw yr eglwys wrth yr enw Crist'. Ni Gristnogion yw Crist yn y byd. Fel y mae'r hen emyn yn ei ddweud:

> Nid oes dwylo gan Grist ond ein dwylo ni
> I wneud ei waith i gyd;
> Na thraed ond ein traed ni
> I'w ddilyn yn y byd;
> Nid oes ganddo lais ond ein lleisiau ni
> I ddweud am ei aberth ef;
> Ac nid oes cymorth ond ein cymorth ni
> I arwain tua'r nef.

Mae Paul yn datblygu'r darlun hwn yn 1 Corinthiaid 12. Y mae'r corff yn un (ad. 12), ond nid yw'r undod hwn yn golygu unffurfiaeth. 'Y mae'r rhai sy'n aelodau i'w gilydd mor wahanol i'w gilydd ag yw'r llaw a'r glust. Dyna pam fod rhai bydol mor ddiflas debyg i'w gilydd o'u cymharu ag amrywiaeth rhyfeddol a ffantastig y saint. Ufudd-dod yw'r ffordd sy'n arwain at ryddid, gostyngeiddrwydd yw'r ffordd i bleser, undod yw'r ffordd i bersonoliaeth.'[56] Y mae 'llawer o aelodau' ac y maent i gyd yn wahanol gydag 'amrywiaeth doniau' ac 'amrywiaeth gweithrediadau' (ad. 4-6).

Beth felly ddylai ein hagwedd fod tuag at y rhannau eraill o gorff Crist?

Mae Paul yn delio â dwy agwedd anghywir. Yn gyntaf y mae'n siarad gyda'r rhai sy'n teimlo'n israddol ac yn teimlo nad oes dim ganddynt i'w gynnig. Er enghraifft, y mae Paul yn dweud y gall y droed deimlo'n israddol i'r llaw neu'r glust i'r llygad (ad. 14-19). Wrth bregethu yn y bedwaredd ganrif, dywedodd Chrystostom yn gywir iawn fod gennym 'duedd tuag at eiddigedd.'

Mae'n hawdd iawn edrych o gwmpas yr eglwys a theimlo'n israddol ac felly'n gwbl ddiwerth. O ganlyniad nid ydym yn gwneud dim. Ond mewn gwirionedd mae ein hangen ni *bob un*. Y mae Duw wedi rhoi doniau 'i bob un' (ad.7). Y mae'r frawddeg 'i bob un' yn llinyn cyswllt trwy 1 Corinthiaid. Mae gan bob person un ddawn o leiaf sy'n gwbl hanfodol er mwyn i'r corff weithio'n gywir. Oni bai y bydd pob yr un ohonom yn cymryd y lle y mae Duw wedi'i baratoi ar ein cyfer, ni fydd yr eglwys y medru gweithredu fel y dylai. Yn yr adnodau sy'n dilyn mae Paul yn troi ei sylw tuag at y rhai sy'n credu eu bod yn well nag eraill (ad.21-25) ac sy'n dweud wrth y gweddill 'Nid oes eich angen chi arnaf fi.' Y mae Paul unwaith eto yn nodi pa mor ffôl yw'r safbwynt hwn. Nid yw corff heb droed mor effeithiol ag y gallai fod. (gweler ad.21). Mae aelodau eraill sydd yn anweledig hyd yn oed yn bwysicach na'r rhai sy'n amlwg i bawb.

Yr agwedd gywir yw un sy'n cydnabod ein bod ni i gyd yn y gwaith gyda'n gilydd. Yr ydym ni i gyd yn rhan o un tîm—pob rhan yn effeithio ar y corff cyfan. Ers amser Platon, y 'fi' yw'r bersonoliaeth sydd yn rhoi undod i'r corff. Ni ddywedwn 'Mae tostrwydd ar fy mhen.' Dywedwn yn hytrach 'Mae pen tost gyda *fi*.' Felly y mae gyda corff Crist. 'Os bydd un aelod yn dioddef, y mae pob aelod yn dioddef gydag ef; neu os bydd un aelod yn cael ei anrhydeddu, y mae pob aelod yn llawenhau gydag ef' (ad.26).

Mae pob Cristion yn rhan o'r eglwys. Un tro daeth aelod o'r gynulleidfa a oedd wedi cyfarfod â rhywun mewn angen mawr, at John Wimber. Dywedodd y gŵr wrtho am ei deimlad o rwystredigaeth wrth geisio help. 'Roedd angen lle i aros ar y person, bwyd a chymorth wrth iddo geisio dod ar ben ei draed unwaith eto a chwilio am waith,' meddai. 'Roeddwn yn teimlo'n rhwystredig iawn. Ceisiais ffonio swyddfa'r eglwys, ond nid oedd neb ar gael a doedd neb yn medru helpu. Yn y diwedd roedd yn rhaid iddo aros gyda *fi* am wythnos! Oni ddylai'r eglwys edrych ar ôl pobl fel yna?' Mae John Wimber yn dweud iddo feddwl am ennyd cyn ateb, 'Mae'n edrych yn debyg fod *yr eglwys* wedi edrych ar ei ôl wedi'r cwbl.'

Fe welsom ym mhennod 8 mai problem yr eglwys ar hyd y blynyddoedd yw ei bod wedi gwneud y pulpud neu'r allor yn ganolbwynt. Y gweinidog neu'r offeiriad sydd wedi chwarae'r rhan ganolog. Fel y dywedodd Michael Green, wrth sôn am y twf rhyfeddol mewn eglwysi Pentecostalaidd yn Ne America, 'Mae 'na nifer o achosion am y cynnydd ... ond nid y lleiaf yw'r ffaith ei bod i raddau helaeth iawn yn eglwys leyg.'[57]

Teml sanctaidd

Yr unig adeilad eglwysig y mae'r Testament Newydd yn sôn amdano yw adeilad sydd wedi'i wneud o bobl. Y mae Paul yn dweud fod y Cristnogion yn cael eu cydadeiladu i fod yn breswylfod i Dduw yn yr Ysbryd' (Effesiaid 2.22). Iesu yw'r pen conglfaen. Ef yw'r un a sefydlodd yr eglwys, ac o'i gwmpas y mae'r eglwys yn cael ei hadeiladu. Y sylfaen yw'r 'apostolion a'r proffwydi' a'r canlyniad yw teml sanctaidd wed'i hadeiladu o 'feini bywiol'.

Yn yr Hen Destament yr oedd y tabernacl (ac yn ddiweddarach y deml) yn ganolog i addoliad Israel. Dyma'r fan y byddai'r bobl yn mynd i gyfarfod â Duw. Ar adegau byddai'i bresenoldeb yn llenwi'r deml (1 Brenhinoedd 8.11) ac yn arbennig y Cysegr Sancteiddiolaf. Roedd mynd i mewn i'w bresenoldeb yn beth a gyfyngid i nifer fach iawn (gweler Hebreaid 9).

Trwy ei farwolaeth ar y groes er ein mwyn ni, agorodd Iesu ffordd i bob crediniwr ar bob adeg at y Tad. Nid yw ei bresenoldeb bellach wedi'i gyfyngu i un deml; y mae'n bresennol yn awr trwy ei Ysbryd gyda phob crediniwr. Ymdeimlir â'i bresenoldeb yn arbennig pan fydd Cristnogion yn dod at ei gilydd (Mathew 18.20). Ei deml newydd yw'r eglwys sydd yn 'breswylfod i Dduw yn yr Ysbryd'.

O dan yr Hen Gyfamod (cyn Iesu), roedd cael mynd at y Tad yn digwydd trwy offeiriad (y gair Groeg *hiereus*—Hebreaid 4.14), a fyddai'n aberthu ar ran credinwyr. Ond nawr mae Iesu, ein harch-offeiriad (*hiereus*) mawr, wedi gwneud yr aberth mawr o roi ei hunan trosom ni. Nid oes angen yr un aberth arall ac nid oes angen offeiriad arall arnom chwaith. Yr unig bryd arall y mae'r gair *hiereus* yn ymddangos yn y Testament Newydd yw i sôn am yr holl Gristnogion fel 'offeiriadaeth frenhinol' (1 Pedr 2.9). Dyna a olygai'r Diwygwyr Protestannaidd wrth 'offeiriadaeth pob crediniwr.' Mae pob Cristion yn offeiriad yn yr ystyr fod gan bob un ohonom fynediad at Dduw ac y gallwn ni i gyd gynrychioli dynion i Dduw wrth inni weddïo trostynt, ac fe gynrychiolwn Dduw i ddynion wrth inni fynd allan i'r byd.

Mae ystyr arall i'r gair 'offeiriad'. Yn aml iawn defnyddiwn y gair 'offeiriad' i olygu 'henadur' (Groeg *presbuteros*). Ond nid offeiriad yn offrymu neu'n aberthu a olygir yma, yn yr un ystyr â'r Hen Destament, ond yn hytrach arweinydd yn yr eglwys, fel y mae'r gair 'henadur' yn ei awgrymu. Y mae offeiriaid (*presbuteroi*) yn bod heddiw. Mae pob Cristion yn offeiriad (yn yr ystyr *hiereus*) a phob offeiriad (*presbuteros*) yn lleyg yn yr ystyr ei fod ef neu hi a phawb ohonom yn rhan o bobl Dduw.

Nid oes angen offeiriad sy'n offrymu neu'n aberthu arnom heddiw oherwydd nid oes angen aberthau pellach. 'Yn awr, unwaith am byth, ar ddiwedd yr oesoedd, y mae Crist wedi ymddangos er mwyn dileu pechod trwy ei aberthu ei hun' (Hebreaid 9.26). Yn awr y mae angen inni gael ein hatgoffa'n gyson o'i aberth ef trosom. Yng ngwasanaeth y Cymun Bendigaid, a elwir hefyd yn Swper yr Arglwydd, Ewcharist ac Offeren, yr ydym yn cofio am ei aberth gyda diolchgarwch ac yn cyfranogi o'r bendithion a'r doniau a ddaeth i ni trwy ei aberth.

Wrth inni dderbyn y bara a'r gwin yr ydym yn edrych i bedwar cyfeiriad:

Yr ydym yn edrych yn ôl gyda diolchgarwch
Mae'r bara a'r gwin yn ein hatgoffa o gorff Iesu Grist wedi'i dorri a'i waed wedi'i dywallt trosom ar y groes. Wrth inni dderbyn y Cymun yr ydym yn edrych yn ôl ar y groes gyda diolch ei fod wedi marw trosom er mwyn maddau ein pechodau ac i gymryd ein heuogrwydd oddi wrthym (Mathew 26.26-28).

Yr ydym yn edrych ymlaen yn hiraethus
Gallasai Iesu fod wedi gadael rhyw ffordd arall inni gofio ei farwoaleth, ond fe ddewisodd adael pryd o fwyd. Y mae pryd o fwyd yn ffordd gyffredin o ddathlu achlysur pwysig. Rhyw ddydd yn y nefoedd fe fyddwn yn dathlu hyd

dragwyddoldeb yng 'ngwledd briodas' Iesu Grist (Datguddiad 19.9). Rhagflas o'r dathlu hwn yw'r bara a'r gwin (Luc 22.16; 1 Corinthiaid 11.26).

Yr ydym yn edrych o'n cwmpas ar ein teulu Cristnogol
Y mae yfed o un cwpan a bwyta o un dorth yn sumbol o'n hundod yng Nghrist. 'Gan mai'r un yw'r bara, yr ydym ni, a ninnau'n llawer, yn un corff, oherwydd yr ydym i gyd yn cyfranogi o'r un bara' (1 Corinthiaid 10.17). Dyna pam nad ydym yn derbyn y bara a'r gwin ar ein pennau ein hunain. Dylai bwyta ac yfed ynghyd fel hyn ein hatgoffa o'n hundod, fe ddylai atgyfnerthu'r undod hwnnw wrth i ni edrych o gwmpas ar ein brodyr a'n chwiorydd y bu'r Arglwydd Iesu farw trostynt.

Yr ydym yn edrych i fyny yn ddisgwylgar
Mae'r bara a'r gwin yn cynrychioli corff a gwaed *Iesu*. Addawodd Iesu fod gyda ni trwy ei Ysbryd wedi iddo farw, ac yn arbennig pan fyddai Cristnogion yn cyfarfod â'i gilydd: 'Lle y mae dau neu dri wedi dod ynghyd yn fy enw i, yr wyf yno yn eu canol' (Mathew 18.20). Felly wrth dderbyn y Cymun yr ydym yn edrych i fyny'n ddisgwylgar. Yn ein profiad ar achlysuron fel hyn gwelwn droedigaethau, iacháu a phrofiadau nerthol o bresenoldeb Crist.

Priodferch Crist

Dyma un o'r darluniau hyfrytaf o'r egwys yn y Testament Newydd. Mae Paul yn dweud wrth sôn am berthynas gŵr a gwraig: Y mae'r dirgelwch hwn yn fawr, cyfeirio yr wyf at Grist ac at yr eglwys' (Effesiaid 5.32). Wrth i'r Hen Destament sôn am Dduw fel gŵr i Israel (Eseia 54.1-8), felly yn y Testament Newydd mae Paul yn sôn am Grist fel gŵr i'r eglwys ac yn batrwm ar gyfer pob perthynas briodasol ddynol. Felly mae'n dweud wrth y gwŷr am garu eu gwragedd 'fel y carodd Crist yntau'r eglwys a'i roi ei hun drosti, i'w glanhau â'r golchiad dŵr ynghyd â'r gair, a'i sancteiddio, er mwyn iddo ef ei hun ei chyflwyno iddo'i hun yn ei llawn ogoniant, heb fod arni frycheuyn na chrychni na dim byd o'r fath, iddi fod yn sanctaidd a di-fai' (Effesiaid 5.25-27).

Mae'n bosibl nad yw'r darlun hwn o'r eglwys heb frycheuyn na chrychni na bai yn gwbl unol â realiti presennol yr eglwys, ond yr ydym yn cael cipolwg o'r hyn y bwriada Iesu iddi fod. Un dydd bydd Iesu yn dychwelyd yn ei ogonaint. Yn Llyfr Datguddiad, caiff Ioan weledigaeth o'r eglwys, 'Jerwslaem newydd, yn disgyn o'r nef oddi wrth Dduw, wedi ei pharatoi fel priodferch wedi ei thecáu i'w gwr' (Datguddiad 21.2). Heddiw, bychan a gwan yw'r eglwys. Un dydd cawn weld yr eglwys fel y bwriadodd Iesu iddi fod. Yn y cyfamser yr ydym i geisio dod â'n profiadau i fod mor agos â phosib i weledigaeth y Testament Newydd.

Ei bwrpas ar gyfer yr eglwys yw i ni 'hysbysu gweithredoedd ardderchog yr Un a'ch galwodd allan o dywyllwch i'w ryfeddol oleuni ef' (1 Pedr 2.9). Y mae hysbysu ei weithredoedd yn golgyu addoli a thysiolaethu. Y mae ein haddoliad yn fynegiant o'n cariad a'n parch tuag at Dduw gyda'n holl fod—calon, meddwl a chorff. Dyma pam y cawsom ein creu. Fel y mae'r Holwyddoreg yn ei .ddweud : 'Prif ddiben dyn yw gogoneddu Duw a'i fwynhau yn dragywydd.'

Ein tystiolaeth yw ein hymateb mewn cariad tuag at bobl eraill. Y mae ef wedi ein galw i ddweud wrth eraill am y newyddion da a'u denu hwy i mewn i'w eglwys—i hysbsyu ei weithredoedd ardderchog i'r bobl o'n cwmpas. Yn ein haddoli a'n tystiolaethu y mae angen inni ddod o hyd i fynegiant cyfoes o wirioneddau tragwyddol. Nid yw Duw yn newid; ac nid yw'r efengyl yn newid chwaith. Ni allwn newid ein dysgeidiaeth na'n neges dim i blesio ffasiwn gyfnediwiol. Ond y mae'n rhaid i'r modd yr ydym yn addoli a'r ffordd yr ydym yn cyfathrebu'r efengyl enriyn diddordeb y dyn a'r wraig fodern. I lawer gall hyn olygu cerddoriaeth fodern ac ieithwedd gyfoes.

Petai'r eglwys yn nes at ddelwedd y Testament Newydd, byddai'r gwasanaethau ymhell o fod yn ddiflas a 'boring'. I ddweud y gwir, dylent fod yn llawn cyffro ac antur ac weithau y maent felly. Mae'r eglwys yn cynnwys pobl sy'n perthyn i Dduw, sydd wedi'u clymu'n un teulu gan gariad, yn cynrychioli Crist i'r byd, gyda'i bresnoldeb yn eu plith ac yn caru eu Harglwydd fel y mae priodferch yn caru'r priodfab, a chael ei charu ganddo fel y mae'r priodfab yn caru'r briodferch. Dyna'r fan i fod—yn agos i'r nefoedd ar y ddaear.

Fel hyn yr ysgrifennod pâr ifanc sydd newydd ddod i gredu yn Iesu:

> Yr ydym wedi bod yn dod i'r eglwys am ryw flwyddyn bellach ac mae'r lle'n teimlo fel cartref i ni. Ni ellir dod o hyd i'r awyrgylch sydd yno, awyrgylch o gariad, cyfeillgarwch ac antur, mewn unrhyw fan arall. Mae'n synod mawr i mi i orfod dweud ... fod y llawenydd yn fwy nag unrhyw noson yn y dafarn, mewn parti neu dŷ-bwyta (er fy mod yn dal i fwynhau'r rheiny). I'r ddau ohonom mae'r gwasanaeth ar ddydd Sul a'r cyfarfod ar ddydd Mercher yn uchafbwyntiau'r wythnos. Ar brydiau mae'n teimlo fel y cyfle cyntaf i gael aer ffres, yn arbennig gan ein bod erbyn dydd Mercher yn aml iawn ar foddi yn nyfroedd dyfnion gwaith! Os byddwn yn colli un o'r ddau, yr ydym yn teimlo colled bersonnol. Wrth gwrs rydym yn dal i fedru siarad â Duw gyda'n gilydd ac ar ein pennau ein hunain, ond rwy'n teimlo fod cyfarfod gyda'n gilydd fel megin sy'n ennyn fflamau tân ein ffydd.

15

Sut allaf wneud y gorau o weddill fy mywyd?

Dim ond un bywyd yr ydym yn ei gael. Gallem ddymuno am fwy. Dywedodd D.H. Lawrence, 'O na fyddwn yn medru cael dau fywyd ... Y cyntaf ar gyfer gwneud y camgymeriadau i gyd ... a'r ail i ddysgu oddi wrthynt.' Ond nid oes unrhyw ymarferion ar gyfer bywyd; yr ydym ar y llwyfan o'r foment gyntaf yn deg.

Ond hyd yn oed os ydym wedi gwneud camgymeriadau yn y gorffennol, y mae'n bosibl trwy gymorth Duw i wneud rhywbeth o'r hyn sydd ar ôl. Mae Paul yn dweud wrthym yn Rhufeiniaid 12.1-12 sut i wneud hynny.

> Yr wyf yn ymbil arnoch, ar sail tosturiaethau Duw, i'ch offrymu eich hunain yn aberth byw, sanctaidd a derbyniol gan Dduw. Felly y rhowch iddo addoliad ysbrydol. A pheidiwch â chydymffurfio â'r byd hwn, ond gadewch i Dduw eich trawsffurfio trwy adnewyddu eich meddwl a'ch galluogi i ganfod beth yw ei ewyllys, beth sydd dda a derbyniol a pherffaith yn ei olwg ef.

Peidio â chydymffurfio

Fel Cristnogion y mae galw arnom i fod yn wahanol i'r byd o'n cwmpas. Y mae

Paul yn ysgrifennu 'Peidiwch â chydymffurfio â'r byd hwn.' Nid ydym i ganiatáu i'r byd i ddweud wrthym sut i feddwl. Nid yw hyn yn hawdd; mae pwysau arnom i gydymffurfio, i fod yn debyg i bawb arall. Mae'n anodd iawn i fod yn wahanol. Roedd swyddog ifanc o'r heddlu yn cymryd ei arholiad terfynol yn y coleg. Dyma un o'r cwestiynau:

> Yr ydych ar wyliadwriaeth pan fo ffrwydriad mewn piben nwy mewn stryd gyfagos. Wrth ddod at y fan lle bu'r ffrwydriad fe welwch fod twll mawr wedi'i chwythu yn y palmant a bod fan yn gorwedd ar ei hochr. Y tu fewn i'r fan mae gwynt cryf alcohol. Mae'r rhai sydd yn y fan—dyn a menyw—wedi'u hanafu. Yr ydych yn adnabod y fenyw fel gwraig eich Arolygydd Rhanbarthol sydd ar daith hyfforddi yng ngogledd America ac yn sylweddoli fod y dyn yn un y mae'r heddlu yn chwilio amdano mewn cysylltiad ag achos o ladrad arfog. Yn sydyn mae dyn arall yn rhedeg allan o dŷ cyfagos gan ddweud fod ei wraig ar fin esgor oherwydd sioc y ffrwydriad. Mae dyn arall, nad yw'n medru nofio, yn gweiddi mewn afon gyfagos ar ôl cael ei chwythu yno gan y ffrwydriad.
> Gan gofio gofynion y Ddeddf Iechyd Meddwl disgrifiwch mewn ychydig eiriau y camau y byddech yn eu cymryd.

Mae'r swyddog yn ystyried y peth am eiliad neu ddwy, yn codi'i ysgrifbin, ac yn ysgrifennu: 'Byddwn yn tynnu fy iwnifform ac yn ceisio fy ngorau i fynd ar goll yn y dorf.'

Gallwn gydymdeimlo gyda'i ateb. Fel Cristnogion, y mae'n llawer haws yn aml iawn inni dynnu ein hiwnifform Gristnogol a 'mynd ar goll yn y dorf.' Ond yr ydym wedi'n galw i fod yn wahanol, i gadw ein hunaniaeth Gristnogol, ble bynnag yr ydym a beth bynnag yw'r amgylchiadau.

Gelwir ar y Cristion i fod yn grysalis ac nid yn gameleon. Crysalis yw'r pupa sy'n troi yn iâr fach yr haf brydferth. Madfall o ryw fath yw'r cameleon sy'n medru newid ei lliw. Gall droi'n wyrdd, melyn, lliw hufen neu frown, a hynny i ymdoddi i liw'r cefndir. Yn yr un modd mae cameleon o Gristion yn medru newid ei liw er mwyn ymdoddi i'w amgylchedd; yn hapus i fod yn Gristion yng nghwmni Cristnogion eraill, ond yn fodlon newid ei safonau mewn amgylchedd nad yw'n Gristnogol. Mae chwedl am arbrawf a wnaed gyda chameleon pan y'i gosodwyd ar gefndir tartan. Yr oedd yr ymdrech i newid lliw i gyfateb yn ormod ac yn y diwedd dyma hi'n ffrwydro! Mae'r cameleon Cristnogol yn profi'r un tensiwn ac, yn wahanol i'r crysalis Cristnogol, nid yw'n cyrraedd ei photensial llawn.

Ni elwir ar Gristnogion i ymdoddi i'r cefndir, ond i fod yn wahanol. Nid yw bod yn wahanol yn golygu bod yn od. Nid oes galw arnom i wisgo dillad rhyfedd nac i siarad rhyw iaith grefyddol arbennig. Gallwn fod yn normal! Mae'r ymgais i ymddwyn a siarad mewn ffordd annormal, sydd i rai yn rhan annatod o Gristnogaeth, yn nonsens pur! I ddweud y gwir, dylai perthynas gyda Duw trwy Iesu ddod â chydbwysedd i'n bywyd. Wrth inni dyfu'n debycach i Iesu, dylem hefyd ddod yn fwy 'normal'—yn yr ystyr ein bod yn dod yn fwy dynol.

Wrth ddilyn Iesu, yr ydym yn rhydd i roi heibio arferion sy'n ein tynnu i lawr. Er enghraifft, mae'n golygu na ddylem siarad yn gas am bobl y tu ôl i'w cefnau. Mae'n golygu na allwn bellach dreulio'n hamser yn cwyno ac yn grwgnach (os dyna sut oeddem ni o'r blaen). Mae'n golygu nad ydym yn medru cydymffurfio â safonau'r byd ynglŷn â moesoldeb rhywiol. Gall hyn i gyd swnio'n negyddol iawn, ond ni ddylai. Yn hytrach na bod yn bobl negyddol, dylem fod yn rhai sy'n barod i galonogi eraill, gan geisio bob amser i adeiladu pobl o gariad tuag atynt. Yn hytrach na chwyno a grwgnach, dylem fod yn llawn diolchgarwch a llawenydd. Yn hytrach na dilyn anfoesoldeb rhywiol dylem fod yn dangos y fendith sydd o ddilyn a chadw safonau Duw.

Yr esiampl olaf yw un maes lle mae galw ar Gristnogion i fod yn wahanol, ond sydd yn beth anodd iawn i'w wneud. Yn fy mhrofiad i o siarad am y ffydd Gristnogol y mae un pwnc sy'n codi dro ar ôl tro—holl gwestiwn moesoldeb rhywiol. Y cwestiynau sy'n cael eu gofyn mwyaf aml yw, 'Beth am ryw y tu allan i briodas? A yw'n anghywir? Ble mae'n dweud hynny yn y Beibl? Pam ei fod yn anghywir?'

Y mae patrwm Duw yma, fel ym mhopeth arall, yn llawer uwch na dim arall. Duw a ddyfeisiodd briodas. Ei ddyfais ef hefyd yw rhyw. Nid yw Duw, fel y mae llawer yn ei ddychmygu, yn edrych i lawr mewn rhyfeddod gan ddweud, 'O diar, beth wna nhw feddwl amdano nesaf?' Fel y nododd C. S. Lewis, syniad Duw oedd pleser, ac nid un y diafol. Mae'r Beibl yn cadarnhau ein rhywioldeb. Duw a'n gwnaeth ni'n fodau rhywiol a llunio ein horganau rhywiol er ein mwynhad. Y mae'r Beibl yn dathlu agosatrwydd rhywiol. Yn llyfr Caniad Solomon gwelwn yr hyfrydwch, y bodlonrwydd a'r boddhad y mae'n ei roi.

Y mae dyfeisydd rhyw hefyd yn dweud wrthym sut i'w fwynhau i'r eithaf. Y cyd-destun beiblaidd ar gyfer cyfathrach rywiol yw ymrwymiad oes priodas un dyn ac un wraig. Gosodir allan y ddysgeidiaeth Gristnogol yn Genesis 2.4 ac fe'i dyfynnir gan Iesu ym Marc 10.7—'Dyna pam y bydd dyn yn gadael ei dad a'i fam ac yn glynu wrth ei wraig, a bydd y ddau yn un cnawd. Gan hynny nid dau mohonynt mwyach, ond un cnawd.' Mae priodas yn gofyn am weithred gyhoeddus o adael rhieni a gwneud ymrwymiad am oes. Y mae'n cynnwys 'glynu' wrth bartner—nid yn unig yn gorfforol ac yn fiolegol, ond hefyd yn emosiynol, yn seicolegol, yn ysbrydol ac yn gymdeithasol. Dyma'r cyd-destun Cristnogol i'r undeb 'un cnawd'. Y ddysgeidiaeth feiblaidd am briodas yw'r ffordd fwyaf cyffrous, gwefreiddiol a phositif i feddwl am briodas. Y mae'n gosod ger ein bron cynllun perffaith Duw.

Y mae Duw yn ein rhybuddio am beryglon o fynd y tu allan i'r terfynau y mae ef wedi eu gosod. Nid oes y fath beth yn bod â 'rhyw bant â hi'. Y mae pob gweithred o gyfathrach rywiol yn creu uniad 'un cnawd' (1 Corinthiaid 16.13-20). Pan fo'r uniad hwn yn torri mae pobl yn profi loes. Os glynwch ddau ddarn o gerdyn at ei gilydd ac yna eu tynnu ar wahân, gallwch glywed sŵn y rhwygo a gweld darnau o'r naill ar ôl ar y llall. Yn yr un modd, y mae dod yn un cnawd ac yna cael eich gwahanu yn gadael ei ôl. Yr ydym yn gadael darnau ohonom ein hunain mewn perthynas sydd wedi'i thorri. O'n cwmpas fe welwn beth sy'n digwydd pan fo safonau Duw yn cael eu hanwybyddu. Gwelwn briodasau wedi'u torri, calonnau wedi'u torri, plant wedi'u brifo, afiechyd rhywiol a'r rhai â bywydau yn smonach llwyr. Ar y llaw arall, mewn cynifer o briodasau Cristnogol lle cedwir at safonau Duw, gwelir y fendith y mae Duw am ei rhoi ar ryw a phriodas yn gyffredinol. Wrth gwrs, nid yw hi byth yn rhy hwyr. Gall cariad Duw trwy Iesu ddod â maddeuant, iacháu loes ac adfer y cyfanrwydd i fywydau sydd wedi'u torri'n rhacs. Ond y mae'n llawer gwell osgoi'r cwbl yn y lle cyntaf.

Felly, gadewch inni beidio â gadael i'r byd ein gwasgu ni i mewn i'w batrwm. Gadewch inni ddangos i'r byd rhywbeth sy'n rhagorach. Pan fydd y golau yn llewyrchu fe fydd yn denu pobl tuag ato.

Cael eich trawsnewid

Mae Paul yn dweud fod yn rhaid inni gael ein 'trawsnewid' (Rhufeiniaid 12.2). Mewn geiriau eraill, byddwch fel y crysalis sy'n newid i fod yn iâr fach yr haf brydferth. Y mae llawer yn ofni newid yn eu bywydau. Rhyw dro roedd dau lindys yn eistedd ar ddeilen ac yn gweld iâr fach yr haf yn hedfan heibio. A dyma un yn troi at y llall ac yn dweud, 'Wnei di ddim fy nghael i hedfan mewn un o rheina!' Dyna'r ofn sydd gennym mewn gadael yr hyn yr ydym yn gyfarwydd ag ef.

Nid yw Duw yn gofyn inni adael ar ôl unrhyw beth sy'n dda. Ond y mae yn gofyn inni gael gwared ar y sbwriel. Hyd inni adael y sbwriel ar ôl ni allwn fwynhau y pethau rhyfeddol sydd gan Dduw ar ein cyfer. Roedd gwraig oedd yn byw ar y stryd ac yn cerdded o gwmpas ein plwyf ni. Byddai'n gofyn am arian ac yn ymateb yn ymosodol iawn tuag at y rhai oedd yn gwrthod rhoi iddi. Bu'n cerdded y strydoedd am flynyddoedd, hi â'i chasgliad rhyfedd o fagiau plastig lliwgar. Pan bu farw, fi oedd yn cymryd yr angladd. Er nad oeddwn yn disgwyl gweld neb yno, yr oedd nifer o bobl barchus yn yr angladd. Ces wybod yn ddiweddarach fod y wraig wedi etifeddu ffortiwn. Yr oedd ganddi fflat moethus yn llawn paentiadau gwerthfawr, ond yr oedd hi'n dewis byw ar y stryd gyda'i bagiau plastig yn llawn sbwriel. Nid oedd hi'n medru ymadael â'i hen fywyd, ac ni chafodd y cyfle i fwynhau ei hetifeddiaeth.

Fel Cristnogion yr ydym wedi etifeddu llawer mwy—holl gyfoeth Crist. Er mwyn mwynhau'r trysorau hyn, rhaid inni adael o'n hôl holl sbwriel ein bywyd. Y mae Paul yn dweud wrthym i gasáu drygioni (ad.9). Dyna'r hyn sydd i'w adael ar ôl.

Yn yr adnodau sy'n dilyn (Rhufeiniaid 12.9-21) cawn gipolwg ar rai o'r trysorau sydd i'w mwynhau:

> Bydded eich cariad yn ddiragrith. Casewch ddrygioni. Glynwch wrth ddaioni. Byddwch wresog yn eich serch at eich gilydd fel brawdoliaeth. Rhowch y blaen i'ch gilydd mewn parch. Yn ddiorffwys eich ymroddiad, yn frwd eich ysbryd, gwasanaethwch yr Arglwydd. Llawenhewch mewn gobaith. Safwch yn gadarn o dan orthrymder. Daliwch ati i weddïo. Cyfrannwch at reidiau'r saint, a byddwch barod eich lletygarwch.
>
> Bendithiwch y rhai sy'n eich erlid, bendithiwch heb felltithio byth. Llawenhewch gyda'r rhai sy'n llawenhau, ac wylwch gyda'r rhai sy'n wylo. Byddwch yn gytûn ymhlith eich gilydd. Gochelwch feddyliau mawreddog yn hytrach, rhodiwch gyda'r distadl. Peidiwch â'ch cyfrif eich hunain yn ddoeth.
>
> Peidiwch â thalu drwg am ddrwg i neb. Bydded eich amcanion yn anrhydeddus yng ngolwg pawb. Os yw'n bosibl, ac os yw'n dibynnu arnoch chwi, daliwch mewn heddwch â phawb. Peidiwch â mynnu dial, gyfeillion annwyl, ond rhowch ei gyfle i'r digofaint dwyfol, fel y mae'n ysgrifenedig: "Myfi piau dial, myfi a dalaf yn ôl,' medd yr Arglwydd." Yn hytrach, os bydd dy elyn yn newynu, rho fwyd iddo, os bydd yn sychedu, rhoi iddo beth i'w yfed. Os gwnei hyn, byddi'n pentyrru marwor poeth ar ei ben. Paid â goddef dy drechu gan ddrygioni. Trecha di ddrygioni â daioni.

Ystyr llythrennol y gair Groeg am 'diragrith' yw 'heb actio' neu 'heb fwgwd'. Yn aml iawn, y mae perthynas ag eraill yn y byd yn medru bod yn arwynebol iawn. Yr ydym yn gwisgo pob mathau o fygydau er mwyn amddiffyn ein hunain. Roeddwn i'n bendant yn gwneud hynny cyn dod yn Gristion (ac fe ddigwyddodd i ryw raddau wedyn hefyd—er na ddylai fod wedi gwneud). Yr oeddwn yn dweud mewn gwirionedd nad oeddwn yn rhy hoff o'r hyn oeddwn ar y tu fewn, ac felly yn actio bod yn rhywun gwahanol.

Os yw pobl eraill yn gwneud yr un peth yna mae dau 'fwgwd' yn cyfarfod â'i gilydd, nid yw'r bobl go iawn byth yn cwrdd. Dyna'r gwrthwyneb i 'gariad diragrith'. Ystyr cariad diragrith yw rhoi'r gorau i'r mygydau a mentro dangos ein hunain. Pan fyddwn yn gwybod fod Duw yn ein caru ni fel ag yr ydym, yr ydym yn rhydd i ddiosg y mwgwd. Golyga hyn ei bod yn bosibl i ddimensiwn a dyfnder newydd fod yn rhan o'n perthynas ni gyda phobl eraill.

Brwdfrydedd dros yr Arglwydd (ad.11)
Weithiau fe all rhai pobl fod yn sinigaidd iawn ynglŷn â brwdfrydedd, ond nid oes

dim o'i le gyda'r peth. Y mae yna lawenydd a chyffro, a brwdfrydedd ysbryd (ad.11) sy'n deillio oddi wrth ein perthynas â Duw. Mae'r profiad cyntaf hwn o Grist i fod i barhau, ac nid i ddiflannu. Mae Paul yn dweud wrthym i fod yn ddiorffwys yn ein hymroddiad, yn frwd yn ein hysbryd ac felly gwasanaethu'r Arglwydd. Po hiraf yr ydym wedi bod yn Gristnogion po fwyaf y dylai ein brwdfrydedd fod.

Perthynas gytûn gydag eraill (ad.13-21)
Y mae Paul yn annog Cristnogion i fyw yn gytûn â'i gilydd ac i fod yn hael (ad.13), yn lletygar (ad.13), yn faddeugar (ad.15), yn cydymdeimlo (ad.15), ac i fyw mewn heddwch â phawb (ad.18). Y mae'n ddarlun godidog o'r teulu Cristnogol y mae Duw yn ein galw i fod yn aelod ohono, gan ein harwain i mewn i awyrgylch o gariad, llawenydd, ffyddlondeb, haelioni, lletygarwch, bendith, moliant, cytgord, gostyngeiddrwydd a thangnefedd; lle nad yw'r drwg yn gorchfygu'r da, ond yn hytrach lle mae'r da yn trechu'r drwg. Dyma rai o'r trysorau sy'n ein disgwyl wrth inni adael sbwriel o'n hôl.

Cyflwyno eich cyrff

Y mae hyn yn gofyn am weithred o'r ewyllys. Y mae Paul yn gorchymyn i ni, yn wyneb popeth y mae Duw wedi'i wneud drosom ni, i aberthu ein hunain, gorff ac enaid, yn aberth byw, sanctaidd a derbyniol gan Dduw (Rhufeiniaid 12.1). Y mae Duw am inni offrymu y cyfan sydd ohonom a rhoi ein holl fywyd.

Yn gyntaf yr ydym yn offrymu ein hamser. Ein hamser yw ein hadnodd mwyaf gwerthfawr. Y mae'n rhaid inni roi ein holl amser iddo. Nid yw hyn yn golygu ein bod yn treulio ein holl amser mewn gweddi a darllen y Beibl, ond ein bod i adael i'w flaenoriaethau ef gael eu sefydlu yn ein bywydau.

Peth hawdd iawn yw cael ein blaenoriaethau'n anghywir. Ymddangosodd hysbyseb mewn papur newydd yn darllen: 'Ffarmwr yn chwilio am wraig gyda thractor ar gyfer cyfeillgarwch ac efallai priodas. Anfonwch lun o'r tractor.' Nid wyf yn credu i'r ffarmwr gael ei flaenoriaethau cweit yn iawn! Ein perthynas ag eraill ddylai fod yn flaenoriaeth i ni, a'r prif flaenoriaeth yw ein perthynas gyda Duw. Rhaid inni neilltuo amser i fod yn ei gwmni ef yn unig. Rhaid inni neilltuo amser hefyd i fod gyda Christnogion eraill—ar ddydd Sul ac efallai mewn cyfarfod arall yng nghanol yr wythnos lle gallwn ddod i adnabod ein gilydd.

Yn ail, rhaid inni offrymu ein huchelgais i'r Arglwydd, gan ddweud wrtho, 'Arglwydd, yr wyf yn cyflwyno fy uchelgais i ti ac yn ei osod yn dy ddwylo.' Mae ef yn gofyn inni geisio ei deyrnas a'i gyfiawnder fel ein prif uchelgais mewn bywyd ac yna y mae ef yn addo cwrdd â phob angen arall (Mathew 6.33). Nid yw hyn yn golygu fod ein hen uchelgais yn diflannu; ond y mae'n dod yn eilradd i'r uchelgais sydd gan Grist ar ein cyfer. Nid oes dim o'i le ar ddymuno bod yn llwyddiannus yn ein swydd, os ein symbyliad ym mhopeth yw ceisio ei deyrnas a'i gyfiawnder ef ymhob dim, a'n bod yn defnyddio yr hyn sydd gennym i'w ogoniant ef.

Yn drydydd, rhaid inni offrymu ein heiddo a'n harian iddo ef. Yn y Testament Newydd nid oes gwaharddiad ar eiddo personol nac ar wneud arian nac ar ei gynilo nac ar fwynhau pethau da bywyd. Ond yr hyn sy'n cael ei wahardd yw crynhoi pethau'n hunanol i ni'n hunain yn unig, obsesiwn afiach gyda phethau materol, a rhoi ein hymddiriedaeth mewn arian. Mae'r hyn sy'n addo rhoi sicrwydd inni yn arwain at ansicrwydd parhaol ac yn ein harwain oddi wrth Dduw (Mathew 7.9-24). Rhoi hael yw'r ymateb cywir i haelioni Duw. A dyna'r ffordd orau hefyd i dorri gafael materoliaeth ar ein bywydau.

Nesaf, y mae'n rhaid inni offrymu ein clustiau iddo (hynny yw, yr hyn yr ydym yn gwrando arno)—i fod yn barod i roi'r gorau i wrando ar glecs a chleber a phethau sy'n dilorni eraill. Yn hytrach rhaid inni droi ein clustiau i wrando ar beth sydd gan Dduw i'w ddweud wrthym drwy'r Beibl, trwy weddi a thrwy lyfrau a thâpiau, ac yn y blaen. Yr ydym i offrymu ein llygaid iddo a'r hyn yr ydym yn ei weld. Unwaith eto, gall rhai pethau yr ydym yn edrych arnynt fod yn ddrwg inni drwy feithrin eiddigedd, chwant neu ryw bechod arall ynom. Gall pethau eraill ein dwyn yn nes at Dduw. Yn hytrach na beirniadu'n gas y bobl yr ydym yn dod ar eu traws, fe ddylem eu gweld â llygaid Duw a gofyn, 'Sut allaf fi fod yn fendith i'r person hwn?'

Yna y mae'n rhaid inni offrymu ein cegau iddo. Mae'r Apostol Iago yn ein hatgoffa o'r nerth sydd yn y tafod (Iago 3.1-12). Gallwn ddefnyddio ein tafodau i ddinistrio, i dwyllo, i felltithio, i hel clecs neu i dynnu sylw atom ni ein hunain. Neu fe allwn ddefnyddio'n tafodau i addoli Duw ac i galonogi eraill. Ac yn bellach, dylem offrymu iddo ein dwylo. Gallwn ddefnyddio ein dwylo un ai i gymryd er ein mwyn ein hunain neu i roi i eraill mewn gwasanaeth ymarferol. Yn olaf, gallwn offrymu ein rhywioldeb iddo ar gyfer diwallu ein chwantau ein hunain neu ei gadw er daioni a phleser ein partner priodasol.

Ni allwn ddewis rhai pethau a gwrthod pethau eraill. Mae Paul yn dweud wrthym i 'offrymu ein hunain'—hynny yw, pob rhan ohonom. A'r paradocs rhyfeddol yw fod rhoi popeth sydd gennym i Dduw yn dod â rhyddid. Caethiwed yw byw i'n hunain; ond mae ei wasanaethu ef yn rhyddid gwirioneddol.

Aberth byw

Bydd gwneud hyn yn costio. Fe all olygu aberth. Fel y dywedodd yr esboniwr

William Barclay, 'Ni ddaeth Iesu i wneud bywyd yn hawdd ond i wneud pobl yn fawr.' Mae'n rhaid i ni fod yn barod i roi i fyny unrhyw beth yn ein bywydau y gwyddom ei fod yn ddrwg a gwneud pethau'n iawn pan fydd gofyn am wneud hynny, a rhaid inni fod yn barod i chwifio ei faner ef mewn byd a all fod yn elyniaethus i'r ffydd Gristnogol.

Mewn llawer rhan o'r byd gall bod yn Gristion olygu erledigaeth gorfforol. Mae mwy o Gristnogion wedi marw am eu ffydd yn yr ugeinfed ganrif nag unrhyw ganrif arall. Mae eraill wedi'u carcharu ac wedi'u poenydio. Yr ydym ni, yn ein gwlad ni, yn freintiedig i fyw mewn cymdeithas lle nad yw Cristnogion yn cael eu herlid. Nid yw'r feirniadaeth a'r gwatwar yr ydym ni'n ei ddioddef yn werth sôn amdanynt o'i gymharu â dioddefaint yr eglwys fore a'r erlid ar yr eglwys heddiw.

Eto i gyd, gall ein ffydd olygu aberth ar ein rhan ni. Er enghraifft, mae gennyf gyfaill a gollodd ei etifeddiaeth oherwydd ei fod wedi dod yn Gristion. Yr wyf yn gwybod am un pâr y bu'n rhaid iddynt werthu eu cartref oherwydd eu bod yn teimlo fel Cristnogion y dylai Cyllid y Wlad wybod na fu iddynt fod yn gwbl onest wrth dalu'u trethi yn y gorffennol.

Roedd cyfaill mawr i mi yn cysgu gyda'i gariad cyn iddo ddod yn Gristion. Pan ddechreuodd edrych i mewn i'r ffydd Gristnogol, fe sylweddolodd y byddai'n rhaid iddo newid hyn yn ei fywyd os oedd am roi ei ffydd yn Iesu. Bu'n ymgodymu â'r peth am fisoedd lawer. Yn y pendraw daeth ef a'i gariad yn Gristnogion a phenderfynu o'r foment honno y byddent yn rhoi'r gorau i gysgu gyda'i gilydd. Am nifer o resymau nid oedd yn bosibl iddynt briodi am ddwy flynedd a hanner. Yr oedd hynny'n aberth iddynt hwy, er nad oeddynt yn gweld y peth fel hynny. Y mae Duw wedi eu bendithio gyda phriodas hapus a phedwar plentyn hyfryd. Ond ar y pryd yr oedd yn costio iddynt.

Da, derbyniol a pherffaith yn ei olwg

Y mae Duw yn ein caru ac yn dymuno'r gorau i'n bywydau. Y mae am i ni ymddiried ein bywydau iddo er mwyn inni 'ganfod beth yw ei ewyllys, beth sy'n dda a derbyniol a pherffaith yn ei olwg ef' (Rhufeiniaid 12.2)

Yr wyf weithiau'n credu taw prif weithgarwch y diafol yw rhoi i bobl y syniad anghywir am Dduw. Ystyr y gair Hebraeg am 'Satan' yw'r 'difenwr'. Y mae'n difenwi Duw, gan ddweud wrthym nad yw'n un i ymddiried ynddo. Y mae'n dweud wrthym fod Duw yn un sydd am roi stop ar ein sbort ni a difetha'n bywydau.

Credwn y celwyddau yma'n aml iawn. Meddyliwn os ymddiriedwn ein bywydau i'n Tad yn y nefoedd yna fe fydd ef yn cymryd pob mwynhad allan o'n bywyd. Dychmygwch dad daearol yn ymddwyn fel yna. Petai un o'm meibion un yn dod ataf a dweud, 'Tada, dwi am roi'r diwrnod i ti er mwyn ei dreulio fel yr wyt ti'n dymuno.' Wrth gwrs, ni fyddwn yn dweud, 'O'r gore, dyna beth rwyf wedi bod yn disgwyl amdano. Cei di dreulio'r diwrnod wedi dy gloi yn y cwpwrdd!'

Mae'n ddwl hyd yn oed ystyried y byddai Duw yn ein trin ni'n waeth na thad daearol. Mae'n ein caru'n fwy nag y gall unrhyw dad dynol ac y mae am y gorau i'n bywydau. *Da* yw ei fwriad tuag atom. Y mae am y gorau i ni. Y mae'n *dderbyniol*—bydd yn dderbyniol iddo ef ac i ni yn y diwedd. Y mae'n *berffaith*— ni fyddwn yn medru gwella arno.

Yn anffodus mae nifer yn teimlo y gallant wella arno. 'Gallaf fi wneud ychydig yn well na Duw' meddyliant. 'Nid yw ef wedi dal lan gyda'r byd cyfoes a'r pethau sy'n ein plesio ni. Rwy'n credu y gwnaf fi redeg fy mywyd fy hun a chadw Duw allan o bethau.' Ond ni allwn ni wneud gwell gwaith na Duw, ac weithiau yr ydym yn llwyddo i wneud llanast go iawn.

Cafodd un o'm meibion waith cartref i'w wneud, sef llunio hysbyseb ar gyfer caethwas mewn marchnad Rufeinig. Roedd yn brosiect ar gyfer yr ysgol ac fe dreuliodd y rhan fwyaf o'r penwythnos yn ei wneud. Wedi iddo orffen y darlun ac ysgrifennu'r arysgrifau, yr oedd am wneud i'r peth edrych fel petai'n 2,000 mlwydd oed. Yr oedd rhywun wedi dweud wrtho taw'r ffordd i wneud hynny oedd dal y papur uwchben fflam nes ei fod yn troi yn frown, a'i wneud i edrych yn hen. Byddai hynny'n dipyn o gamp i fachgen naw mlwydd oed, felly cynigiodd ei fam helpu—sawl gwaith—ond ni allai neb ei berswadio. Yr oedd yn benderfynol o wneud y peth ei hun. Y canlyniad fu llosgi'r hysbyseb yn lludw ynghyd â gyda dagrau rhwystredigaeth a balchder wedi'i frifo.

Y mae rhai pobl yn benderfynol o redeg eu bywydau eu hunain. Nid ydynt am unrhyw gymorth oddi wrth neb, nid ydynt am ymddiried yn Nuw, ac yn aml iawn mae pethau'n gorffen mewn dagrau. Ond y mae Duw yn rhoi ail gyfle. Ailluniodd fy mab ei boster a'r tro hwn ymddiriedodd yn ei fam i wneud y gwaith o'i wneud i edrych yn hen. Os ymddiriedwn ein bywydau i Dduw, yna fe fydd ef yn dangos i ni beth yw ei ewyllys—yr hyn sy'n dda a derbyniol a pherffaith yn ei olwg ef.

Ar sail tosturiaethau Duw

Nid yw'r aberth y mae gofyn inni ei wneud yn ddim o'i gymharu â'r aberth y mae Duw wedi'i wneud er ein mwyn ni. Dywedodd C. T. Studd, cricedwr o Loegr yn y bedwaredd ganrif ar bymtheg, a roes gyfoeth a chriced i fyny er mwyn gwasanaethu Duw yn China, 'Os Duw yw Iesu Grist, ac iddo farw drosof, nid oes dim yn rhy galed i mi ei wneud drosto ef.' Yr oedd C. T. Studd yn cadw ei olwg ar Iesu. Y mae awdur y llythyr at yr Hebreaid yn ein hannog ni, 'Gadewch i ninnau redeg yr yrfa sydd o'n blaen heb ddiffygio, gan gadw ein golwg ar Iesu, awdur a pherffeithydd ffydd. Er mwyn y llawenydd oedd o'i flaen, fe oddefodd ef y groes heb ddiffygio, gan ddiystyru gwarth, ac y mae wedi eistedd ar ddeheulaw gorseddfainc Duw' (Hebreaid 12.1-2)

Wrth i ni edrych tuag at Iesu, unig Fab Duw a 'oddefodd y groes', gwelwn gymaint yw cariad Duw tuag atom. Mae'n ffolineb inni beidio ag ymddiried ynddo. Os yw Duw yn ein caru cymaint gallwn ni fod yn siŵr na fydd yn atal dim da oddi wrthym. Ysgrifennodd Paul, 'Nid arbedodd Duw ei Fab ei hun, ond ei draddodi i farwolaeth trosom ni oll. Ac os rhoddodd ei Fab, sut y gall beidio â rhoi pob peth i ni gydag ef?' (Rhufeiniaid 8.32). Ein hanogaeth i fyw y bywyd Cristnogol yw cariad tuag at y Tad. Ein patrwm mewn bywyd yw esiampl y Mab. Y ffordd inni fyw y bywyd hwn yw yn nerth yr Ysbryd Glân.

O mor fawr yw Duw a chymaint yw'r fendith i ni o gerdded mewn perthynas ag ef, i gael ein caru ganddo ac i'w wasanaethu gydol ein hoes. Dyma'r ffordd orau, mwyaf ystyrlon a mwyaf boddhaol i fyw. Yn wir yma y down o hyd i'r atebion i gwestiynau mawr bywyd.

NODIADAU

1 Ronald Brown (gol), *Bishop's Brew* (Arthur James Ltd, 1989).
2 Trwy ganiatâd caredig Bernard Levin.
3 Ibid.
4 C.S. Lewis, *Timeless at heart: Christian apologetics* (Fount).
5 C.S. Lewis, *Surprised by joy* (Fontana, 1955).
6 Esgob Michael Marshall, *Church of England Newspaper,* 9 Awst 1991.
7 John Martyn, *Church of England Newspaper,* 2 Tachwedd 1990.
8 Josephus, *Antiquities,* XVIII 63f. Hyd yn oed os yw'r testun wedi'i lygru, fel y mae rhai yn awgrymu, y mae tystiolaeth Josephus yn cadarnhau bodolaeth hanesyddol Iesu.
9 F.J.A. Hort, *The New Testament in the original Greek*, Cyf I, t.561 (New York: Macmillan Co).
10 Sir Frederic Kenyon, *The Bible and archaeology* (Harper and Row, 1940).
11 Os oes gennych ddiddordeb mewn darllen mwy am ddilysrwydd hanesyddol yr efengyl, gallaf awgrymu ichi ddarllen *The evidence for Jesus* gan R. T. France o gyfres *The Jesus Library* (Hodder & Stoughton, 1986).
12 C. S. Lewis, *Mere Christianity* (Fount, 1952).
13 Ibid.
14 Bernard Ramm, *Protestant Christian Evidence* (Moody Press).
15 Trwy ganiatâd caredig Bernard Levin.
16 Lord Hailsham, *The door wherein I went* (Fount/Collins, 1975).
17 Wilbur Smith, *The incomprable book* (Beacon Publications, 1961).
18 Josh McDowell, *The resurrection factor* (Here's Life Publishers).
19 Michael Green, *Evangelism through the local church* (Hodder & Stoughton, 1990).
20 Michael Green, *Man alive* (Inter-Varsity Press, 1968).
21 C. S. Lewis, *Surprised by joy* (Fontana, 1955).
22 I. C. Ryle, *Expository Thoughts on the Gospel,* Vol III, John 1.1-John 10.30 (Evangelical Press, 1977).
23 *The Journal of the Lawyers' Christian Fellowship.*
24 John Wimber, *Equipping the Saints* Vol 2, No 2, Spring 1988 (Vinyeyard Ministires Int.).
25 C. S. Lewis, *The Last Battle* (Collins, 1956).
26 John W. Wenham, *Christ and the Bible* (Tyndale, 1972()).
27 John Pollock, *Billy Graham: the authorised biography* (Hodder & Stoughton, 1966).
28 Esgob Stephen Neill, *The supremacy of Jesus* (Hodder & Stoughton, 1984).
29 *Family Magazine.*

30 John Stott, *Christian Counter-Culture* (InterVarsity Press, 1978).
31 Dyfynnir yn John Stott, *Christian Counter-Culture* (InterVarsity Press, 1978).
32 John Eddison, *A study in spiritual power* (Highland, 1982).
33 *Ibid.*
34 F. W. Bourne, *Billy Bray: the King's son* (Epworth Press, 1937).
35 Malcolm Muggeridge, *Conversion* (Collins, 1988).
36 Richard Wurmbrand, *In God's underground* (Hodder & Stoughton).
37 Eddie Gibbs, *I believe in church growth* (Hodder & Stoughton).
38 David Watson, *One in the Spirit* (Hodder & Stoughton).
39 Murray Watts, *Rolling in the aisles* (Monarch Publications, 1987).
40 Bu llawer o drafod yn ddiweddar a yw hi'n iawn galw'r profiad hwn o'r Ysbryd Glân yn 'fedydd', 'llenwi', 'rhyddhau', 'cyfnerthu', neu'n rhywbeth arall. Er i gymaint gael ei ysgrifennu ar y mater, nid wyf yn credu ei bod hi'n glir o'r Testament Newydd beth yw'r enw cywir. Yr hyn sy'n gwbl glir yw bod angen profiad arnom yn ein bywydau o nerth yr Ysbryd Glân. Yr wyf fi fy hun yn credu taw llenwi â'r Ysbryd Glân sydd fwyaf ffyddlon i'r Testament Newydd a dyna'r enw yr wyf wedi'i ddefnyddio yn y bennod hon.
41 Martyn Lloyd-Jones, *Romans*, Vol VIII (Banner of Truth, 1974).
42 Wimber & Springer (eds), *Riding the third wave* (Marshall Pickering).
43 Alan MacDonald, *Films in close up*, (Frameworks, 1991).
44 Michael Green, *I believe in Satan's downfall* (Hodder & Stoughton, 1981).
45 Jean-Baptiste Vianney.
46 C. S. Lewis, *The Screwtape letters* (Fount, 1942).
47 Michael Green, *I believe in Satan's downfall* (Hodder & Stoughton, 1981).
48 C. S. Lewis, *The great divorce* (Fount, 1977).
49 J. I. Packer, *Knowing God* (Hodder & Stoughton, 1973).
50 'Saint' yw ffordd y Testament Newydd o ddisgrifio pob Cristion (e.e. Philipiaid 1.1).
51 Michael Bordeaux, *Risen indeed* (Darton, Longman Todd, 1983).
52 Keith Miller, *The taste of new wine* (Word UK, 1965).
53 J. C. Pollock, *Hudson Taylor and Maria* (Hodder & Stoughton, 1962).
54 Irenaeus, *Against Heresies*, II Pennod XXXII.
55 David Watson, *I believe in the church* (Hodder & Stoughton, 1978).
56 C. S. Lewis, *Fern seeds and elephants* (Fontana, 1975).
57 Michael Green, *Called to serve* (Hodder & Stoughton, 1964).

ARWEINIAD I ASTUDIAETH

gan

David Stone

Y mae'r Parchg. Ddr. David Stone wedi dyfeisio'r cwestiynau canlynol i'ch cynorthwyo i fynd i'r afael â'r hyn a ysgrifennwyd gan Nicky Gumbel ac i roi her i chi gymhwyso'r hyn a ddysgwch i'ch bywyd personol. Gall unigolion neu grwpiau bychain ddefnyddio'r cwestiynau.

1. CRISTNOGAETH: DIFLAS, ANWIR AC AMHERTHNASOL?

1. Pam, feddyliwch chi, fod pobl heddiw yn tueddu i synied am Gristnogaeth fel rhywbeth diflas, anwir ac amherthnasol (tud 4)?

2. I ba raddau y cytunwch chi â'r consensws cyffredinol hwn? Pam? Beth, o bosibl, fyddai'n gwneud i chi newid eich meddwl?

3. Beth, yn ôl Nicky, yw'r rheswm dros y teimlad dynol fod *rhywbeth ar goll* (tud. 5)? Ai'r un yw eich profiad chi?

4. *Mae bywyd heb berthynas â Duw drwy Iesu Grist fel teledu heb erial* (tud.6). Beth yw eich adwaith i'r datganiad hwn? Pam?

5. Pa ymatebion negyddol posibl i Gristnogaeth y mae Nicky'n rhoi ei fys arnynt yma? (tud 7)? Sut gellid ateb y rhain?

6. Mae Nicky yn tynnu gwahaniaeth pendant rhwng derbyn gwirionedd yn ddeallusol a chael profiad ohono (tud.8). Pam mae hyn mor bwysig wrth feddwl am Gristnogaeth?

7. Pan edrychwn yn onest ar ein hunain (ein meddyliau, geiriau, gweithredoedd, cymhellion), faint ohonom sy'n bobl *neis* (tud. 9)?

8. Beth yw ystyr *bywyd tragwyddol* (tud. 11)? All hwn ddechrau yn awr? Sut?

2. PWY YW IESU?

1. Sut fyddech chi'n ateb rhywun fyddai'n awgrymu nad yw'n syniad da i ddod yn Gristion am ei fod yn golygu cymryd *naid ddall o ffydd* (tud. 13)?

2. Ym mha ffyrdd mae tystiolaeth y Testament Newydd am Iesu yn *gref iawn* (tud. 14)? Ydy hi'n eich argyhoeddi chi? Pam?

3. Sut ydych chi'n ymateb i ddatganiad Billy Connolly: *"Ni allaf gredu mewn Cristnogaeth, ond rwy'n meddwl fod Iesu yn ddyn rhyfeddol."* (tud 15)?

4. Ni aeth Iesu o amgylch yn dweud y geiriau *Duw ydw i* (tud. 16), ond pa dystiolaeth sydd dros ei dduwdod?

5. Sut allwn ni brofi'r datganiadau uniongyrchol ac anuniongyrchol a wnaeth Iesu ynglŷn â'i hanfod fel Mab Duw (tud. 18 ymlaen)?

6. Pam fod atgyfodiad corfforol Iesu Grist yn *gonglfaen Cristnogaeth* (tud. 22)? Beth wnewch chi o'r dystiolaeth am y digwyddiad hwn?

7. Beth yw'r *unig dri ateb realistig posibl* i'r cwestiwn, 'Pwy yw Iesu?' (tud. 23)? Pa un, feddyliwch chi, sy'n gywir? Pam?

8. Os mai Mab Duw yw Iesu, beth yw oblygiadau hyn i chi?

3. PAM BU FARW IESU?

1. Beth ddywed Nicky yw'r *broblem fwyaf sy'n wynebu pob person* (tud. 26)? A gytunwch chi?

2. Pam fod y Testament Newydd yn mynnu fod torri *unrhyw ran* o gyfraith Duw yn ein gwneud yn euog o dorri'r cyfan ohoni (tud. 27)?

3. Fyddech chi'n cytuno fod pechod yn caethiwo? Fedrwch chi roi enghreifftiau o hyn? Beth yw canlyniadau pechod(au) caethiwus?

4. Pa ganlyniadau eraill pechod mae'r Beibl yn eu hegluro'n fanwl? I ba raddau rydych chi wedi profi y rhain?

5. Sut mae Duw wedi delio â phechod dynol (tud. 28)? Sut gwyddoch chi (os gwyddoch!) ei fod wedi delio â'r problemau a achoswyd gan eich pechod *chi*?

6. Beth yw ystyr cyfiawnhad (tud. 30)? Sut mae marwolaeth Iesu yn dwyn cyfiawnhad i ni?

7. Beth a olygir wrth *gael ein rhyddhau oddi wrth rym pechod*? (tud. 31)? Ym mha ffyrdd mae'n wir fod *gafael pechod arnom wedi'i dorri*?

8. Dywed awdur yr Epistol at yr Hebreaid ei bod yn *amhosibl i waed teirw a geifr ddileu ein pechodau*. Beth felly oedd pwrpas system fanwl aberthau'r Hen Destament (tud. 32)?

9. Sut fyddech chi'n ateb yr awgrym fod *Duw yn anghyfiawn oherwydd ei fod yn cosbi Iesu, y dieuog, yn ein lle ni* (tud. 32)?

10. Wnaethoch chi erioed feddwl, fel John Wimber, "*Dydw i ddim yn mynd i wneud hyn*" (tud. 33)? Ddigwyddodd rhywbeth i wneud i chi newid eich meddwl?

4. *SUT ALLAF FI FOD YN SICR AM FY FFYDD?*

1. Beth mae'r syniad o *berthynas â Duw* yn ei awgrymu i chi (tud. 35)?

2. "Mae'n haerllugrwydd i fod yn sicr fod gennym, fel Cristnogion, fywyd tragwyddol." Sut fyddech chi'n ateb gosodiad o'r fath?

3. Pam mae hi'n hollbwysig i ddibynnu ar addewidion y Beibl yn hytrach nag ar ein teimladau (tud.37)?

4. Ar ba addewidion mae Nicky'n canolbwyntio (tud.37 a 38)? Pa rai sy'n fwyaf ystyrlon i chi? Pam?
   [Ceisiwch eu dysgu ar y cof].

5. Beth fyddech chi'n ei ddweud wrth berson a ddywedai ei fod yn ceisio byw bywyd gweddol dda ac, ar sail hynny, yn gobeithio y byddai Duw'n ei dderbyn i'r nefoedd wedi iddo farw? (tud. 39)?

6. Beth oedd mor arbennig ynglŷn â marwolaeth Iesu (tud. 39)? Beth gyflawnwyd drwyddo? Sut mae hyn yn berthnasol i chi?

7. Sut mae gweithgarwch yr Ysbryd Glân yn ein cynorthwyo i fod yn sicr o'n ffydd yng Nghrist (tud. 40 a 41)? I ba raddau yr ydych wedi sylwi ar hyn yn eich bywyd chi?

8. *Nid peth hunan-gyfiawn yw bod yn sicr* (tud. 42). Oes gennych chi amheuon sy'n dal i'ch gwneud yn ansicr o'ch ffydd? Ym mha ffordd mae'r bennod hon wedi'ch helpu i ddelio â'r amheuon hynny?

5. PAM A SUT Y DYLWN I DDARLLEN Y BEIBL?

1. Ydy'r Beibl yn *hyfrydwch* i chi (tud. 43)? Pam?

2. Beth yw'r prif wahaniaeth rhwng y Beibl a gweithiau 'ysbrydoledig' eraill (tud. 44 a 45)?

3. I Iesu, *geiriau Duw oedd geiriau'r Ysgrythur* (tud. 46). Ydych chi'n rhannu'r gred honno?

4. Oes gennych chi anawsterau ynglŷn â'r Beibl sy'n tanseilio eich gallu i ymddiried ynddo fel gair Duw? Sut gellid goresgyn y rhain?

5. Ydych chi erioed wedi darllen rhywbeth yn y Beibl sydd wedi cywiro unrhyw agwedd yn eich cred neu'ch ymarweddiad (tud. 48)?

6. Sut fyddech chi'n ateb rhywun fyddai'n datgan fod defnyddio'r Beibl fel llyfr-rheol yn ddianghenraid gaethiwus (tud. 48)?

7. Dywed Nicky fod y Beibl nid yn unig yn llawlyfr ond hefyd yn *llythyr caru* (tud. 49). Ydych chi wedi ei brofi felly?

8. Beth ydych chi'n disgwyl i ddigwydd pan ddarllenwch y Beibl (tud. 50)? Ydy'r hyn a ddywed Nicky yma yn ehangu'ch disgwyliad?

9. Pa gyngor ymarferol fyddech chi'n gynnig i rhywun sydd am glywed Duw yn siarad â nhw drwy'r Beibl (tud. 53)?

6. PAM A SUT Y GWEDDÏAF

1. Ydych chi wedi profi *cyd-ddigwyddiadau* pan yn gweddïo (tud. 55)?

2. Pan weddïwn mae'r Drindod gyfan mewn gweithrediad. Sut? (tud. 56 a 57)?

3. Mae Nicky yn rhoi gwahanol resymau dros weddïo (tud. 57 a 58). Pa rai ydych chi'n ymateb iddynt?

4. Pa ateb fyddai gennych i'r rhai sydd â *gwrthwynebiadau athronyddol i'r cysyniad fod gweddi'n gallu newid digwyddiadau* (tud. 58)?

5. Beth yw'r *rhesymau da pam nad ydym bod amser yn cael yr hyn a ofynnwn amdano* (tud. 59 a 60)?

6. Beth yw'r prif elfennau mewn gweddi (tud. 61)?

7. Sut mae'r canllaw roddodd Iesu i ni yng Ngweddi'r Arglwydd yn rhoi arweiniad i ni wrth weddïo? (tud. 61-64)

8. Ydy hi'n briodol i ni weddïo am ein gofalon ein hunain (tud. 63)? Pa amod a awgrymir gan Nicky?

9. Ydych chi'n ei chael yn anodd i weddïo'n gyhoeddus gydag eraill? Pam mae Nicky yn annog dyfalbarhad?

10. Pam mae gweddi *wrth galon Cristnogaeth* (tud. 65)?

7. PWY YW'R YSBRYD GLÂN

1. Ydy'r cysyniad o'r Ysbryd Glân yn codi ofn arnoch (tud. 66)?

2. Pa gysylltiad sydd rhwng yr Ysbryd Glân â Iesu (tud. 66)?

3. Pa elfennau cyfochrog sydd yng ngweithgarwch yr Ysbryd Glân yn y Beibl a heddiw?

4. Pa brif wahaniaeth sydd rhwng beth mae'r Ysbryd Glân yn ei wneud yn yr Hen Destament a'r hyn a wna yn y Testament Newydd, a heddiw? (tud. 69 a 70)?

5. Beth yw'r gwahaniaeth rhwng cael eich *bedyddio yn* a'ch *llanw gyda* yn Ysbryd Glân (tud. 72)?

6. Beth yw'r canlyniad ym mywyd person pan mae *afonydd o ddŵr bywiol* yn llifo drwyddynt (tud. 73)?

7. Beth oedd esboniad Pedr o'r hyn ddigwyddodd ar Ddydd y Pentecost? (tud. 73)?

8. *BETH MAE'R YSBRYD GLÂN YN EI WNEUD?*

1. Beth sy'n digwydd pan mae rhywun yn cael ei *eni drachefn* (tud. 75)?

2. Beth yw prif waith yr Ysbryd Glân mewn person *cyn* iddo ddod yn Gristion (tud. 76)?

3. Ym mha ffordd mae'n statws gerbron Duw yn newid *wedi* i ni ddod yn Gristnogion (tud. 76)?

4. Sut mae'r Ysbryd Glân yn ein cynorthwyo *i feithrin ein perthynas â Duw* (tud. 78)?

5. Ym mha ffordd y mae'r Ysbryd Glân yn ein gwneud yn debycach i Iesu?

6. Beth, awgrymwch chi, all Cristnogion ei wneud i *gadw undeb yr Ysbryd* (tud. 81)?

7. Beth mae Nicky yn ei ddynodi fel *un o broblemau pennaf yr eglwys yn gyffredinol?* Pam, gredwch chi, fod hyn yn gymaint o broblem? Beth ellir ei wneud am y peth?

8. Sut mae'r teulu Cristnogol yn tyfu?
   Pa ran sydd i'r Ysbryd Glân yn y broses hon?

9. Dywed Nicky, *"er fod yr Ysbryd Glân yn byw ymhob person ... nid yw pob person wedi'i lenwi â'r Ysbryd Glân."*
   Pa gyngor fyddech chi'n ei roi i rhywun fyddai am gau'r bwlch hwn?

9. SUT ALLAF FI GAEL FY LLENWI Â'R YSBRYD GLÂN?

1. Mewn byd delfrydol byddai pob Cristion yn cael ei lenwi â'r Ysbryd Glân o foment tröedigaeth. (tud. 86)?

2. Pa mor bwysig, gredwch chi, yw profiadau o nerth yr Ysbryd Glân? (tud. 88)?

3. Pam mae'r mynegiant cymwys o emosiwn yn ein perthynas â Duw mor bwysig (tud. 89)? Sut mae hyn yn gwahaniaethu oddi wrth bod yn deimladwy?

4. Beth yn union yw'r rhodd o siarad â thafodau (tud. 90)?

5. Sut fyddech chi'n ateb rhywun fyddai'n awgrymu bod Cristnogion sydd heb y rhodd o siarad â thafodau yn amddifad o rhywbeth angenrheidiol (tud. 92)?

6. Pa gyngor roddech chi i rhywun sy'n gweddïo am gael ei lenwi â'r Ysbryd Glân ond sydd hyd yma heb dderbyn ateb?

10. SUT ALLAF I WRTHSEFYLL DRWG?

1. Pam gredwch chi fod *Gorllewinwyr yn cael cred yn y diafol yn anoddach na chred yn Nuw* (tud. 96)?

2. Pa beryglon sydd yna mewn *diddordeb gormodol ac afiach* mewn ysbrydion drwg?

3. Pa dactegau mae'r diafol yn eu defnyddio ym mywydau unigolion (tud. 101)?

4. Beth yw'r gwahaniaeth rhwng temtasiwn i bechu a phechod ei hunan (tud. 101)? Pam mae'r gwahaniaeth hwn mor bwysig?

5. Sut mae'r berthynas rhyngom â'r diafol yn newid pan ddown yn Gristnogion (tud. 102)? Beth yw canlyniadau ymarferol hyn?

6. Yn Effesiaid 6 mae Paul yn rhestru chwe darn o *arfogaeth* y Cristion (tud. 103)? Beth, feddyliwch chi, mae'r rhain yn ei olygu yn ymarferol?

7. Ym mha ffyrdd y gelwir arnom i fod â rhan yn y frwydr ysbrydol rhwng da a drwg (tud. 104)?

11. SUT MAE DUW YN EIN HARWAIN?

1. Ym mha ffyrdd amrywiol ydyn ni'n gwneud penderfyniadau mewn bywyd?

2. Beth yw'r pethau sy'n ein rhwystro rhag derbyn arweiniad Duw i'n bywydau? (tud. 106)?

3. Ym mha ffyrdd mae Duw yn siarad â phobl heddiw (tud. 108 ymlaen)?

4. Sut gall gweddi ddod yn fwy o ddeialog (tud. 109)?

5. Pa ran sydd i synnwyr cyffredin yn narganfod ewyllys Duw ar gyfer ein bywydau (tud. 111)?

6. Pa awgrymiadau fyddech yn eu rhoi i rhywun sy'n chwilio am gynghorydd ysbrydol (tud. 113)?

7. Beth ddylen ni wneud pan mae'r ateb rydym ei angen oddi wrth Dduw yn hir yn dod? (tud. 115)?

8. Beth ddylem ni wneud os credwn ein bod *wedi gwneud llanast* o'n bywydau (tud. 116)?

12. PAM A SUT Y DYLEM DDWEUD WRTH ERAILL?

1. Pa ateb fyddech yn ei roi i rhywun sy'n dweud mai *mater preifat* yw Cristnogaeth (tud. 118)?

2. Beth yw'r *ddau berygl gwrthgyferbyniol* y mae Nicky yn eu disgrifio (tud. 119)?

3. Beth mae'n ei olygu'n ymarferol i fod yn *halen* ac yn *oleuni* i'r rhai o'n cwmpas (tud. 121)?

4. Sut allwn ni fod wedi'n paratoi yn well i ateb gwrthwynebiadau sydd gan bobl yn erbyn y ffydd Gristnogol (tud. 123)?

5. Beth yw'r ffyrdd y gallem *ddod â phobl at Iesu* (tud. 124)?

6. Mae gweddi yn angenrheidiol yn y gwaith o ddweud y newyddion da wrth eraill (tud. 126 a 127) Pam?

7. Sut ddylem ni ymateb pan gawn ni *adwaith negyddol* i sôn am Iesu (tud. 128)?

13. YDY DUW YN IACHÁU HEDDIW?

1. Beth fyddech chi'n ei ddweud wrth rhywun sy'n dangos *ofn ac amheuaeth* ynglŷn â chwestiwn iacháu (tud. 129 a 130)?

2. Beth mae Nicky yn ei olygu wrth y *nawr* a'r *nid eto* o deyrnas Dduw (tud. 132)? Sut y gall deall hyn ein helpu wrth feddwl am iacháu?

3. Sut fyddech chi'n ateb rhywun fyddai'n hawlio nad yw gorchymyn Iesu i'w ddisgyblion i iacháu'r cleifion yn un ar ein cyfer ni heddiw? (tud. 134 ymlaen)?

4. Ni *fydd pob un y gweddïwn drosto o reidrwydd yn cael iachâd* (tud. 137) Pam? A yw hyn o bwys?

5. Pam mae hi'n bwysig i *weddïo â symylrwydd* (tud. 138)? Beth yw'r camau ymarferol a gynigir gan Nicky?

6. Beth ddywedwch chi wrth rhywun fyddai'n meddwl na welwyd iachâd am nad oedd ffydd ddigonol gan yr un a ofynnai amdano (tud. 139)?

7. Pam mae hi'n bwysig i ddyfalbarhau i weddïo am iachâd hyd yn oed pan *na welwn ganlyniadau dramatig di-oed* (tud. 139 a 140)?

14. BETH AM YR EGLWYS?

1. Sut fyddech chi'n diffinio'r gair *eglwys*?

2. Sut mae'r gair Groeg am eglwys yn cynorthwyo i esbonio yr hyn ydyw (tud. 142)?

3. Beth yw'r tri math o gynulliad y sonnir amdanynt yn y Testament Newydd (tud. 142)? Beth yw cyfraniad arbennig pob un ohonynt?

4. Mae'r eglwys yn un, er iddi yn aml ymddangos yn rhanedig (tud. 144) Beth allwn ei wneud ynglŷn â'r pethau sy'n ein gwahanu?

5. *Allwn ni ddim bod yn Gristion ar ein pen ein hun* (tud. 145). A ydych yn cytuno? Pam?

6. Pam ydych chi angen eich cyd-Gristnogion (tud. 146)? Ym mha ffyrdd penodol maen nhw eich angen chi?

7. Beth mae *gweinidogaeth yr holl saint* yn ei olygu yn ymarferol (tud. 148)?

8. Ym mha ffyrdd mae'r eglwys yn syrthio'n fyr o'r patrwm a welir yn y Testament Newydd? Beth allen ni ei wneud i newid pethau er gwell?

15. SUT ALLAF WNEUD Y GORAU O WEDDILL FY MYWYD?

1. Ym mha ffyrdd mae'r byd yn ceisio eich *moldio i'w ffurf* (tud. 151)? Sut gellir gwrthsefyll y wasgfa hon?

2. *Nes y byddwn yn gadael y sbwriel ar ôl, allwn ni ddim mwynhau'r pethau rhyfeddol sydd gan Dduw ar ein cyfer.* Beth feddyliwch chi mae hyn yn ei olygu yn ymarferol?

3. Beth fyddech chi'n ei ddweud wrth rhywun fyddai'n ei chael yn anodd i gredu fod *Duw yn ein caru fel ag yr ydym* (tud. 155)?

4. Sut gallwn ni ddarganfod blaenoriaethau Duw ar gyfer ein bywyd (tud. 156)?

5. Pa gamau ymarferol ddylem eu cymryd os darganfyddwn nad yw rhyw ran o'n bywyd wedi'i offrymu'n llawn i Dduw (tud. 156 ymlaen)?

6. Ym mha ffyrdd ydych chi wedi profi'r gwirionedd *y gall ein ffydd olygu aberthu* (tud. 157)? Sut oeddech chi'n teimlo am hyn?

7. *Mae Duw yn ein caru ac am y gorau posibl i'n bywydau* (tud. 159). Pam mae hi weithiau'n anodd i gredu hyn?

8. Beth mae'n ei olgyu yn ymarferol i *edrych ar Iesu* (tud. 159 a 160)? Sut mae hyn yn helpu i fyw y bywyd Cristnogol?